Wissenschaft als Kompass für die Zukunft

Matthäus Rudolph

Wissenschaft als Kompass für die Zukunft

Matthäus Rudolph
Fakultät für Sozial- und Verhaltenswissenschaften, Lehrstuhl für Allgemeine Psychologie II
Friedrich-Schiller Universität Jena
Jena, Deutschland

ISBN 978-3-662-71497-3   ISBN 978-3-662-71498-0 (eBook)
https://doi.org/10.1007/978-3-662-71498-0

Die Deutsche Nationalbibliothek verzeichnet diese Publikation in der Deutschen Nationalbibliografie; detaillierte bibliografische Daten sind im Internet über https://portal.dnb.de abrufbar.

© Der/die Herausgeber bzw. der/die Autor(en), exklusiv lizenziert an Springer-Verlag GmbH, DE, ein Teil von Springer Nature 2025

Das Werk einschließlich aller seiner Teile ist urheberrechtlich geschützt. Jede Verwertung, die nicht ausdrücklich vom Urheberrechtsgesetz zugelassen ist, bedarf der vorherigen Zustimmung des Verlags. Das gilt insbesondere für Vervielfältigungen, Bearbeitungen, Übersetzungen, Mikroverfilmungen und die Einspeicherung und Verarbeitung in elektronischen Systemen.
Die Wiedergabe von allgemein beschreibenden Bezeichnungen, Marken, Unternehmensnamen etc. in diesem Werk bedeutet nicht, dass diese frei durch jede Person benutzt werden dürfen. Die Berechtigung zur Benutzung unterliegt, auch ohne gesonderten Hinweis hierzu, den Regeln des Markenrechts. Die Rechte des/der jeweiligen Zeicheninhaber*in sind zu beachten.
Der Verlag, die Autor*innen und die Herausgeber*innen gehen davon aus, dass die Angaben und Informationen in diesem Werk zum Zeitpunkt der Veröffentlichung vollständig und korrekt sind. Weder der Verlag noch die Autor*innen oder die Herausgeber*innen übernehmen, ausdrücklich oder implizit, Gewähr für den Inhalt des Werkes, etwaige Fehler oder Äußerungen. Der Verlag bleibt im Hinblick auf geografische Zuordnungen und Gebietsbezeichnungen in veröffentlichten Karten und Institutionsadressen neutral.

Springer ist ein Imprint der eingetragenen Gesellschaft Springer-Verlag GmbH, DE und ist ein Teil von Springer Nature.
Die Anschrift der Gesellschaft ist: Heidelberger Platz 3, 14197 Berlin, Germany

Wenn Sie dieses Produkt entsorgen, geben Sie das Papier bitte zum Recycling.

Widmung

Dieses Buch ist meinen Freunden in Jena und meiner Familie in Schmalkalden gewidmet.

Prolog

Falls Sie das Jahr 2025 – und die Jahre davor – als erwachsener Mensch miterlebt haben, ist Ihnen wahrscheinlich aufgefallen, dass die Menschheit – wie schon so oft in der Geschichte – an einem Scheidepunkt angelangt ist. Es gibt wohl mehrere Dinge, mit denen vor 30 Jahren noch niemand gerechnet hätte: Terrorismus, eine globale Pandemie, Digitalisierung, Klimawandel, Nationalismus, Gentechnik und künstliche Intelligenz werden unser Leben auf dieser Erde für immer verändern. Hinzu kommen noch lokale politische Ereignisse, wie die Präsidentschaft von Donald Trump und der Brexit, die Risse in dem Bild einer demokratischen, liberalen, wirtschaftlich stark vernetzten und globalisierten Welt hinterlassen haben.

Ich verfasse dieses Buch zwar mit einer Vision, aber (hoffentlich) ohne eine Ideologie im Hinterkopf. Ich weiß nicht, wie man die Sozialsysteme und die Weltgemeinschaft umstrukturieren müsste, damit Weltfrieden und Wohlstand überall Einzug halten können. Doch es gibt eine Lücke zwischen den Menschen, von der ich glaube, dass ich sie schließen kann. Diese Lücke hat mit *Bildung* und *Wissenschaft* zu tun. Damit Sie verstehen, warum ich diese Lücke schließen will und kann, möchte ich Ihnen etwas über mich erzählen.

Wer ich bin

Mein Name ist Matthäus Rudolph, und ich bin in einer deutschen Kleinstadt im Thüringer Wald aufgewachsen. Dort habe ich das Gymnasium besucht und 2015 mein Abitur gemacht. Nach der Schule ging ich für ein Jahr nach Australien und arbeitete dort als Gärtner, Autowäscher und auf einer Farm. Danach studierte ich Psychologie an der Friedrich-Schiller-Universität in Jena, die Wissenschaft vom menschlichen Erleben und Verhalten. Nach dem Grundstudium und zwei Auslandssemestern in Finnland und Irland habe ich im Jahr 2022 meinen Master in kognitiver Psychologie und kognitiven Neurowissenschaften absolviert.

Vor und während der Coronapandemie, die das Leben auf der Erde stark verändern sollte, habe ich in meinem Studien- und Heimatort eine Beobachtung gemacht: Die Menschen hörten auf, einander *zuzuhören* und zu *verstehen*. Auch wenn es soziologisch eine Übertreibung sein mag: Ich hatte den Eindruck, die Gesellschaft verlor ihre gemeinsamen Werte und driftete zunehmend auseinander. In der Stadt Jena war ich von linksorientierten Studenten umgeben, die Wert auf das Gendern legten, den Klimawandel anerkannten, sich vegetarisch ernährten, mit dem Rad oder der Bahn zur Uni fuhren, sich für Flüchtlinge und Minderheiten einsetzten und Donald Trump verabscheuten. In meinem Heimatort auf dem Land war alles ganz anders: Dort traf ich Menschen, welche die aktuellen gesellschaftlichen Entwicklungen bedauerten oder nicht mehr Schritt halten konnten. Sie waren politisch eher konservativ, hatten Angst vor zu viel Einwanderung, sehnten sich nach Sicherheit und gesellschaftlicher Ordnung, standen dem Klimawandel skeptisch gegenüber, aßen Fleisch, fuhren Auto und machten sich Sorgen um steigende Benzin- und Energiepreise.

Ständig pendelte ich zwischen diesen beiden Orten hin und her. Dabei musste ich mich – wohl oder übel – mit den kontrahierenden Weltbildern, Wünschen und Bedürfnissen auseinandersetzen. Zunächst fühlte ich mich vor allem den Einstellungen der Studenten zugetan. Ich war beeindruckt von der akademischen Welt, von der wissenschaftlichen Methode und dem Potenzial des menschlichen Geistes. Ich empfand die politischen Ideen, die an der Universität geteilt wurden, als differenziert und fortschrittlich. Doch je öfter ich wieder in meinen Heimatort fuhr, desto mehr begann ich mich zu fragen, *warum* da diese Kluft war. Mein Blick auf die Dinge änderte sich, als ich erkannte, dass die Menschen sich ernsthaft abgehängt fühlten, die Welt nicht mehr verstanden und den Eindruck hatten, dass *von oben auf sie herabgesehen* wurde. Diese Entwicklung hat viele historische, soziologische und psychologische Gründe. Als einzelner Mensch kann ich nicht all diese Ursachen behandeln und beheben – dafür fehlen mir die Zeit und die Expertise.

Und doch bin ich der Überzeugung, dass ich etwas gegen dieses Problem tun und dafür sorgen kann, dass die Gesellschaft wieder ein Stück enger zusammenrückt. Denn ich kennen beide Welten: Stadt und Land, Revolution und Ordnung, links und konservativ. Eine Ursache für das Auseinanderdriften der beiden Pole, die unsere demokratische Gesellschaft konstatieren, ist *Bildungsungerechtigkeit.* Denn sowohl in den Universitätsstädten als auch auf dem Land gibt es Menschen, welche die Grundlagen wissenschaftlicher Methodik nicht verstanden haben. Das wird vor allem dann zum Problem, wenn die Wissenschaft zunehmend in politische Entscheidungen einbezogen wird (z. B. während der Coronapandemie oder beim Klimawandel).

Mit diesem Buch möchte ich dabei helfen, die gesellschaftliche Lücke zu schließen, indem ich den Einfluss von Bildungsungerechtigkeit ein Stück weit begrenze. Bildungsungerechtigkeit entsteht zum einen aus Gründen wie Armut und struktureller Benachteiligung, aber auch aus ideologischen Gründen. Für all jene, die bereit sind, ihren Geist zu erweitern und denen der gesellschaftliche Frieden am Herzen liegt, wird dieses Buch eine Bereicherung sein.

Die Sache mit dem Gendern

Die Genderdebatte ist noch in vollem Gange: Während die einen den Verlust klarer, ausdrucksstarker und kompakter Sprache fürchten, sehen die anderen in der Nutzung des generischen Maskulinums für alle eine Benachteiligung gesellschaftlicher Gruppen. Aus empirischer Sicht ist es nicht klar, ob Gendern wirklich Stereotype reduziert und Diskriminierung vorbeugt. Da die Befundlage noch uneindeutig ist, habe ich mich dazu entschieden, in diesem Buch das generische Maskulin für alle zu verwenden. Es hat mit dem biologischen Geschlecht – laut Definition – nichts zu tun. Dennoch möchte ich hier anmerken, dass die Bezeichnung „die Wissenschaftler" eine Gruppe von Menschen meint, welche diesen Beruf ausüben – und das können Männer oder Frauen sein.

Inhaltsverzeichnis

1	**Einführung**	1
	Literatur	5
2	**Wozu Wissenschaft?**	7
	2.1 Einsteins Taschenuhr	7
	2.2 Der ungesunde Menschenverstand	9
	2.3 Wissenschaft ist der spontanen Meinungsbildung überlegen	11
	2.4 Unendlich klein, unendlich groß, unendlich wichtig	13
	2.5 Wir sehen, was nicht da ist	15
	2.6 Messen: Das Unverfügbare verfügbar machen	17
	2.6.1 Die Messung der Zeit	18
	2.6.2 Die Messung der Zukunft	20
	Literatur	22
3	**Die ideologische Falle**	23
	3.1 Der Bestätigungsfehler	26
	3.1.1 Politik	29
	3.1.2 Gesundheitswesen	30
	3.1.3 Wissenschaft	30
	3.1.4 Evolution	31
	3.2 Die Diener der Sache	33
	3.3 Gedankenexperiment	35
	Literatur	37

4	**Die Entstehung der Wissenschaft**	**39**
	4.1 Der Totenberg der Gedanken	39
	4.2 Die Evolution des Geistes	42
	4.3 Durkheims Organe	45
	4.4 Simmels Kreise	48
	4.5 Der Wettlauf mit dem Leben	51
	4.6 Der Preis des Wissens	54
	Literatur	55
5	**Der wissenschaftliche Fortschritt und die liberale Demokratie**	**57**
	5.1 Die große Rationalisierung	58
	5.2 Die Antwort liegt in der Sprache	59
	5.3 Verständigung als Basis für gesellschaftliche Veränderung	60
	5.4 Verständigung als Basis für wissenschaftlichen Fortschritt	62
	5.5 Die Ein-Mann-Umweltkatastrophe	64
	5.6 Das Ministerium für Wahrheit	66
	5.7 Technikfolgenabschätzung	68
	Literatur	71
6	**Die Legitimationskrise**	**75**
	6.1 Forschung und Beschleunigung	78
	6.1.1 Das Versprechen einer besseren Zukunft	79
	6.1.2 Beschleunigung und Konkurrenzdruck	80
	6.1.3 Teil I: Die technische Beschleunigung	81
	6.1.4 Teil II: Die Beschleunigung des sozialen und kulturellen Wandels	83
	6.1.5 Teil III: Die Steigerung des Lebenstempos	85
	6.1.6 Beschleunigung als autodynamischer Prozess	87
	6.1.7 Die Rolle der Wissenschaft in der Beschleunigungsgesellschaft	90
	6.2 Auf einem Auge blind	93
	Literatur	95
7	**Der wissenschaftliche Prozess**	**97**
	7.1 Die Bergbesteigung	97
	7.2 Das Paradigma	98
	7.2.1 Das Eigenschaftsparadigma	99
	7.2.2 Der Situationismus	101
	7.2.3 Das Paradigma der dynamischen Interaktion	105

	7.3 Der Paradigmenwechsel	108
	7.3.1 Von der klassischen zur modernen Physik	110
	Literatur	113
8	**Zweifeln – aber richtig!**	**115**
	8.1 Der Tabakmoderator	115
	8.2 Empirischer Positivismus	118
	8.3 Wissenschaftlicher Skeptizismus	118
	8.4 Kritischer Rationalismus	119
	8.5 Merkmale wissenschaftlicher Hypothesen	121
	Literatur	123
9	**Das postmoderne Wissenschaftssystem**	**125**
	9.1 Spezialisierung	126
	9.2 Beschleunigung	128
	9.3 Wettbewerb	131
	Literatur	135
10	**Sand im Getriebe –der Forschungsprozess und seine Anomalien**	**137**
	10.1 Wissenschaftliches Fehlverhalten	139
	10.2 Publish or Perish	141
	10.3 Replikationskrise	143
	10.4 Zwischenfazit: Grenzenlose Steigerung	146
	Literatur	148
11	**Reaktionen aus der Wissenschaft**	**151**
	11.1 Präregistrierung – wie Wissenschaftler ihre Versprechen halten	151
	11.2 Metascience – wie Forscher den Überblick behalten	154
	11.3 Demokratische Organisation von Wissenschaft	157
	11.4 Wissenschaft für alle (Open-Access)	161
	11.5 Forschung als Profit	163
	11.6 Zusammenfassung und Ausblick	166
	Literatur	168

Danksagung — 171
Mein Dank geht an: — 171
Merkmale wissenschaftlicher Hypothesen – Lösung — 172

Abbildungsverzeichnis

Abb. 1.1	Anzahl der publizierten wissenschaftlich-technischen Forschungsartikel weltweit nach Land von 1996 bis 2018	4
Abb. 2.1	Das Hering'sche Gitter	16
Abb. 4.1	Die feudale Gesellschaftsordnung	45
Abb. 4.2	Die moderne Gesellschaftsordnung	46
Abb. 4.3	Das Selbst in traditionalistischen Gesellschaften	49
Abb. 4.4	Das Selbst in modernen Gesellschaften	50
Abb. 6.1	Der Akzelerationszirkel	88
Abb. 10.1	Der wissenschaftliche Prozess	138
Abb. 11.1	Meta-Analyse zur Wirksamkeit psychologischer Präventionen	155

1

Einführung

Ich sage Ihnen, was wichtig ist: der Klimawandel. Den gibt es nämlich. Ob Sie es glauben oder …–

YouTube schlägt mir ein Video vor: Die große Klimalüge.

Tesla zerstört die Natur mit Lithiumbatterien. Technologie der Zukunft? Von wegen! Energiesicherheit und Wohlstand erlangen wir nur mit …–

In der Playlist taucht ein Beitrag zu einer Querdenkerdemo auf. Ein Demonstrant schreit: „Ich lass' mir keine Brühe injizieren!"

Aber dieser Professor Drosten meinte doch, dass es hilft. Was hat denn dieser aufgeblasene …–

Oh, noch ein Zeitungsartikel: Gendern oder nicht? – Ist Geschlecht gerecht?

Keine Ahnung – im Bundestag gibt es bei dem Thema nur Krach. Ein paar Parteien haben im Wahlprogramm gegendert, andere nicht, also denke ich, dass …–

Kontrollieren Nazis wirklich die Ukraine? Faktencheck.

Jetzt reicht es aber! Kein Wunder, dass mir das so schwerfällt. Ich weiß einfach nicht mehr, was und wem ich glauben soll. Den öffentlich-rechtlichen Medien? Oder sollte ich mich auch mal bei den alternativen Portalen informieren? Susanne, meine Nachbarin, die hat ja auch zu allem etwas zu sagen. Vielleicht sollte ich mal auf sie hören, denn sie meint es gut mit mir. Und ich will ja schließlich nicht manipuliert werden.

Das Wissen: Haben Sie auch das Gefühl, dass es Ihnen abhanden gekommen ist? Haben Sie überhaupt noch von *irgendetwas* eine Ahnung, zu einem Thema eine Position, von der Sie *sicher* sind, dass Sie sie vertreten können? Oder verändert sich die Welt in einer Geschwindigkeit, bei der Sie nicht mehr mithalten können? Fühlen Sie sich auch wie die Studenten, die tagsüber Statistik und

Forschungsartikel büffeln, nur um sich abends im YouTube-Netflix-Facebook-WhatsApp-Telegram-Universum zu verlieren und dann nicht mehr zu wissen, was Wahrheit überhaupt ist? Dann wissen Sie jetzt zumindest eines: Sie sind nicht allein.

Denn der Zustand der *Ver-zwei-flung*, des Hin- und Hergerissenseins zwischen Meinungen, Einstellungen und Positionen, ist in unserer Gesellschaft weiter verbreitet als das Coronavirus im Jahr 2021.[1] In der Medien- und Meinungslandschaft wird es zunehmend schwieriger, Fakten von Fake News – oder wie ein deutsches Sprichwort sagt: die Spreu vom Weizen – zu trennen. Ein Grund dafür ist wohl, dass die Kornspeicher berstend voll sind und wir nicht die Zeit dazu haben, jede Information genau unter die Lupe zu nehmen. Wir stopfen uns voll mit Zeitungsartikeln, Videos, Serien, Filmen, Dokumentationen, denn wir sehnen uns nach etwas, dass die Gegensätze und Widersprüche auflöst, die tagtäglich in uns miteinander ringen.

Für uns ist es nur schwer vorstellbar, doch es gab Zeiten, da gab es ein *einheitliches* Weltbild, dass von den meisten Mitgliedern der Gesellschaft geteilt wurde. Es war nicht die Zeit des Glücks, der Meinungsfreiheit und der Demokratie. Es war die Zeit vor Nietzsche, vor dem Zusammenbruch der christlichen Wertestruktur, die dem Ansturm des Fortschritts nicht standhalten konnte. Es war die Zeit, in der die Menschen ganz selbstbewusst an Gott glaubten, mit jeder Faser ihrer Seele. In der das Leiden im Diesseits keine unangenehmen Fragen aufkommen ließ, weil das Jenseits Erlösung und Erleuchtung versprach. Die Menschen glaubten daran, in Gottes Schoß zu ruhen. Sie waren davon *überzeugt, der Mittelpunkt des Universums zu sein.* Stellen Sie sich einmal vor, was es bedeutet, das zu glauben! Doch das geteilte, allumfassende Wertesystem, das Fundament der abendländischen Gesellschaft, sollte zusammenbrechen – nicht zuletzt durch eine Kraft, mit der bis dato wohl noch niemand gerechnet hatte: der Wissenschaft.

Die Wissenschaft ist das, auf was sich Politiker berufen, wenn sie ihre Maßnahmen rechtfertigen wollen. Und doch scheint es, als habe sie nicht die Macht und den Einfluss, die das christliche Wertesystem damals hatte. Laut einer Umfrage des Meinungsforschungsinstituts Kantar vertrauten im Jahr 2023 über 56 % der Menschen in Deutschland der Wissenschaft – 31 % aber auch nicht, 13 % waren unentschieden (Statista Research Department, 2024b). Wenn die Forschung das ist, was sie zu sein vorgibt, könnte sie uns von der inneren Zerrissenheit und Ver-zwei-flung erlösen. Doch warum vertrauen dann nicht mehr Menschen in die Forschung?

---

[1] Natürlich nur, wenn es dieses Virus überhaupt gibt und sich die Regierung das nicht ausgedacht hat, um uns gefügig zu machen!

Im Gegensatz zur Zeit der kirchlichen Vorherrschaft werden Skeptiker nicht mehr als Ketzer verbrannt. Die gesellschaftlichen Umstände sind auch völlig andere. Doch das Misstrauen in die Wissenschaft und die damit verbundene Unsicherheit haben auch andere Wurzeln, die tief in die menschliche Psyche reichen. Auffällig ist zum Beispiel, dass zu Beginn der Coronapandemie im Jahr 2020 ganze 73 % der Menschen in die Wissenschaft vertrauten. Das entspricht einem Anstieg von fast 30 % im Vergleich zum Vorjahr. Es ist naheliegend, dass in Zeiten großer Unsicherheit unser Bedürfnis nach Wissen und Fakten wächst. Doch warum haben dann so viele Menschen in den Folgemonaten ihr Vertrauen in die Forschung wieder verloren?

Ein möglicher Grund ist, dass wir in einer pluralistischen Gesellschaft leben, in der Meinungsvielfalt ausdrücklich erwünscht ist. Die freie Meinungsäußerung stellt ein unverzichtbares Grundrecht dar und in sozialen Netzwerken wie Facebook oder Twitter kann jeder seine Meinung kundtun. Somit wird man – ob man will oder nicht – früher oder später mit Informationen konfrontiert, die den aktuellen wissenschaftlichen Erkenntnissen widersprechen. Durch das Internet sind wir ständig einer ungeheuren Informationsflut ausgesetzt – ohne Gelegenheit, uns jedes Mal eine Expertenmeinung einzuholen.

Doch die Wurzeln von Unsicherheit, Unwissenheit und Verzweiflung reichen viel tiefer. Unser Bedürfnis nach Eindeutigkeit bringt ein grundlegendes Missverständnis mit sich, dem wir – zumindest auf emotionaler Ebene – aufgesessen sind. Dieses Missverständnis besagt, dass *Fakten zu 100 % wahr oder falsch sind*. Wenn Sie diesen Satz hier lesen, können Sie vielleicht darüber reflektieren und kommen zu dem Schluss, dass die Dinge sich nicht so einfach gestalten. Wir bräuchten keine Experten und müssten nicht Milliarden von Euro in Forschung und Entwicklung investieren, wenn die Welt einfach zu fassen und zu verstehen wäre.

Allein in Deutschland wurden im Jahr 2022 über 120.000 Mio. EUR (eine unvorstellbar große Summe) in Forschung investiert. Der größte Teil der Investitionen stammt aus der Wirtschaft, danach folgen Hochschulen und andere staatliche und private Institutionen (Statista Research Department, 2024a). Doch dieser Trend ist keinesfalls auf Deutschland und westliche Industriestaaten beschränkt. Die Anzahl wissenschaftlicher Publikationen steigt weltweit rasant an (siehe Abb. 1.1). Lag die Anzahl der publizierten wissenschaftlich-technischen Forschungsartikel im Jahr 1996 noch bei ca. 1 Mio., sind es im Jahr 2018 schon über 2,5 Mio. Das liegt zum einen daran, dass Forschende publizieren müssen, um Forschungsgelder für ihre Projekte zu erhalten, und damit ihre Karriere weiter auszubauen. Zum anderen ist auch der Einfluss des internationalen Wettbewerbs und der weltweiten Vernetzung von Bedeutung. Das Internet erlaubt es Forschenden, deren Ideen und Theorien innerhalb kür-

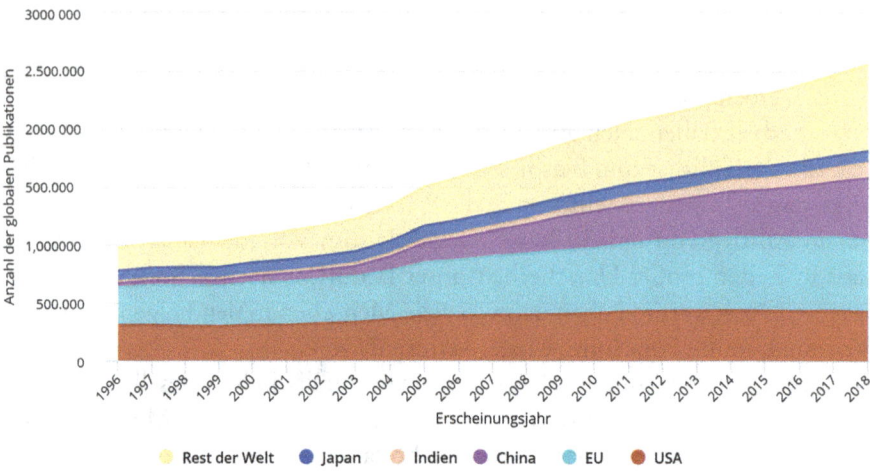

Abb. 1.1 Anzahl der publizierten wissenschaftlich-technischen Forschungsartikel weltweit nach Land von 1996 bis 2018

zester Zeit auszutauschen und auf die Beiträge in der Wissenschaftsgemeinde zu reagieren. Besonders Länder wie China, Indien und der Iran, die in den vergangenen Jahrzehnten ein starkes Wirtschaftswachstum erlebt haben, treiben die Zahl der publizierten Forschungsarbeiten nach oben (White, 2019). Es ist deshalb keine Untertreibung zu behaupten: *Wissenschaft ist weltweit im Trend.*

Wer also behauptet, Wissenschaft ist nur etwas für Intellektuelle und Theoretiker, irrt sich gewaltig. Sie durchzieht längst alle Bereiche unseres Lebens: von Wirtschaft, Gesellschaft, Politik und Familie bis hin zu den Diskussionen, die Sie mit Ihren Kollegen nach Feierabend führen. Mit der zunehmenden Bedeutung von Wissenschaft für unsere Gesellschaft wird es notwendig, komplexes Wissen für die Allgemeinheit zugänglicher zu machen. Diese Aufgabe gilt neben Forschung und Lehre als die *dritte Mission* der Universitäten, die häufig vernachlässigt wird. Mit diesem Buch möchte ich meinen Teil zu dieser Aufgabe beitragen und Ihnen ein Werkzeug an die Hand geben, um sich im dichten Meinungs- und Faktendschungel zurechtzufinden.

Die ersten beiden Kapitel beschäftigen sich mit der Frage, wozu wir Wissenschaft überhaupt brauchen und warum wir nicht immer unserem gesunden Menschenverstand vertrauen sollten. Die Themen, die hier behandelt werden, reichen von der Subjektivität des menschlichen Verstandes bis hin zu modernen Erkenntnissen der Kognitionspsychologie.

Doch wie kam es überhaupt dazu, dass wir Forschung betreiben? Diese Frage wird in den Kapiteln drei bis fünf beantwortet. Einige evolutionäre und historische Meilensteine (wie etwa die kognitive Evolution, die Modernisierung der Gesellschaft, die Herausbildung der liberalen Demokratie und die Legitimationskrise der Wissenschaft), die zur Entwicklung der heutigen Wissenschaft beigetragen haben, werden hier diskutiert.

Und wie funktioniert Forschung überhaupt? Nach Einstein gleicht das Aufstellen einer Theorie der Besteigung eines Berges, von dessen Gipfel aus die umliegende Landschaft wunderbar ersichtlich wird. Kapitel sechs und sieben beschäftigen sich daher mit dem wissenschaftlichen Prozess: der Entwicklung von Forschungsparadigmen, dem Aufstellen und Verwerfen von Hypothesen und mit wissenschaftstheoretischen Positionen.

Wenn Sie selbst Forschung betreiben oder aufgrund von Medienberichten Ihr Vertrauen in die Forschung anzweifeln oder gänzlich verloren haben, lohnt es sich, die Kapitel acht bis zehn zu lesen. In diesen Kapiteln geht es um das postmoderne Wissenschaftssystem, in dem die Forschenden heute agieren. Neben dessen Grundprinzipien, Stärken und Schwächen werden auch Anomalien und Fehler diskutiert, die im heutigen Wissenschaftsbetrieb auftreten. Darüber hinaus werden Reaktionen und Lösungsansätze seitens der Wissenschaftsgemeinschaft vorgestellt.

Literatur

Statista Research Department. (26. März 2024a). Interne Ausgaben für Forschung und Entwicklung in Deutschland nach Sektoren von 1998 bis 2022. https://de.statista.com/statistik/daten/studie/3992/umfrage/entwicklung-der-forschungsausgaben-fuer-bildung-und-wissenschaft-nach-bereichen/. Zugegriffen: 30. Juli 2024.

Statista Research Department. (8. November 2024b). Wie sehr vertrauen Sie Wissenschaft und Forschung? https://de.statista.com/statistik/daten/studie/1193534/umfrage/vertrauen-in-wissenschaft-und-forschung/. Zugegriffen: 30. Juli 2024.

White, K. (2019). Publication Output, by Region, Country, or Economy. https://ncses.nsf.gov/pubs/nsb20206/publication-output-by-region-country-or-economy. Zugegriffen: 30. Juli 2024.

2

Wozu Wissenschaft?

2.1 Einsteins Taschenuhr

Adelaine, ein Schulmädchen, suchte Albert Einstein in seinen späten Lebensjahren auf. Er sollte ihr bei den Mathehausaufgaben helfen. Sie sprachen zunächst über die Aufgaben, doch das eifrige, wissbegierige Mädchen war damit nicht zufrieden und fragte den Physiker Löcher in den Bauch:

„Warum ist das alles so schwer zu verstehen?"

„Nun, du siehst diese Uhr. Du siehst die Zeiger, und du hörst das Ticken, stimmt's?"

Adelaine hielt das Ohr ganz dicht an die Uhr. Dann nickte sie.

„Wie können wir herauskriegen, warum die Zeiger sich bewegen?", fragte er.

„Wir können die Uhr aufschrauben", sagte sie.

„Stell dir vor, wir könnten die Uhr nicht aufschrauben. Stell dir vor, sie sei fest verschlossen."

Er legte die Uhr auf den Tisch.

„So ist das in der Physik", sagte er. „Wir sehen zwar, was in der Natur passiert, aber wir können nie das Innere sehen, wir können die Uhr nicht aufschrauben. Wir können nur das Äußere betrachten und verschiedene Annahmen machen. Wir können annehmen, dass in der Uhr ein kleines Tierchen sitzt, das den Zeiger bewegt und tickt."

Adelaine überlegte.

„Und wovon soll das Tierchen da leben?"

„Wer weiß", sagte Einstein, „Vielleicht braucht es nichts zum Essen. Genau werden wir es nie erfahren. Denn wir können nicht hineinschauen. Und deshalb *denken wir uns manchmal sehr komplizierte Sachen aus, um das, was wir sehen, zu erklären.*"–Chotjewitz (1994, S. 243 f) © Carlsen Verlag GmbH, Hamburg

Adelaine ist mit ihrem Unverständnis nicht allein. Auch Laien und Studierende fragen sich häufig, warum Wissenschaft so kompliziert sein muss. Einstein beschreibt in seiner Taschenuhrmetapher die Ursache des Problems: *„Wir können nicht in die Dinge hineinschauen."* – und damit hat er Recht! Wenn wir jeden noch so kleinen (oder großen) natürlichen Prozess, jede Teilchenbewegung, jede chemische Reaktion oder jeden Gedanken genau beschreiben und beobachten könnten, hätten wir alle Rätsel des Universums längst gelöst. Dann wären wir nicht auf die komplizierte, sich stetig weiter entwickelnde Wissenschaft mit ihren Hypothesen, Theorien und Modellen angewiesen.

Eine Welt, die so einfach zu verstehen ist, dass die Menschheit keine Wissenschaft braucht, mag zunächst verlockend erscheinen. Doch wie langweilig wäre eine solche Welt, über die wir bereits alles wissen? Wie langweilig wäre ein Leben, in dem alles von Anfang an klar ist, in dem es nichts Neues zu lernen und zu entdecken gibt? Warum sollten wir das Weltall bereisen, wenn wir schon wissen, was uns dort erwartet? Warum sollten wir Gravitationswellen messen, um den Geheimnissen rund um die Entstehung des Universums auf die Spur zu kommen? Wenn wir wüssten, wo wir herkommen, wie die Welt und wie das Leben funktionieren, wenn alle Fragen rund um das Leben bereits gelöst und beantwortet wären – wäre das Leben dann nicht schon ausgelebt und würde seinen Sinn verfehlen? Sicher, es wäre *einfacher*, aber es wäre auch *langweilig*, denn der Reiz des Lebens ist der Reiz des Neuen. Die Tatsache, dass wir nicht einfach alles genau beobachten können, dass das Innere der Taschenuhr für uns unsichtbar bleibt, stellt uns vor eine gewaltige Herausforderung und schickt uns gleichzeitig auf eine aufregende Reise. Denn die logische Konsequenz daraus ist, dass die Dinge *nicht so sind, wie sie scheinen*, und dass sich hinter etwas scheinbar Einfachem wie einer Schneeflocke bei näherem Hinschauen ein ungeahntes Ausmaß an Komplexität verbirgt.

Einige mutige und wissbegierige Menschen haben sich auf den Weg gemacht, um die Geheimnisse des Universums zu entschlüsseln. Sie nehmen sich Einsteins Problem an und akzeptieren, dass sie nicht in die Dinge hineinschauen können. Um dieses Hindernis zu umgehen, denken sie sich komplexe Theorien aus und widmen nicht selten ihr gesamtes Leben dem Wunsch, der Wirklichkeit auf die Spur zu kommen.

Dennoch trägt die Wissenschaft nicht nur Früchte, die der Menschheit dienlich sind, sondern brachte auch Technologien wie die Atombombe hervor, die unseren Untergang besiegeln könnten.[1] Auch die schädlichen Konsequenzen, die der technische Fortschritt für die ökologische Stabilität unseres gesamten Planeten hat, lassen sich nicht mehr leugnen. Die Entwicklungen der Gegenwart und die Ereignisse aus der Vergangenheit fordern uns gleichermaßen dazu auf, die Rolle der Wissenschaft zu reflektieren, und lassen uns mit der Frage zurück, *wozu wir Wissenschaft brauchen*. Um diese Frage zu beantworten, begeben wir uns im folgenden Kapitel auf eine historische Reise durch vergangene Gesellschaften, wissenschaftliche Disziplinen und die Tiefen der menschlichen Psyche.

2.2 Der ungesunde Menschenverstand

Menschen sind subjektive Wesen. Die Art und Weise, wie wir denken und die Welt sehen, wird durch unsere Erfahrungen geprägt. Alles um uns herum ist eine komplexe Projektion unseres Sinnes- und Nervensystems, das physikalische Reize in die von uns wahrgenommene Welt umwandelt. Während Sie diesen Text hier lesen, finden Wahrnehmungs- und Konstruktionsprozesse statt, deren Sie sich nicht einmal bewusst sind. Zunächst richten Sie Ihr Auge auf den Text und fokussieren so Ihre visuelle Aufmerksamkeit. Über den Sehnerv werden die Informationen dann zu den relevanten Regionen im Gehirn transportiert. Dort erfolgt ein neuronaler Abgleich mit den Erfahrungen, die Sie bereits gemacht haben, und die einzelnen Buchstaben werden zu Ihnen bereits bekannten, sinnvollen Wörtern und Sätzen zusammengesetzt. Vergangene Erinnerungen und Erfahrungen bestimmen maßgeblich, was Sie wahrnehmen, wie Sie etwas wahrnehmen und wie Sie sich dazu verhalten. Menschen beschreiben und beurteilen die Welt notwendigerweise immer nur aus ihrer begrenzten, subjektiven Sicht.

Die These, dass das *Ding an sich* durch uns Menschen nicht zu erkennen ist, geht auf den Philosophen Immanuel Kant (1724–1804) zurück (Kant, 1889). Wenn diese These stimmt, gibt es keine Objektivität, sondern jede Sichtweise ist subjektiv. Die wahre Natur der Dinge bleibt uns für immer verborgen, denn der Verstand ist durch die Beschaffenheit des Wahrnehmungs- und Denkapparats limitiert und somit nicht in der Lage, zu objektiven (vom

---

[1] Einstein war übrigens nicht am geheimen Atomprojekt in Los Alamos beteiligt, welches 1945 die erste funktionstüchtige Atombombe hervorbringen sollte, da ihn die US-Behörden wegen seiner Berühmtheit und pazifistischen Gesinnung als Sicherheitsrisiko einschätzten. Im Jahr 1939 verfasste er gemeinsam mit dem Physiker Leó Szilárd einen Brief an Präsident Franklin D. Roosevelt, in dem er vor der Möglichkeit warnte, dass Nazi-Deutschland eine Atombombe bauen könnte. Dieser Brief beschleunigte die amerikanischen Bemühungen zur Entwicklung der Bombe. Später bedauerte Einstein die Unterzeichnung des Briefes, insbesondere nachdem klar wurde, dass die Nazis die Bombe nie fertiggestellt hatten und die Atombombe 1945 von den USA in Hiroshima und Nagasaki eingesetzt wurde.

Subjekt unabhängigen) Erkenntnissen über die Welt zu gelangen. Doch wenn es keine absolute Objektivität gibt, da jede noch so kleine Information durch unseren Wahrnehmungsfilter läuft, können Menschen dann überhaupt zur Wahrheit gelangen?

Wenn wir unseren Alltag bestreiten müssen, ist die Wahrheit oft sekundär. Viel wichtiger ist es, dass wir mit den Dingen, die uns umgeben – von Kaffeemaschinen bis hin zu Autos – effektiv umgehen können. Und das geht einfacher, wenn wir davon ausgehen, dass die Welt, wie wir sie sehen, die Wirklichkeit ist. Der griechische Philosoph Platon (427–347 v. Chr.) nannte die Überzeugung, dass die Dinge, wie wir sie wahrnehmen, wirklich sind, *phänomenologische Evidenz* – und stellte diese in seinen Werken infrage (Platon, 1876).

Zweifel an dieser Überzeugung ist eine wesentliche Voraussetzung für Wissenschaft, denn eine wissenschaftliche Auseinandersetzung ist nur dann sinnvoll, wenn es eine Welt *hinter* der unmittelbaren, sinnlich wahrnehmbaren Kulisse gibt. Das bedeutet, dass die Phänomene um uns herum in ihrer überwältigenden Vielfalt auf Gesetze zurückgeführt werden können, die allen Erscheinungen zugrunde liegen. Wie der Regisseur in einem Theater steuern diese Naturgesetze die Geschehnisse auf der Bühne, ohne selbst sichtbar zu werden. Diese Gesetze und Zusammenhänge zu identifizieren, um uns in der Welt besser zurechtzufinden, ist die Aufgabe der Wissenschaft.[2]

> **Fazit**
> Alle Informationen, die im menschlichen Verstand verarbeitet werden, sind ein Produkt unserer Wahrnehmung. Wahrnehmung ist nicht die bloße Verarbeitung physikalischer Reize aus der Umwelt, sondern ein aktiver Konstruktionsprozess, dem genetische und körperliche Voraussetzungen sowie persönliche Erfahrungen zugrunde liegen. Schon Kant stellte fest, dass das *Ding an sich* für Menschen daher nicht erkennbar ist. Laut dem griechischen Philosophen Platon lauern hinter der wahrnehmbaren Welt und ihren vielfältigen Erscheinungsformen Naturgesetze, die

---

[2] Um Ihren Alltag zu bestreiten, sind Sie nicht unbedingt auf wissenschaftliche Erkenntnisse angewiesen. Denn diese Erkenntnisse sind zwar in jedem technischen Gerät verbaut, das Sie benutzen, und werden von Experten, die Ihnen beistehen (wie Ärzte oder Psychotherapeuten), angewendet – allerdings wirken sie auch, wenn Sie persönlich nicht darüber Bescheid wissen: Sie müssen nicht Einsteins Gravitationskonstante kennen und bleiben trotzdem mit Ihren Füßen auf dem Boden stehen und heben nicht in Richtung Weltall ab. Um Ihren Einkauf zu erledigen, müssen Sie nicht die Gesetze des Kapitalmarkts kennen. Um einem Freund zuzuhören, müssen Sie die Gesetze der Psyche nicht beherrschen. Folglich sind Sie auch nicht unbedingt *weiser*, wenn Sie mit diesen Gesetzen vertraut sind. Dennoch *wirken* diese Gesetzmäßigkeiten auch bei Ihnen – egal ob Sie sie kennen oder nicht.

> ihr Sein, Werden und Vergehen bestimmen. Aus erkenntnistheoretischer Sicht liegt der Nutzen der Wissenschaft darin, dass diese Naturgesetze, die mit der alltäglichen Wahrnehmung nicht zugänglich sind, verstanden werden können. Mithilfe dieses Wissens können Ereignisse aller Art *beschrieben, erklärt, vorhergesagt* und schließlich *beeinflusst* werden.

Am Ende dieses Kapitels steht fest, dass die Welt nicht so ist, wie sie scheint, und dass wir uns Ideen und Theorien überlegen müssen, um die Natur der Wirklichkeit zu begreifen (oder ihr zumindest nahezukommen). Hier bleibt die Frage offen, warum der wissenschaftliche Ansatz dazu besser geeignet ist als unser alltägliches Denken. Im folgenden Kapitel geht es darum, warum die Wahrheit ausgerechnet durch eine ausgiebige, systematische wissenschaftliche Investigation erschlossen werden kann – und warum diese der spontanen Meinungsbildung überlegen ist.

2.3 Wissenschaft ist der spontanen Meinungsbildung überlegen

Aus der Subjektivität der Wahrnehmung folgt unmittelbar eine *Vielfalt an Meinungen, Idealen, Werten, Vorstellungen und Weltbildern*, die nicht selten mit unseren *persönlichen Interessen* korrespondieren. Dazu ein Beispiel: Stellen Sie sich zwei Brüder vor, von denen jeder behauptet, er sei größer als der andere. Mit bloßem Auge gelingt es Ihnen kaum, einen Unterschied festzustellen, also nutzen Sie ein Lineal und stellen fest, dass ein Bruder *tatsächlich* größer als der andere ist. Das Lineal ist ein Messinstrument, und dessen Verwendung ist ein Standard, auf den sich Menschen geeinigt haben. Dieses Beispiel zeigt: Selbst bei scheinbar einfachen Fragen benötigen wir eine Methode, mit der wir den Wahrheitsgehalt von Aussagen an *verbindlichen Standards* messen können.

Doch was, wenn es nicht um eine solch triviale Frage geht, sondern um Digitalisierung, Klimawandel oder die psychische und physische Gesundheit von Menschen? Hier sollten wir mit unserem begrenzten Wahrnehmungsapparat keine voreiligen Schlüsse ziehen. Da unser Verstand subjektiv ist, müssen wir davon ausgehen, dass unsere Annahmen und Wahrnehmungen über die Welt falsch sind oder sein können. Sokrates formulierte diese Erkenntnis mit dem berühmten Satz: „*Ich weiß, dass ich nichts weiß.*" Wenn wir Sokrates Einstellung wirklich ernst nehmen, dürfen wir keinen Anspruch auf die Wahrheit erheben. Um uns der Wahrheit anzunähern, brauchen wir eine Methode, um zu überprüfen, ob eine Annahme richtig oder falsch ist. Unsere Annahme oder Theorie muss folglich *an der Realität scheitern können*, um wirklich wissenschaftlich zu sein.

Eine weitere zentrale Eigenschaft der Wirklichkeit ist – wie schon Buddha und andere spirituelle Lehrer feststellten – deren *Vergänglichkeit*. Die Welt um uns herum und wir selbst verändern uns ständig. Wenn diese Annahme stimmt, ist die Wahrheit selbst der Vergänglichkeit unterworfen – zumindest zu einem gewissen Grad. Für die Wahrheitsfindung benötigen wir demnach eine Methode, die sich ständig *überprüft, korrigiert und selbst erneuert*.

Denken Sie an Ihren Alltag und überprüfen Sie, ob Ihr alltägliches Denken den Voraussetzungen der Wahrheitsfindung gerecht wird. Wie oft bedienen Sie sich dabei Messinstrumenten oder verbindlicher Standards? Wie oft stellen Sie Thesen auf, die sich mit empirischer Evidenz belegen oder widerlegen lassen? Wie oft nehmen Sie etwas an und kontrollieren wiederholt dessen Wahrheitsgehalt?

Wahrscheinlich selten, denn sonst würden Sie verrückt werden. Wenn Sie sich bei jeder Handlung diese Fragen stellen, könnten Sie nicht einmal eine Tasse Kaffee kochen. Wer an jeder Äußerung seiner Mitmenschen und an jedem seiner eigenen Gedanken derartige Zweifel hat, ist kaum lebensfähig. Im Alltag müssen Sie sich notwendigerweise mit vielen Dingen zufriedengeben. Unser alltägliches Leben erfordert oft unsere ganze Energie und Aufmerksamkeit, sodass wir keine Zeit und Lust haben, uns mit den Gesetzen *hinter* der Welt zu beschäftigen – und das ist völlig in Ordnung. Gleichzeitig dürfen wir nicht davon ausgehen, dass unser alltägliches Denken zuverlässige Erkenntnisse liefert – denn es ist höchst fehleranfällig (Kahneman, 2011).[3]

> **Fazit**
> Der wissenschaftliche Prozess ist der alltäglichen, spontanen Meinungsbildung überlegen, da er bestimmte Eigenschaften der Wirklichkeit anerkennt und systematisch in den Erkenntnisprozess mit einbezieht:

---

[3] Der Psychologe Daniel Kahnemann beschreibt in seinem Buch *Thinking, fast and slow* zwei Denksysteme. Das erste System funktioniert automatisch, schnell, verbraucht keine Ressourcen und unterliegt nicht der willentlichen Kontrolle. Es wird vor allem in Situationen genutzt, die eine schnelle Reaktion erfordern (z. B. Flucht vor einem wilden Hund). Das zweite System ist langsamer, verbraucht geistige Ressourcen und unterliegt der willentlichen Kontrolle. Es wird vor allem bei geistig anspruchsvollen Aufgaben genutzt, die Konzentration erfordern (z. B. Ausfüllen einer Steuererklärung). Die Kombination beider Systeme ermöglicht es, Fehler zu minimieren und Leistung zu optimieren – vorausgesetzt, sie werden in der richtigen Situation eingesetzt.

1. Aus der Subjektivität der menschlichen Wahrnehmung folgt eine Vielzahl von Ansichten, Meinungen und Aussagen. Wissenschaft nutzt daher Messungen als *verbindliche Standards*, um deren Wahrheitsgehalt zu bestimmen.
2. Unsere Annahmen über die Wirklichkeit können falsch sein. Wissenschaftliche Theorien müssen daher *an der Realität scheitern können.*
3. Die Welt ist vergänglich und verändert sich ständig. Wissenschaft muss sich daher ständig *selbst überprüfen und korrigieren.*

Trotz ihrer Überlegenheit sollte Wissenschaft nicht in jeder Situation eingesetzt werden. Die sorgfältige Erforschung von Naturgesetzen ist oft ein langsamer, mühsamer Prozess, der jede Menge Anstrengung, Konzentration und Willenskraft erfordert. Wenn ein bissiger Hund auf Sie zuläuft, nützt Ihnen Wissenschaft nicht viel, denn Sie müssen schnell und automatisch reagieren. Bei der Wahrheitsfindung und Generierung von objektiven Erkenntnissen ist die Wissenschaft allerdings der spontanen Meinungsbildung überlegen.

Menschen mit antiintellektuellen Einstellungen würden vielleicht argumentieren, dass die Wissenschaft dennoch überflüssig ist, da sie im Alltag für den Einzelnen keinen Nutzen hat und uns von der Realität entfremdet. Ein Blick auf die Technologien, welche wir alle jeden Tag nutzen und die unser Leben einfacher gestalten, reicht aus, um diesen Gedanken zu widerlegen. Dennoch möchte ich auch diese Kritik ernst nehmen und ihr das nächste Kapitel widmen.

2.4 Unendlich klein, unendlich groß, unendlich wichtig

Es gibt unendlich viele Möglichkeiten, die Welt um uns herum wahrzunehmen. Im Laufe der Evolution haben Milliarden von Lebensformen Wahrnehmungsapparate ausgebildet, die nur einen Bruchteil der Welt abbilden und nicht in der Lage sind, die Welt vollständig zu erfassen. Der Wahrnehmungsapparat filtert aus der unendlichen Fülle von Informationen vor allem die heraus, die für das Überleben wichtig sind. Erst diese Limitation der Wahrnehmung ermöglicht es Lebewesen überhaupt, sich in der Welt zurechtzufinden.[4]

Der größte Teil von allem, was um uns herum passiert, ist für uns überhaupt nicht wahrnehmbar. Nur ein winziger Teil der Realität ist für unsere Sinne zugänglich. Und selbst dieser winzige Teil ist noch viel zu groß für unseren Wahrnehmungsapparat, sodass zu einem bestimmten Zeitpunkt viele Informationen ausgeblendet werden. Unser Gehirn und unser Körper tun das automatisch, weil die Wahrnehmungen uns sonst konstant überfluten würden, was für unser Überleben nicht förderlich wäre.

Das bedeutet, dass das, was wir mit bloßem Auge wahrnehmen können, nicht ausreicht, um die Welt vollständig zu verstehen. Denn die Ereignisse, die auf der für uns wahrnehmbaren Ebene liegen, werden durch Ereignisse auf Mikroebenen (Quanten, Atome, Zellen, Organe) und Makroebenen (Freunde und Familie, Gemeinde, Gesellschaft, Kultur, historischer Kontext) beeinflusst. Mit einem winzigen Bruchteil aller Informationen ausgestattet, sind wir in die Welt geworfen und müssen uns in ihr zurechtfinden. Da ist es nur logisch, dass es Dinge, Zusammenhänge und Ereignisse gibt, die wir *nicht verstehen*. Die Tatsache, dass wir nur ein Bruchstück der Welt wahrnehmen, ermöglicht uns erst den Zugang zu ihr. Gleichzeitig schränkt sie unsere Erkenntnisfähigkeit ein und die Beobachtungen, die wir von unserem Standpunkt aus machen, ergeben oft keinen Sinn.

Doch die Ereignisse, die nicht mit bloßem Auge sichtbar sind, nehmen unmittelbar Einfluss auf unser Leben. Stellen Sie sich vor, Sie plagt eine Krankheit: Sie haben Schüttelfrost und Fieber, sind müde und fühlen sich abgeschlagen. Die Informationen, die Ihrem Wahrnehmungsapparat vorliegen, liefern Ihnen keinerlei Hinweise auf die Ursache der Erkrankung, also gehen Sie zu einem Arzt. Der Arzt hat Zugang zur Mikroebene und misst Ihre Leberwerte, die außerhalb des Bereichs eines gesunden Menschen liegen. Er verabreicht Ihnen ein Medikament, dass die Ursache Ihrer Erkrankung behebt und bald fühlen Sie sich wieder besser. Das Bruchstück der Realität, also die begrenzte Menge an Informationen, die Ihnen vor dem Arztbesuch zugänglich war, reichte nicht aus, um die Ursache Ihrer Erkrankung zu verstehen. Der Arzt musste seine Wahrnehmung durch Nutzung von Messinstrumenten erweitern, um die Ursache der Erkrankung feststellen zu können und sie zu beheben. Dieses

---

[4] Ein Beispiel aus einer Vorlesung: Eine Dozentin fragt einen ihrer Studenten, ob er ein Spiel mit ihr spielen will und er willigt ein. Daraufhin sagt sie zu ihm, er soll den ersten Zug machen. Verdutzt blickt der Student sie an und weiß nicht, was er sagen soll. Der Grund dafür ist, dass die Spielregeln nicht definiert wurden. Es gibt daher unendlich viele Möglichkeiten für einen ersten Zug und keine von ihnen ist besser oder schlechter. Erst die Einführung von Spielregeln (eine Limitation) ermöglicht es dem Studenten, angemessen zu reagieren.

Beispiel zeigt: Selbst für Menschen, die glauben, die Welt wäre besser ohne die Wissenschaft, sind die Erkenntnisse, die sie hervorbringt, unverzichtbar.

> **Fazit**
> Nur ein Bruchteil der Welt ist mit unseren Sinnen wahrnehmbar. Der Wahrnehmungsapparat filtert vor allem die Informationen heraus, die für das Überleben wichtig sind. Doch auch Ereignisse auf nicht unmittelbar wahrnehmbaren Ebenen (Mikro- und Makroebene) sind für unser Überleben und Wohlbefinden relevant. Durch Wissenschaft können wir Ebenen und Informationen erschließen, die uns allein mit unserem Wahrnehmungsapparat nicht zugänglich wären. Dadurch können wir uns besser an die Welt anpassen und sie nach unseren Wünschen gestalten.

Bisher haben wir festgestellt, dass unser Wahrnehmungsapparat wie ein Filter funktioniert, der einen Großteil der Informationen aus der Umwelt ausblendet. Doch können wir uns wenigstens auf die Informationen verlassen, die uns mit Augen und Ohren zugänglich sind? Oder brauchen wir die Wissenschaft auch dazu, um zu erklären, was wir wahrnehmen? Eine beispielhafte Antwort auf diese Frage finden Sie im nächsten Kapitel.

2.5 Wir sehen, was nicht da ist

Wenn Sie geglaubt haben, dass Ihre Augen Sie nicht täuschen, muss ich Sie ent-täuschen – denn auch der Teil der Welt, den wir mit unseren Sinnen wahrnehmen können, wird durch unseren Wahrnehmungsapparat nicht naturgemäß abgebildet. Die Umsetzung von physikalischen Reizen in subjektive Wahrnehmung folgt bestimmten Gesetzmäßigkeiten. Die moderne Wahrnehmungspsychologie bestätigt damit das, was Kant und Platon bereits wussten.

Wahrnehmungstäuschungen sind eindrückliche Beispiele dafür, dass unser Gehirn unsere Erfahrung der Welt simuliert. Wahrnehmung ist ein *aktiver Prozess*, der durch Interaktion von neuronalen Netzwerken in unserem Gehirn zustande kommt. Um diesen Prozess nachvollziehen zu können, schauen Sie sich das folgende Bild an:

Abb. 2.1 zeigt das *Hering'sche Gitter*, eine klassische Wahrnehmungstäuschung. Die Kreuzungspunkte der weißen Streifen erscheinen dunkler als die übrigen Bereiche der Streifen. Das liegt daran, dass die Kreuzungspunkte von

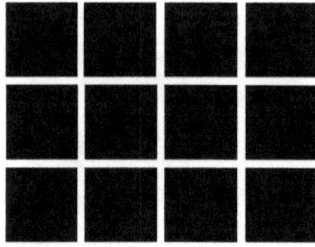

Abb. 2.1 Das Hering'sche Gitter nach dem Physiologen und Wahrnehmungsforscher Ewald Hering (1834–1918)

vier hellen Seiten umgeben sind, die anderen Bereiche der Streifen sind hingegen von zwei dunklen und zwei hellen Seiten umgeben. Die Neuronen in Ihrem Gehirn, welche für die Helligkeitsverarbeitung der Kreuzungspunkte zuständig sind, werden von zahlreichen umliegenden Neuronen gehemmt, weshalb die Kreuzungspunkte dunkler erscheinen. Dieses Prinzip wird als *laterale Hemmung* bezeichnet und kann zahlreiche Phänomene der Wahrnehmungspsychologie, darunter auch den Tinnitus, erklären. Das, was Sie wahrnehmen, ist nicht die physikalische Realität, sondern Ihre Erfahrung der Welt entsteht durch die *Interaktion physikalischer Reize mit Ihrem Wahrnehmungsapparat* (Becker-Carus & Wendt, 2017).

Für Ihren Alltag hat die Simulation Ihres Gehirns meist eine größere Bedeutung als die objektive Wirklichkeit. Ein beeindruckendes Beispiel dafür ist die Tatsache, dass Sie in der Vergangenheit leben. Bis die sensorischen Informationen von Ihren Augen zu den visuellen Hirnarealen gelangen, in denen die visuelle Erfahrung simuliert wird, vergehen mindestens 250 Millisekunden. Daraus folgt, dass alles, was Sie sehen, nicht in diesem Moment passiert, sondern *bereits passiert ist*.

> **Fazit**
> Wahrnehmung ist ein *aktiver Prozess*: Die Welt um uns herum (und im übrigen auch die Körperwahrnehmung) ist nicht gegeben, sondern wird aktiv konstruiert. Die Umsetzung physikalischer Ereignisse in subjektive Wahrnehmung folgt bestimmten Gesetzmäßigkeiten, welche durch die Eigenschaften des Wahrnehmungsapparats bestimmt sind. Da unser Gehirn Zeit braucht, um aus physikalischen Ereignissen Erfahrungen zu machen, leben wir streng genommen in der Vergangenheit. Wissenschaft kann uns dabei helfen, zu verstehen, wie unser Wahrnehmungsapparat

> funktioniert und aus der physikalischen Welt um uns herum subjektive Erfahrung und Sinn erschafft.

Jetzt, wo wir uns die großartigen und ernüchternden Fähigkeiten unseres Wahrnehmungsapparats bewusst gemacht haben, wollen wir uns der Frage widmen, wie wir unser Wahrnehmungsspektrum und damit unseren Einflussbereich durch wissenschaftliche Messungen erweitern können.

2.6 Messen: Das Unverfügbare verfügbar machen

„Was immer einem Angst macht, das muss man vermessen."
– Alexander von Humboldt, Forschungsreisender (1769–1859)[5]

Die Limitationen unseres Wahrnehmungsapparats und die damit einhergehende Undurchsichtigkeit der Welt stellen ein existenzielles Problem dar. Für Millionen von Jahren war die Menschheit Naturkatastrophen und Krankheiten schutzlos ausgeliefert. Wir konnten diese leidbringenden Ereignisse nicht vorhersehen, verhindern oder verändern, denn ihre Ursachen waren uns unbekannt.

Wissenschaft *schafft Wissen* und ermöglicht uns Zugang zu Informationen, die vorher im Verborgenen lagen. Das Mittel, um an diese Informationen zu gelangen, sind *Messinstrumente*, die uns den Zugang zu Mikro- und Makroebenen verschaffen, die normalerweise für unsere Wahrnehmung unzugänglich sind. Der Einsatz von Messinstrumenten hat eine lange Tradition, variiert je nach Forschungsdisziplin und verschafft uns Zugang zu Informationen unterschiedlichster Art. Es folgt daher nur eine kleine, unvollständige Auswahl von Messinstrumenten, die uns aber bemächtigen, Naturkatastrophen und Krankheiten etwas entgegenzusetzen:[6]

---

[5] Das Zitat stammt aus dem Roman von Daniel Kehlmann (2009) *Die Vermessung der Welt* und wird Alexander von Humboldt zugeschrieben.
[6] Manche Messinstrumente (wie das Thermometer) werden auch von Nichtwissenschaftlern im Alltag benutzt. Auch in den Geistes- und Sozialwissenschaften werden Messinstrumente verwendet, zum Beispiel Fragebögen (zur Messung von Einstellungen, Persönlichkeit und psychischen Störungen) und Intelligenztests (zur Messung der kognitiven Leistungsfähigkeit).

- Das **Mikroskop** dient der Vergrößerung von Objekten, sodass sie für das menschliche Auge sichtbar werden. Das Mikroskop wurde zum Beispiel von Robert Koch eingesetzt, der erkannte, dass Krankheiten durch winzige Erreger (Bakterien) hervorgerufen werden. Die Entwicklung von Elektronenmikroskopen ermöglichte später die Erkennung von Viren, die noch viel kleiner als Bakterien sind und verheerende Krankheiten verursachen. Auch andere lebensbedrohliche Körperanomalien, wie etwa Krebszellen, lassen sich mit dem Mikroskop erkennen.
- **Magnetfeldmessgeräte** werden zur Messung von Magnetfeldern genutzt und können beispielsweise zur Vorhersage von Tsunamis eingesetzt werden (Lin et al., 2021). Da Wasser elektrisch leitend ist, verändert sich das Magnetfeld über dem Ozean bei der Verschiebung großer Wassermassen, die einem Tsunami vorausgeht. Diese Veränderung im Magnetfeld ist messbar und kann zur Vorhersage der Höhe einer Tsunamiwelle genutzt werden.
- Das **Elektroenzephalogramm** (kurz: EEG) ermöglicht die Messung der elektrischen Aktivität des Gehirns. Wenn im Gehirn eine neuronale Reaktion stattfindet, kommt es auf der Kopfhaut zu einer messbaren Spannungsveränderung. Das EEG wird beispielsweise in der Neurologie eingesetzt, um Epilepsie und andere Hirnschäden zu diagnostizieren und den Verlauf von Erkrankungen zu kontrollieren. In der neuro psychologischen Forschung wird das EEG genutzt, um Hirnareale zu bestimmen, die an spezifischen kognitiven Prozessen (z. B. Gesichtswahrnehmung, Sprache, Emotionsverarbeitung) beteiligt sind.

Vielleicht denken Sie, dass Messinstrumente ein langweiliges Thema sind. Ich möchte Sie eines Besseren belehren, indem ich Ihnen erzähle, wie die Erfindung eines ganz besonderen Messinstruments den Lauf der Geschichte verändert hat. Es ist ein Messinstrument, das viele Menschen heute ganz selbstverständlich bei sich tragen und dessen Skala wir schon in der Grundschule lesen lernen.

2.6.1 Die Messung der Zeit

Der Wunsch, uns in Zeit und Raum zurechtzufinden, ist uralt. Die frühesten mittelalterlichen Menschen, die Uhren nutzten, waren christliche Mönche. Sie benötigten Zeitangaben, um ihre täglichen Rituale (wie Gebetsstunden, Gesänge und Gottesdienste) zu strukturieren. Laut dem Soziologen Max Weber (1864–1920) sind ausgerechnet die spirituellen Klöster die ersten rational verwalteten Betriebe des Mittelalters (Weber, 2017). Die Benediktinermönche folgten in der Regel dem Lauf einer Sonnenuhr und somit einer dehnbaren Zeiteinteilung, in der das gemeinsame Tun noch im Vordergrund stand.

Das Ideal der dehnbaren Zeiteinteilung, die sich nach menschlichen Handlungen richtet, sollte durch eine Erfindung abgelöst werden, die eine genauere Messung und Einteilung der Zeit ermöglichte: die *mechanische Räderuhr*. Durch weithin hörbare Turmuhren konnten die Einwohner aufstrebender Städte wie Mailand[7] ihren Tag strukturieren und sich aufeinander abstimmen. Die mechanische Uhr ermöglichte die *präzise zeitliche Koordination sozialer Prozesse*. Beispielsweise konnte die Lieferung von Waren und Bauteilen genau geregelt werden, was der Produktion und der Versorgung eine gewisse Sicherheit gab und größere Bauprojekte ermöglichte.

Die mechanische Uhr läutete das Ende des Mittelalters und den Beginn der Renaissance in Italien ein. Die Feudalherren und die Kirche verloren immer mehr Macht und die Menschen begannen sich selbst zunehmend als Individuen zu verstehen. Die Stundenrechnung erlaubte es den aufstrebenden Städten, ihr eigenes Rechtssystem umzusetzen und unabhängig von den Vorgaben der Kirche zu werden. Für verschiedene Gewerbe wurden Arbeitszeiten festgelegt, welche die Arbeiterschaft selbst überwachen konnte. Die Verknüpfung der Arbeitszeiten mit dem Stundenschlag der Uhr schützte die Menschen vor der Willkür der Grundherren, welche die früheren vagen Regelungen zu ihren Gunsten ausgenutzt hatten. Die eigene Zeiteinteilung wurde zum Ausdruck des Individualismus und des bürgerlichen Selbstvertrauens (Vgl. Schnabel, 2010, S. 174). Der Triumphzug der exakten Zeitvermessung hielt auch in der Zeit der Industrialisierung weiter an: Vielen galt die Uhr als ein Symbol der Organisation, Koordination, Pünktlichkeit, Disziplin und sogar der Überlegenheit gegenüber weniger wohlhabenden sozialen Schichten und Nationen (Dohrn-Van Rossum, 2012, S. 163–186).

Heute haben viele Menschen eine andere Beziehung zur Uhr entwickelt: Mittlerweile wird sie als unbarmherziger Taktgeber empfunden, der uns von den natürlichen Rhythmen unseres Körpers entfremdet und der Muße abträglich zu sein scheint. Dennoch ist die Bedeutung der Uhr für die Rechte von Arbeitnehmern, die ihre Arbeitszeit überwachen können, nicht zu unterschätzen. In der heutigen vernetzten und globalisierten Welt hilft die Uhr Individuen, Staaten sowie internationalen Organisationen und Konzernen, ihr Handeln aufeinander abzustimmen. Ob nun zum Guten oder zum Schlechten:

---

[7] Die erste bekannte Installation einer Turmuhr meldete die Mailänder Stadtchronik im Jahr 1336 (Dohrn-van Rossum, 1992).

Fest steht, die Messung der Zeit hat unser individuelles und gemeinschaftliches Leben für immer verändert.[8]

2.6.2 Die Messung der Zukunft

„Prognosen sind schwierig – vor allem wenn sie die Zukunft betreffen."[9]

Immer wieder hört man in den Medien haarsträubende Berichte von Straftätern, die aus dem Gefängnis entlassen wurden, rückfällig werden und Morde oder andere Verbrechen begehen. Viele Menschen fragen sich zu Recht, wieso das passiert. Im Nachhinein scheint es offensichtlich, dass weitere Straftaten hätten verhindert werden können. Das Eintreten von Ereignissen vorherzusagen, damit wir sie rechtzeitig verhindern, abwenden oder zumindest auf sie reagieren können, ist eines der grundlegendsten Ziele von Forschung. Wie schön wäre es, wie eine Wahrsagerin in eine Kugel zu schauen und die Zukunft zu kennen. Wissenschaftliche Vorhersagen sind zwar genauer als die einer Wahrsagerin, haben aber dasselbe Problem: *Je weiter etwas in der Zukunft liegt, desto unsicherer wird die Vorhersage.*

Die Rückfallvorhersage von Straftätern ist ein wichtiger Bestandteil der psychologischen Diagnostik. Zur Rückfallvorhersage werden psychometrische Messinstrumente genutzt, zum Beispiel der *Violence Risk Appraisal Guide* (kurz: VRAG). Im VRAG wird unter anderem die Anzahl früherer Inhaftierungen abgefragt. Je öfter eine Person inhaftiert war, desto mehr Punkte bekommt sie auf der Skala zugewiesen. Je höher die Gesamtpunktzahl auf der Skala, desto höher ist das Risiko für einen Rückfall.[10] Auf Basis dieser psychometrischen Informationen werden wichtige Entscheidungen getroffen, zum Beispiel ob ein Häftling freigelassen wird oder nicht. Dabei nimmt die Wahrscheinlichkeit, dass die Straftäter rückfällig werden, mit der Zeit nach der Freilassung zu.

---

[8] Falls Sie das Thema interessiert und Sie sich näher mit der Bedeutung der Zeit, Zeitdruck, Zeitnot und Muße in der Gesellschaft auseinandersetzen wollen, empfehle ich Ihnen das Buch von Ulrich Schnabel: Muße – Vom Glück des Nichtstuns.

[9] Dieses Zitat wird gleich mehreren berühmten Persönlichkeiten zugeschrieben. Darunter sind der Staatsmann Winston Churchill und der Physiker Niels Bohr.

[10] Die Fragen im VRAG basieren auf empirischen Untersuchungen, die gezeigt haben, dass bestimmte Indikatoren mit dem Rückfallrisiko zusammenhängen. Weitere Indikatoren sind z. B. schulische Verhaltensprobleme, Alkohol- oder Drogenmissbrauch, Bewährungsversagen und das Alter der straffällig gewordenen Person. Eine umfassende deutschsprachige Beschreibung dieses Messinstruments findet sich bei Rossegger et al. (2009).

In Kriminalstatistiken ist dieses Muster typisch, denn mit zunehmender zeitlicher Distanz zur Freilassung gibt es für Straftäter immer mehr Möglichkeiten, rückfällig zu werden. Nach einem Jahr beträgt die vorhergesagte Rückfallwahrscheinlichkeit etwa 10 %, nach 10 Jahren sind es schon fast 50 %. Mit zunehmendem zeitlichen Abstand zur Freilassung liegt die Rückfallwahrscheinlichkeit bei ca. 50 %, d. h. die Wahrscheinlichkeit für einen Rückfall ist genauso groß wie die Wahrscheinlichkeit, dass ein Straftäter keine weitere Straftat begeht (Rice et al., 2013).

An diesem Beispiel wird das Problem wissenschaftlicher Vorhersagen deutlich: Sie werden mit zunehmender zeitlicher Distanz ungenauer. Während wir nach einem Jahr ziemlich genau vorhersagen können, dass ein Straftäter nicht rückfällig wird, ist es nach 10 Jahren kaum noch möglich, eine genaue Vorhersage zu treffen. Das ist logisch, denn in 10 Jahren können dem Häftling alle möglichen Dinge passieren, von einem neuen Job bis hin zur Scheidung von seiner Frau. Alle Ereignisse, die in diesem Zeitraum geschehen, können die Wahrscheinlichkeit für einen Rückfall erhöhen oder verringern und lassen sich zum Zeitpunkt der Freilassung nicht messen oder überprüfen. Wissenschaftliche Messungen, die auf Prognosen abzielen, sind also immer nur Wahrscheinlichkeitsaussagen, die mit zunehmender zeitlicher Distanz ungenauer werden.

Fazit
Messinstrumente machen zunächst unverfügbare Teile der Wirklichkeit für die menschliche Wahrnehmung zugänglich. Sie ermöglichen zum Beispiel die frühzeitige Erkennung und Behandlung von Krankheiten, die Vorhersage von Naturkatastrophen und die Rückfallvorhersage von Straftätern. Die Erfindung und Verbreitung von Messinstrumenten wie die der mechanischen Uhr hat die Geschichte der Menschheit maßgeblich geprägt und verändert. Neue Messinstrumente haben das Potenzial, Fortschritt und Wohlstand zuträglich zu sein, bringen aber auch Nachteile und Gefahren mit sich. Messungen, die auf eine Prognose (also eine Zukunftsvorhersage) abzielen, sind immer nur *Wahrscheinlichkeitsaussagen*, deren Genauigkeit abnimmt, je weiter ein Ereignis in der Zukunft liegt.

Menschen können ihre Wahrnehmung durch wissenschaftliche Messinstrumente erweitern. *Messen* ist notwendig, weil die menschliche *Wahrnehmung* sich naturgemäß nur auf überlebens- und verhaltensrelevante Informationen beschränkt. Aus diesen beiden Formen der Welterschließung folgen Gedanken mit unterschiedlicher Qualität: *Wahrnehmung erzeugt Meinungen, Messen erzeugt Fakten.* Im Folgenden Kapitel soll es nun darum gehen, warum es sich lohnt, zwischen Fakten und Meinungen zu trennen und wie dieser Anspruch in der Wissenschaft umgesetzt werden kann (Weber, 2017).

Literatur

Becker-Carus, C., & Wendt, M. (2017). Wahrnehmung. In *Allgemeine Psychologie* (2. Aufl., S. 73–156). Springer. https://doi.org/10.1007/978-3-662-53006-1_3

Chotjewitz, D. (1994). *Das Abenteuer des Denkens: Roman über Albert Einstein.* Carlsen.

Dohrn-Van Rossum, G. (2012). Die Erfindung der Uhr und die Geschichte der Stunde. In *Was ist die Zeit?* Brill Fink.

Dohrn-van Rossum, G. (1992). *Die Geschichte der Stunde.* Hanser.

Kahneman, D. (2011). *Thinking, Fast and Slow.* Farrar, Straus & Giroux.

Kant, I. (1889). *Immanuel Kants Kritik der reinen Vernunft.* Mayer & Müller.

Kehlmann, D. (2009). *Die Vermessung der Welt.* Rowohlt.

Lin, Z., Toh, H., & Minami, T. (2021). Direct Comparison of the Tsunami-Generated Magnetic Field With Sea Level Change for the 2009 Samoa and 2010 Chile Tsunamis. *Journal of Geophysical Research: Solid Earth, 126*(11), e2021JB022760. https://doi.org/10.1029/2021JB022760

Platon, A. (1876). Platons Symposion. In A. Hug (Hrsg.), *Platons ausgewählte Schriften* (Bd. 5). Teubner.

Rice, M. E., Harris, G. T., & Lang, C. (2013). Validation of and Revision to the VRAG and SORAG: The Violence Risk Appraisal Guide – Revised (VRAG-R). *Psychological Assessment, 25*(3), 951–965. https://doi.org/10.1037/a0032878

Rossegger, A., Urbaniok, F., Danielsson, C., & Endrass, J. (2009). Der Violence Risk Appraisal Guide (VRAG) – ein Instrument zur Kriminalprognose bei Gewaltstraftätern. *Fortschritte der Neurologie-Psychiatrie, 77*(10), 577–584. https://doi.org/10.1055/s-0028-1109705

Schnabel, U. (2010). *Muße – Vom Glück des Nichtstuns.* Karl Blessing.

Weber, M. (2017). *Die protestantische Ethik und der Geist des Kapitalismus.* Reclams Universal-Bibliothek. Reclam.

3

Die ideologische Falle

„Jeder hat das Recht auf seine eigene Meinung, aber nicht auf seine eigenen Fakten."

–Bernard M. Baruch, amerikanischer Finanzier und Politikberater (1870–1965)

Wie bereits oben diskutiert, sehen Menschen die Wirklichkeit durch die Brille ihrer Erfahrungen. Das gilt nicht nur für das, was wir sehen, sondern auch für die Begriffe, in denen wir denken: Je nachdem, wie ein Begriff formuliert wird, ruft er in uns unterschiedliche emotionale Reaktionen hervor, wie Abneigung, Neutralität oder Zustimmung. Zum Beispiel ruft die Phrase *„Abgaben zum Wohl der Gemeinschaft"* ein völlig anderes Gefühl hervor als das Wort *„Steuerlast"* – obwohl beide Begriffe dasselbe meinen. Die Verwendung eines anderen Begriffs hat keine unmittelbaren praktischen Konsequenzen, denn die Menschen zahlen denselben Betrag an Steuern, egal welchen Begriff sie verinnerlicht haben. Das *Framing* (dt.: die sprachliche Umrahmung) des Begriffs könnte aber beeinflussen, ob sie eine mögliche Steuererhöhung befürworten oder ablehnen.[1]

Das stellt die Wissenschaft vor ein massives Problem, denn wissenschaftliche Theorien und Aussagen sollen ihrem Anspruch nach *wertfrei* sein, d. h. möglichst unabhängig von ihrem emotionalen, normativen oder kulturellen Gehalt. Gleichzeitig sind die Begriffe, in denen wir denken, eindeutig wertbehaftet und spiegeln soziale Normen und Erwartungen wider (Feyerabend,

---

[1] Die Zustimmung oder Ablehnung zu politischen Maßnahmen wie Steuererhöhungen ist nicht nur vom Framing, sondern von vielen weiteren Faktoren abhängig. Wenn Sie beispielsweise bereits eine stabile Meinung zu einem Thema haben, ist es unwahrscheinlich, dass Sie nur aufgrund der Formulierung eine andere Meinung entwickeln (Druckman & Nelson, 2003).

1975, S. 84 ff.). Vor allem in Sozial- und Verhaltenswissenschaften wie der Soziologie und der Psychologie werden häufig Begriffe genutzt, die in sich bereits eine Wertung beinhalten (z. B. „psychische Erkrankung", „aggressives Verhalten", „demokratisch", „neoliberal", „kapitalistisch"). Das Problem wird teilweise dadurch gelöst, dass neue, abstraktere und weniger aufgeladene Begriffe eingeführt werden (z. B. „deviantes Verhalten" statt „aggressives Verhalten").

Durch diese Abstraktion werden Begriffe allerdings oft *bedeutungsleer*. Das trifft besonders auf die *Kernbegriffe* zu, die im Zentrum einer wissenschaftlichen Disziplin stehen. Wenn Sie Psychologen fragen, was die Psyche ist, Soziologen fragen, was die Gesellschaft ist, Politikwissenschaftler fragen, was Politik ist, Religionswissenschaftler fragen, was Religion ist, Geografen fragen, was Raum ist oder Physiker fragen, was Zeit ist, werden Sie mit großer Sicherheit keine eindeutige Antwort bekommen. Diese Kernbegriffe sind vielmehr extrem umstritten oder so schwer zu fassen, dass es eine kleine Armee an Unterbegriffen braucht, um sie überhaupt zu verstehen.[2]

Dennoch hat die Einführung neuer, abstrakter Begriffe einen eindeutigen Vorteil: Wenn sie richtig eingesetzt werden, können Forschende ihr subjektives, wertendes Denken besser vom inneren, objektiven Wissenschaftler trennen. Stellen Sie sich einen konservativen Klimawissenschaftler vor, der in seinen Klimadaten Belege für die Erderwärmung findet. Er rechnet ein wenig herum und stellt weiterhin fest, dass sich die Erderwärmung nur dann stoppen lässt, wenn neben freiwilligen individuellen Handlungsveränderungen (z. B. Verzicht auf Kreuzfahrten und Kurzstreckenflüge) auch umfassende, politische Maßnahmen auf gesamtgesellschaftlicher Ebene (z. B. CO_2-Steuer, Tempolimit auf Autobahnen und Subventionen für erneuerbare Energien) umgesetzt werden. Als konservativer Bürger würde er möglicherweise die Existenz des Klimawandels anzweifeln oder die Notwendigkeit politischer Gegenmaßnahmen, die einen staatlichen Eingriff in das Leben der Bürger darstellen, kritisch hinterfragen. Genauso könnte ein liberaler Wissenschaftler, dem Gleichstellung ein wichtiges Anliegen ist, die geringe und meist kurzfristige Wirksamkeit von Diversitätstrainings zur Reduzierung von Vorurteilen am Arbeitsplatz verschweigen oder herunterspielen. Als Wissenschaftler müssen sie die empirischen Belege allerdings zur Kenntnis nehmen und die eigene Position überdenken – und das geht einfacher, wenn sie in neutralen Begriffen wie *„Steuern"*, *„politische Maßnahmen"* und *„Heterogenität"* statt in wertbehafteten Begriffen wie *„Abgabenlast"*, *„Zwang"* oder *„Diversität"* denken. Eine abstrakte, wertfreie Formulierung von Begriffen ist hilfreich, um Fakten und Meinungen klar voneinander zu trennen.

---

[2] Ein Beispiel aus der Psychologie ist die Aufteilung des Begriffs der Psyche in die Unterbegriffe Kognition (Denken), Emotion (Fühlen) und Verhalten (Handlung).

Auch für Nichtwissenschaftler lohnt es sich, die Fakten zunächst von der eigenen Weltanschauung zu entkoppeln. Stellen Sie sich vor, Sie leben in einem kleinen Örtchen, durch das eine wichtige Bundesstraße verläuft, auf der auch LKW fahren. Durch die LKW ist die Lärmbelastung enorm, auch nachts und am Wochenende. Nun soll entschieden werden, ob eine Umgehungsstraße durch einen nahe gelegenen Wald gebaut wird. Um die Belastung für Mensch und Natur einzuschätzen und gegeneinander abzuwägen, wird ein wissenschaftliches Gutachten angefordert. Die Gutachter kommen zu folgendem Ergebnis:

1. Durch den Bau der Umgehungsstraße sinkt die Lärmbelastung für die Einwohner um 90 %. Die Luftverschmutzung im Ort sinkt um 10 %.
2. Für den Bau müssen 20 % der Bäume im umliegenden Wald gerodet werden. Der Straßenlärm beeinträchtigt außerdem die heimischen Vogelarten.

Für eine lokale Umweltgruppe wiegen die Waldrodung und die Beeinträchtigung der Vögel schwerer als die Lärmbelastung für die Ortsbewohner. Einige Politiker sprechen sich hingegen für den Bau der Straße aus, um die Einwohner zu entlasten und das Wirtschaftswachstum in der Region anzukurbeln. Bei einem Treffen kommt es zu heftigem Streit zwischen den Politikern und Vertretern der Umweltgruppe. Eine Übereinkunft, die von beiden Interessengruppen getragen wird, scheint unmöglich (Rosa, 2022).

Um eine gemeinsame Lösung zu finden, ziehen die Entscheidungsträger einen Soziologen hinzu. Der rät ihnen, zunächst die Fakten zur Kenntnis zu nehmen. Beide Gruppen müssen einsehen, dass es Punkte gibt, die für die andere Seite sprechen. Das bedeutet *nicht* zwangsläufig, die eigene Position aufzugeben. Die Befürwortung oder Ablehnung einer Entscheidung ist nun einmal von der persönlichen Werteordnung abhängig: Bei der Umweltgruppe stehen Wald- und Tierschutz im Vordergrund, bei den Politikern Lärmschutz und Wirtschaftswachstum. Ziel dieser Vorgehensweise ist es, die Fakten von der eigenen Weltansicht zu trennen, um einen Konsens überhaupt erst möglich zu machen.

Denn es nützt nichts, nur die Fakten zu sehen, die für die eigene Seite sprechen. Dadurch wird eine Konsensentscheidung nahezu unmöglich. Ideologisch motivierte Menschen, extremistische Gruppen, aber auch Politiker sind oftmals *„auf einem Auge blind"* und nicht in der Lage, Fakten und Wertungen voneinander zu trennen.[3] Sie sehen nur die Fakten, die für ihre eigene Position sprechen – oder erfinden sogar Scheinfakten und spielen die tatsächlichen

---
[3] Besonders deutlich wird dieses Problem in Bundestagsdebatten zu politisch aufgeladenen Themen (z. B. Covidpolitik, Ukrainekrieg und Klimawandel).

Gegebenheiten herunter. Das macht sie letztendlich verhandlungsunfähig, weil bestimmte Optionen und Kompromisse, die aus einer Kenntnisnahme der anderen Seite hervorgehen, im Vorhinein abgelehnt und nicht in Erwägung gezogen werden.

Dabei ist eine Entscheidung, mit der beide Parteien zufrieden sind oder zumindest leben können, oft nicht unwahrscheinlich. Als Ausgleich zum Straßenbau könnte zum Beispiel der umliegende Wald aufgeforstet werden, um die Rodung wiedergutzumachen und den heimischen Vogelarten ein neues Zuhause zu bieten. Wenn beide Parteien verhandlungsfähig sind, können weiterführende, zufriedenstellende Lösungen gefunden werden. Das gilt in der Politik genauso wie bei schwierigen Entscheidungen innerhalb der Familie und im Freundeskreis.

> **Fazit**
> Um sinnvolle und konsensfähige Entscheidungen zu treffen, lohnt es sich, im ersten Schritt die Fakten von der persönlichen Wertung zu befreien. Das bedeutet, auch die Punkte zur Kenntnis zu nehmen, die für die andere Seite sprechen. Im zweiten Schritt kann auf Basis der Fakten und der eigenen Werteordnung eine Entscheidung gefällt werden, die dann noch mit den anderen Beteiligten verhandelt werden muss. Die Akzeptanz von Fakten erlaubt es uns, *„mit beiden Augen zu sehen"* (und nicht auf einem Auge blind zu sein). Fakten von Meinungen, Wertungen und der eigenen Weltanschauung zu trennen, ist eine Sisyphusaufgabe.

Auf den ersten Blick erscheinen Fakten und Meinungen wie zwei voneinander unabhängige Sphären, die sich klar voneinander unterscheiden: Meinungen basieren auf subjektiver Wahrnehmung, Fakten auf objektiven Messungen. Allerdings hat die Evolution uns mit einem Mechanismus ausgestattet, der die Trennung zwischen Fakten und Meinungen deutlich erschwert. Mit diesem Mechanismus, dem Bestätigungsfehler, beschäftigt sich das nächste Kapitel.

3.1 Der Bestätigungsfehler

„Menschen bauen ihr Weltbild nicht aus Fakten, sondern suchen Fakten, die ihr Weltbild bestätigen."

3 Die ideologische Falle

Bei der Suche nach der Wahrheit interpretieren wir Informationen in einer Art und Weise, die unseren bisherigen Überzeugungen und Erwartungen entsprechen (Nickerson, 1998). In den Sozialwissenschaften ist dieses Phänomen bekannt als *confirmation bias* (dt.: Bestätigungsfehler).

Stellen Sie sich einen Mann (Peter) und eine Frau (Clara) vor, die beide davon überzeugt sind, dass Angehörige ihres eigenen Geschlechts dem jeweils anderen Geschlecht überlegen sind. Peter ist überzeugt, dass Männer rationaler, gelassener und durchsetzungsfähiger sind. Clara glaubt fest daran, dass Frauen empathischer, vertrauenswürdiger und fürsorglicher sind. In einem psychologischen Experiment beobachten Clara und Peter einen Streit zwischen einem heterosexuellen Ehepaar, in dem sich beide Partner (also Mann *und* Frau) unangemessen verhalten. Im Streit erhebt der Mann seine Faust und macht Drohgebärden. Die Frau schreit, sie werde ihm die Kinder wegnehmen. Nach der Beobachtung der Situation werden Peter und Clara gebeten, den Mann und die Frau einzuschätzen.

Peter kann den Mann gut verstehen. Er würde auch wütend werden, wenn seine Frau damit droht, ihm die Kinder wegzunehmen. Clara hingegen ist der Ehefrau zugetan: Ein Mann, der seine körperliche Überlegenheit ausnutzt, ist ihrer Meinung nach sowieso nicht geeignet, um Kinder zu erziehen. Wie kommen die beiden zu so unterschiedlichen Einschätzungen?

Peter und Clara unterliegen dem Bestätigungsfehler. Schon bei der Beobachtung der Situation *suchen sie gezielt nach Informationen, die ihre Überzeugungen bestätigen*. Obwohl sie beide dieselbe Situation beobachten, richten sie ihre Aufmerksamkeit auf unterschiedliche Aspekte: Peter fällt vor allem das negative Verhalten der Frau auf, den Mann kann er hingegen gut verstehen. Er denkt, die Wut des Mannes kommt erst durch die Einschüchterung der Frau zustande, die bei einem Streit um das Sorgerecht wahrscheinlich die Kinder behalten darf. Bei Clara ist es genau umgekehrt: Sie konzentriert sich auf das Fehlverhalten des Mannes und meint, die Frau verhält sich vollkommen richtig, da der Mann sie körperlich bedroht und einschüchtert. Folglich ist es nur angebracht, wenn sie die Kinder in Obhut nimmt.[4] Dabei zeigt sich eine weitere Tücke des Bestätigungsfehlers, denn *auch widersprüchliche Informationen werden so interpretiert, dass sie die eigenen Überzeugungen bestätigen*: Wenn Clara beispielsweise das Fehlverhalten der Frau beobachtet, das ihrer Annahme zur Überlegenheit des weiblichen Geschlechts entgegenläuft, interpretiert sie die Situation trotzdem so, dass es zu ihrer Annahme passt (z. B. sucht sie die Schuld für Claras Fehlverhalten beim Mann). Weiterhin ist es möglich, dass Peter und Clara sich nur *selektiv an die Situation erinnern*: Bei Peter könnte bei-

---

[4] Diese Situation ist ein fiktives Szenario, in dem Peters und Claras Bewertungen ausschließlich durch ihre Überzeugungen und den Bestätigungsfehler gesteuert werden.

spielsweise das negative Verhalten der Frau einen *Erinnerungsvorteil* genießen, denn es belegt seine Überzeugung, dass Männer das bessere Geschlecht sind. An Informationen, welche diese Überzeugung widerlegen oder infrage stellen (wie die Drohgebärden des Mannes), erinnert er sich hingegen schlechter oder gar nicht.

Claras und Peters Einschätzungen sind ein typisches Beispiel für den Bestätigungsfehler. Objektiv betrachtet wenden beide Partner physische und psychische Gewalt an: Der Ehemann bedroht seine Frau körperlich und die Ehefrau droht ihm damit, die Kinder wegzunehmen. Allerdings werden diese Informationen durch Clara und Peter verzerrt wahrgenommen, interpretiert und erinnert. Ein neutraler Beobachter ohne entsprechende Überzeugungen und Geschlechterstereotype würde schlicht und einfach feststellen, dass sich beide Personen unangemessen verhalten haben. Claras und Peters Bestätigungsfehler verhindert jedoch eine solche objektive Einschätzung der Situation.

> **Fazit**
> Menschen suchen und interpretieren Informationen in einer Art und Weise, die ihre Überzeugungen und Erwartungen bestätigen. Der Bestätigungsfehler ist eine grundlegende Wahrnehmungsverzerrung, die sich aus mehreren Komponenten zusammensetzt:
>
> - Ausrichtung der *Aufmerksamkeit* auf bestätigende Informationen,
> - stärkere *Gewichtung* bestätigender Informationen,
> - *Interpretation* von widersprüchlichen Informationen in einer Art und Weise, welche die eigenen Überzeugungen bestätigen.

Der Bestätigungsfehler beschränkt sich keinesfalls auf Geschlechterstereotype, sondern verzerrt die menschliche Wahrnehmung bei allen möglichen Themen, und zwar nicht nur auf individueller, sondern auch auf kollektiver Ebene. Im Folgenden werden einige Beispiele für den Bestätigungsfehler in unterschiedlichen Bereichen des gesellschaftlichen Lebens (Politik, Gesundheitsweisen und Wissenschaft) erörtert. Daraufhin wird die Frage beantwortet, welchen evolutionären Nutzen der Bestätigungsfehler hat.

3.1.1 Politik

In der Politik führt der Bestätigungsfehler dazu, dass sich subjektive Theorien, Erklärungen, Mythen und Narrative langfristig halten, auch wenn sie nur einen geringen Wahrheitsgehalt haben und relativ einfach mit Argumenten zu widerlegen sind. Zum Beispiel suchen Menschen, die nicht an den menschengemachten Klimawandel „glauben", im Internet eher nach Informationen, die ihre Ansicht bestätigen. Wenn Sie bei der *Google*-Suchmaschine eingeben: *„Der Klimawandel ist eine Lüge"*, werden Sie sofort mit entsprechenden Informationen versorgt – Sie können es selbst ausprobieren. Wenn Sie eine solche Suchanfrage oft genug eingeben, werden Sie früher oder später auf breit angelegte Desinformationskampagnen, übrigens auch von prominenten Nachrichtenverlagen wie der *Welt* (Ederer, 2011) und auf Bücher mit Titeln wie *Die Lüge der Klimakatastrophe* (Bachmann, 2019) stoßen.[5] Es ist daher möglich, dass der Google-Suchalgorithmus den Bestätigungsfehler noch verstärkt.[6] Gruppen und Individuen, die kein Interesse daran haben, dass der Klimawandel als internationales Problem anerkannt wird, säen gezielt Zweifel und verzögern damit kollektive und internationale Anstrengungen, dem Klimawandel entgegenzuwirken. Der offensichtliche Erfolg dieser Desinformationskampagnen geht auch auf den Bestätigungsfehler zurück (Zhou & Shen, 2021).

Der Bestätigungsfehler ist allerdings nicht auf ein Thema oder eine Seite des politischen Spektrums beschränkt, sondern tritt sowohl bei Liberalen als auch bei Konservativen auf. Frimer et al. (2017) haben gezeigt, dass Liberale motiviert sind, die Auseinandersetzung mit konservativen Positionen zu vermeiden (und umgekehrt). Außerdem verlassen sich Liberale und Konservative gleichermaßen auf ihre Vorurteile, wenn es um die Einordnung und Bewertung gesellschaftlicher Gruppen geht: Liberale haben beispielsweise Vorurteile gegenüber Militärs und Geschäftsleutlern, Konservative gegenüber Feministen und Gewerkschaftlern (Brandt et al., 2014). Wenn Sie politische Debatten verfolgen, ist Ihnen vielleicht aufgefallen, dass Liberale und Konservative sich gegenseitig regelmäßig vorwerfen, sie würden an starken Wahrnehmungsverzerrungen leiden – in Wirklichkeit ist die Wahrnehmungsverzerrung aber auf

---

[5] Ich möchte hier keine Werbung für Bachmanns Werk machen, sondern nur veranschaulichen, wie der Bestätigungsfehler operiert. Der Klimawandel ist unter Experten unumstritten, das zeigt zum Beispiel eine Studie von Powell (2016). In diesem Artikel wurden 54.195 Studien von 1991 bis 2015 analysiert. 99.94 % der Studienergebnisse *und* der Befragungen von Experten belegen, dass der menschengemachte Klimawandel existiert.

[6] Klar ist es allerdings nicht, da Google nicht offenlegt, wie der Algorithmus im Detail funktioniert. Nach Angaben des Konzerns bestimmen über 200 Faktoren, welche Websites und Informationen nach einer Suchanfrage in welcher Reihenfolge angezeigt werden. Außerdem wird der Algorithmus ständig optimiert und weiterentwickelt.

beiden Seiten gleich groß (Ditto et al., 2019). Diese Befunde zeigen, dass der Bestätigungsfehler themenübergreifend wirkt und nicht auf eine Seite des politischen Spektrums begrenzt ist.

3.1.2 Gesundheitswesen

Im Gesundheitswesen hat der Bestätigungsfehler tödliche Folgen. Beispielsweise glauben viele Menschen, *dass Herzinfarkte bei Männern viel häufiger auftreten als bei Frauen.* Tatsächlich zeigen sich Herzinfarkte bei beiden Geschlechtern, jedoch mit unterschiedlichen Symptomen: Männer haben zunächst Schmerzen im Arm und in der Brust, Frauen leiden vor dem Infarkt unter Symptomen wie Rücken- oder Bauchschmerzen, Übelkeit und Kurzatmigkeit. Der Bestätigungsfehler führt dazu, dass Frauen länger brauchen, um die Symptome zu erkennen, sie nicht ernst nehmen oder andere Ursachen (z. B. fehlerhafte Ernährung) vermuten. Sie warten länger als Männer, bis sie medizinische Hilfe rufen und brauchen länger bis zum Krankenhaus. Daher haben Frauen bei Herzinfarkten ein doppelt so hohes Sterberisiko wie Männer, denn eine schnelle Behandlung ist überlebensnotwendig (Bugiardini et al., 2015).

3.1.3 Wissenschaft

Vielleicht glauben Sie, dass die Wissenschaft vom Bestätigungsfehler verschont bleibt – schließlich hat sie den Anspruch, objektiv und damit von den Eigenheiten der menschlichen Wahrnehmung unabhängig zu sein. Tatsächlich ist die Forschung dazu in der Lage, ihren eigenen Bestätigungsfehler aufzudecken, beispielsweise mithilfe überblicksartiger Studien (sogenannter *Meta-Analysen*), in denen viele Einzelbefunde zusammengefasst werden. In dieser Studienform können systematische Verzerrungen der Studienergebnisse (wie der Bestätigungsfehler) erkannt und berücksichtigt werden.[7] Dass der Bestätigungsfehler in der Wissenschaft oft im Nachhinein erkannt wird, bedeutet aber nicht, dass er keinen Einfluss auf die Forschungsergebnisse nimmt.

Ein eindrückliches Beispiel dafür ist die Medikamentenforschung: Medikamente werden in der Regel zunächst an Mäusen erprobt, bevor sie am Menschen eingesetzt werden. Obwohl Mäuse sich offensichtlich von Menschen unterscheiden, teilen wir einen Großteil unserer Gene mit ihnen. Studien an Mäusen liefern daher wichtige Erkenntnisse über die Verträglichkeit, Funktionsweise und Wirksamkeit von Medikamenten beim Menschen. Lange war es

---

[7] Wie genau das funktioniert, erfahren Sie am Ende des Buches im Abschn. 11.2.

üblich, Medikamente vor allem an *männlichen* Mäusen zu erproben, da Wissenschaftler davon ausgingen, dass *weibliche* Mäuse durch ihren Hormonzyklus wechselhaft auf die Medikamente reagieren und somit als Versuchsobjekte ungeeignet sind.[8]

Das hatte zur Folge, dass in der Medikamentenforschung weniger oder keine Experimente mit weiblichen Mäusen durchgeführt wurden. Die Tierversuche lieferten deshalb auch keinerlei Hinweise darauf, dass Medikamente in Abhängigkeit vom Geschlecht unterschiedlich wirken: Wenn ein Medikament bei Frauen weniger wirksam war als bei Männern, konnte das anhand der Tierversuche nicht festgestellt werden.[9]

Mittlerweile wächst in der Medizin die Erkenntnis, dass sich die Verträglichkeit, Funktionsweise und Wirksamkeit von Medikamenten bei Männern und Frauen durchaus unterscheiden. Daher ist es wichtig, die Medikamente vorher gezielt an männlichen *und* weiblichen Mäusen zu erproben und klinische Studien mit gemischten Stichproben durchzuführen. Jahrzehntelang vertraten Mediziner die Überzeugung, dass Medikamente bei Männern und Frauen gleich wirken und dass Frauen als Versuchsobjekte weniger geeignet seien. Der Bestätigungsfehler führte dazu, dass die pharmakologische Forschung für lange Zeit Medikamente entwickelte, die bei Männern besser und verlässlicher wirken als bei Frauen.

3.1.4 Evolution

Doch wenn der Bestätigungsfehler für unser heutiges Leben so problematisch ist, wieso hat er dann die Evolution überdauert? Eine Antwort auf diese Frage gibt die Evolutionspsychologie: Im Großteil unserer evolutionären Vergangenheit lebten Menschen gemeinsam in Gruppen von *Jägern und Sammlern*. Diese vorzeitlichen Menschen waren zutiefst und direkt aufeinander angewiesen und mussten kooperieren, um das alltägliche Überleben zu sichern.[10] Eine Gruppe aus Jägern und Sammlern, die nur aus Abweichlern bestand, war wohl kaum überlebensfähig: Wenn jeder tat, was er wollte, konnte die Versor-

---

[8] Tatsächlich gibt es für die Annahme, dass weibliche Mäuse wechselhaft auf Medikamente reagieren, keinen empirischen Beleg. Es handelt sich hierbei also um eine ungeprüfte Überzeugung (Prendergast et al., 2014).

[9] Das Problem endet nicht bei den Tierversuchen: Auch in klinischen Studien, in denen Medikamente erstmals am Menschen getestet wurden, waren die meisten Probanden Männer. Die Ergebnisse von Studien mit männlichen Probanden wurden z. T. einfach auf Frauen übertragen. Inzwischen verlangt das Gesetz, dass Pharmaunternehmen mögliche Unterschiede zwischen Männern und Frauen überprüfen, bevor sie neue Medikamente auf den Markt bringen.

[10] Auch heute ist die *Zugehörigkeit zu sozialen Gruppen* ein zentrales menschliches Bedürfnis und fundamentaler Bestandteil menschlicher Gesellschaften. Für Interessierte empfehle ich den Artikel von Baumeister und Leary (1995).

gung mit lebenswichtigen Rohstoffen wie Wasser, Nahrung und Holz nicht gewährleistet werden. Der evolutionäre Vorteil des Menschen bestand nicht in der Rationalität des Individuums, sondern in seiner Fähigkeit, in Gruppen zusammenzuarbeiten und Aufgaben untereinander effizient aufzuteilen.[11]

Der Bestätigungsfehler *schränkt zwar einerseits die individuelle Rationalität ein, ermöglicht aber andererseits die kollektive Anerkennung von Problemen*. Wenn beispielsweise ein Gruppenmitglied Nahrungsmangel als ein Problem erkannte, nach entsprechenden Informationen suchte (und dabei widersprüchliche Informationen ignorierte), konnte es die anderen leichter von der Ernsthaftigkeit des Problems überzeugen (Peters, 2020). Der Bestätigungsfehler schafft also einen *Konsens*, was die Zusammenarbeit und Kooperation in Gruppen erleichtert und die Überlebenschancen des Einzelnen und die der Gruppe massiv erhöht. Folglich ist der Bestätigungsfehler aus evolutionärer Sicht adaptiv, denn er ermöglicht eine effektive Anpassung an die Umwelt.

> **Fazit**
> Der Bestätigungsfehler erklärt, warum sich Theorien und Erklärungen mit einem geringen Wahrheitsgehalt langfristig halten können. Neben dem Glauben an Verschwörungstheorien und Fehleinschätzungen von Situationen wie dem Klimawandel führt der Bestätigungsfehler auch zu Problemen im Gesundheitswesen und in der Medikamentenforschung. Wissenschaft ist dazu in der Lage, ihren eigenen Bestätigungsfehler im Nachhinein aufzudecken und zu korrigieren. Aus Sicht der Evolutionspsychologie erleichtert der Bestätigungsfehler die Zusammenarbeit in sozialen Gruppen, was die Überlebenschance erhöht und erklärt, warum sich diese Wahrnehmungsverzerrung evolutionär durchgesetzt hat.

Der Bestätigungsfehler ist eine grundlegende Wahrnehmungsverzerrung, die durch Wissenschaft teilweise korrigiert werden kann. Doch Wissenschaft erledigt sich nicht von selbst, sondern ist auf Menschen angewiesen, die Forschung betreiben. Um den Sinn und Zweck von Forschung weiter zu durchdringen, wollen wir nun die Perspektive von Außerirdischen einnehmen, die uns Menschen beim Forschen beobachten.

---

[11] Der Glaube an die Rationalität des Individuums kam erst mit der Aufklärung auf. Dem berühmten Historiker Yuval Noah Harari zufolge handelt es sich um einen Mythos, denn die Fähigkeit, gemeinsam in großen Gruppen zu denken, war und ist für unser Überleben weitaus wichtiger (Harari, 2018).

3.2 Die Diener der Sache

Außerirdische, die vom Weltall aus auf die Erde schauen und beobachten, wie Menschen Wissenschaft betreiben, würden sie wahrscheinlich für irre halten. Sie würden sehen, wie wir tagtäglich an unseren Computern sitzen, nachdenken, Berechnungen anstellen, Kaffee trinken, im Labor Proben sortieren, Excel-Tabellen ausfüllen und Fachartikel schreiben. Zweifellos würden die Aliens sich fragen, warum wir das tun. Von außen betrachtet macht das Handeln der Forschenden einen sinnlosen Eindruck, da sie bei der Arbeit ihr inneres Wesen nicht kennenlernen und ihre Seele nicht ergründen. Das Kaffeetrinken scheint noch die sinnvollste Beschäftigung zu sein, denn sie bringt wenigstens sinnliche Befriedigung mit sich.

Ich habe mich selbst gefragt, was ich den Aliens antworten würde. Möglicherweise betreiben die Menschen Wissenschaft, um die Welt für die anderen Menschen etwas besser zu machen. Und mit *besser machen* meine ich *sicherer, berechenbarer, vorhersehbarer* und damit *beeinflussbar*. Die Grenzen des Machbaren weiten sich immer mehr aus und erlauben es uns, technische Geräte und Dienstleistungen zu nutzen, die sich unsere Ahnen nicht einmal vorstellen konnten. Doch Modernisierung ist nicht nur *Fortschritt*, sondern auch *Verfall*: Damit eine neue Lebensweise entstehen kann, muss die alte Lebensweise weichen. Das wird auch in Zukunft so sein, wenn wir weiter Wissenschaft betreiben, die unsere Lebensbedingungen so grundlegend verändert. Ob wir den Fortschritt begrüßen oder der Vergangenheit hinterhertrauern, ist letztendlich eine Frage der Perspektive.

Durch ihre Arbeit können Wissenschaftler einen winzigen Teil zum Fortschritt in ihrer eigenen Forschungsdisziplin beitragen. Doch dieser Fortschritt geht ins *Unendliche*, was bedeutet, dass das, was sie erarbeitet haben, in wenigen Jahrzehnten in Vergessenheit gerät. Um es mit Max Webers (1864–1920) Worten zu sagen: *„Jede wissenschaftliche Erfüllung bedeutet neue Fragen und will überboten werden. […] Wir können nicht arbeiten, ohne zu hoffen, dass andere weiter kommen als wir."* (Weber, 1989). Einige erhoffen sich heimlich, Ruhm und Ehre zu erlangen, die über ihre Lebenszeit hinausreichen – wie etwa bei Galilei, Newton oder Einstein. Sie glauben, dass ihre Schriften länger Bestand haben als ihr körperliches Dasein. Doch bis auf wenige Ausnahmen werden die meisten von ihnen unweigerlich in Vergessenheit geraten.

Der soziale Aspekt, das Ansehen in der Wissenschaftsgemeinschaft und in der Gesellschaft, ist sicherlich ein Teil der Motivation, der die Forschenden antreibt. Als Doktor, Professor oder Experte begrüßt zu werden, ist sicherlich etwas Besonderes. Dennoch glaube ich, dass die Möglichkeit, Geld und Ruhm zu erlangen, nicht ausreicht, um die Beharrlichkeit der Forschenden zu erklären. Schließlich gibt es andere Wege, sich einen Namen zu machen und Geld zu verdienen. Wissenschaftler werden meist eher mittelmäßig bezahlt und müssen oft jahrelange mühsame Kleinstarbeit verrichten, um in eine begehrenswerte Position zu kommen.[12] Hinzu kommt, dass das sehnlich erwünschte Ansehen oft im Gegensatz dazu steht, der Sache zu dienen. Wer ernsthaft Wissenschaft betreibt, muss bereit sein, Fehler einzugestehen. Die Verpflichtung gegenüber der Wahrheit darf nicht unter dem Wunsch nach Einfluss und Anerkennung leiden – sonst besteht die Gefahr, dass Forschung in Selbst- oder Fremdtäuschung mündet.

Betreiben wir Wissenschaft dann, um gebildete Bürger zu hinterlassen? Wissen Sie, wie ein Toaster funktioniert? Ich nicht. Ich kenne mich in meinem Haushalt mit seinen technischen Geräten wahrscheinlich schlechter aus als ein Schamane im Dschungel. Nimmt man noch das Internet und die sozialen Netzwerke mit ihren Algorithmen hinzu, weiß ich so viel wie eine Maus über den Mars. Doch genau hier liegt das Missverständnis begraben: Das Geschenk der Wissenschaft ist mehr als der gut gebildete Einzelne, der eine bessere Kenntnis des Lebens hat als seine Vorfahren. Das Geschenk ist die Möglichkeit, das Potenzial, dass man es wissen und erfahren *kann*, wenn man es *will*.

Wenn sich die Aliens nach diesen Argumenten immer noch fragen, warum die Menschen Wissenschaft betreiben, würde ich ihnen antworten, indem ich auf ihr Raumschiff zeige, dass sie durch das Universum trägt. Wahrscheinlich kehren sie damit irgendwann auf ihren Heimatplaneten zurück, wo ihnen unendlich viel Energie zur Verfügung steht, weil sie es geschafft haben, Kernfusion zu betreiben oder den Stern ihres Sonnensystems anzuzapfen. Ich würde sie darauf hinweisen, dass sie sich ihre Fragen sparen können, da sich ihre Gründe wahrscheinlich nicht von unseren unterscheiden: Das aus der Forschung gewonnene Wissen kann das Leben *erleichtern und lebenswerter machen*.

Fazit
„Warum betreiben wir etwas, das in der Wirklichkeit nie zu Ende kommt und zu Ende kommen kann?" (Weber, 1989). Mit dieser Frage leitete der Soziologe Max Weber ein Jahr vor seinem Ableben seine Rede *Wissenschaft als Beruf* ein. Sie gehört nicht umsonst zu seinen berühmtesten Schriften. An den Universitäten und auch in der Bevölkerung kommt häufig die Frage auf, was es uns nützt, jedes noch so kleine Ding gedanklich

---

[12] Die genaue Dauer variiert je nach Forschungsdisziplin. In der Psychologie sind es mindestens 5 Jahre Studium, an die sich eine 12-jährige Arbeit als wissenschaftlicher Mitarbeiter anschließt. Je nachdem, ob man sich Zeit lässt oder bestimmten Nebentätigkeiten nachgeht, dauert es bis zu 17 Jahre, um eine Professur und damit eine Dauerstelle zu erhalten.

zu zerhacken, zu *differenzieren*, nur um daraus wieder neue Gedankengebäude zu bauen. Wissenschaft hat uns sicherlich nicht wieder zurück zu uns selbst und zur Natur geführt. Sie hat vielmehr zu einer gewissen Entfremdung beigetragen. Dennoch lässt sich nicht leugnen, dass sie eine treibende Kraft der Geschichte geworden ist, mit der die Machtlosen und die Mächtigen zu rechnen haben. Wissenschaft und Modernisierung lassen sich als Fortschritt oder Verfall begreifen – für beide Sichtweisen gibt es plausible Argumente. Wissenschaftler arbeiten für Ansehen und Status innerhalb der Wissenschaftsgemeinschaft und der Gesellschaft – oder aber einfach aus Interesse und der Freude daran, sich zu bilden und geistig zu entwickeln. Im Vordergrund steht dabei das Streben nach Erkenntnis, an dessen Gewinnung Wissenschaftler mitwirken – ein fortlaufender Prozess, in dem Irrtum und Anpassung unvermeidlich sind.

3.3 Gedankenexperiment

Am Ende des Kapitels „*Wozu Wissenschaft?*" möchte ich Sie mit auf eine Reise in die Vergangenheit nehmen. Stellen Sie sich vor, dass Sie um das Jahr 1905 eine Menge Reichtum angehäuft hätten. So viel, dass Sie Ihrer Familie für die nächsten Generationen mehr als genug hinterlassen können. Sie wohnen in einem schönen, großen Herrenhaus mit Garten und verfügen über politischen Einfluss und finanzielle Mittel.

Eines Tages taucht ein Ihnen unbekannter Mann auf Ihrem Anwesen auf. Er klopft draußen ans Tor und wird von Ihrem Butler empfangen. Der Butler spricht zunächst mit ihm und informiert daraufhin Sie, dass es sich um einen Physiker handelt, der (seinen eigenen Angaben nach) eine bahnbrechende Entdeckung gemacht hat und sich von Ihnen finanzielle Unterstützung erhofft. Sie entscheiden sich dazu, ihn vorzulassen.

Sie sitzen in Ihrem großen Arbeitszimmer hinter einem fein gearbeiteten, glatten Holztisch auf einem schwarzen Ledersessel. Der Physiker betritt den Raum und Sie mustern ihn aufmerksam. Er wirkt etwas scheu, wie ein Künstler, der ein großes Gemälde gemalt hat und Angst vor schlechten Kritiken hat. Und doch sehen Sie in seinen Augen ein wahnwitziges, hoffnungsvolles Funkeln – fast schon ein bisschen irre – das der Überzeugung entspringt, seine Erfindungen könnten die Welt zu einem besseren Ort machen. Er hat zerzauste Haare und trägt angemessene Kleidung. Allerdings sieht er nicht so aus, als würde er lange über sein Äußeres nachdenken.

Sie bitten ihn, sich zu setzen und bieten ihm eine Tasse Kaffee an, die er dankend entgegennimmt. Daraufhin fordern Sie ihn auf, sein Anliegen vorzutragen. Er beginnt aufgeregt zu reden und faselt irgendetwas von Raumzeit und klassischer Physik, mit dem Sie nichts anfangen können. Er meint, dass die aktuellen Befunde nicht mehr mit den alten Theorien übereinstimmen. Er wolle die Physik revolutionieren, indem er die neuen Befunde und das alte Wissen zu einer neuen Theorie integriert. Die genauen Folgen seien nicht absehbar, aber es würde eine technische Revolution bedeuten. Er brauche 5000 Reichsmark, um sein Forschungsvorhaben umzusetzen.[13] Die Geräte und Apparaturen kosten etwa die Hälfte davon, außerdem müsse er noch Miete für das Labor bezahlen und Mitarbeiter einstellen, die mindestens fünf Jahre für ihn arbeiten.

Sie zögern und wissen nicht so recht, was Sie dem Mann antworten sollen. Einerseits wirkt er begeistert und Sie sind wohlhabend genug, um das Projekt zu finanzieren. Andererseits wirkt der Physiker etwas verzweifelt und Sie waren wahrscheinlich nicht seine erste Anlaufstelle – und Geld wächst schließlich nicht auf Bäumen. Sie spüren in sich hinein und fragen sich: *Will ich diesem Mann helfen?* Beantworten Sie diese Frage für sich selbst, bevor Sie weiterlesen. Nach diesem Satz bitte einen Seitenumbruch einfügen, damit die Antwort für die Leser nicht direkt ersichtlich ist.

Der unbekannte Mann war, wie Sie vielleicht schon am Jahr und an der Situation erahnt haben, der Physiker Albert Einstein. Im Jahr 1905 publizierte er seinen revolutionären Artikel *Zur Elektrodynamik bewegter Körper* in der Fachzeitschrift *Annalen der Physik* (Einstein, 1905). Sie hatten gerade die Möglichkeit, diesen weltberühmten Physiker zu fördern. Falls Sie sich dagegen entschieden haben, müssen Sie sich nicht schämen. Zu Einsteins Zeit hätten Sie schon überaus weitsichtig und risikobereit sein müssen, um sein Vorhaben zu unterstützen.

In dieser Lebensphase hätte Einstein Ihre Unterstützung bitter nötig gehabt. An der Universität hatte er es sich mit vielen Professoren verscherzt und fand nach seinem Abschluss keine Stelle in der Forschung (Chotjewitz, 1994). Einstein arbeitete daher auf dem Patentamt, wo er Anträge von Erfindern überprüfte, um sein Brot zu verdienen. Rückblickend war diese Arbeit sehr bedeutend für seinen wissenschaftlichen Werdegang, denn er lernte, die neuen, zentralen Ideen aus den Objekten herauszulesen, die er begutachtete. Schließlich musste er entscheiden, ob das, was da vor ihm lag, wirklich etwas Neues war, das patentiert werden sollte. Außerdem hatte er neben der Arbeit genug Zeit, um sich seiner Forschung zu widmen.

---

[13] Das entspräche heute etwa 36.500 EUR bei einem Kurs von 1 Reichsmark = 7,30 EUR (Deutsche Bundesbank, o.D.).

Auf den ersten Blick klingt Einsteins Theorie über Raumzeit, Raumkrümmung und Relativität für die meisten Menschen (auch Physiker!) völlig verrückt – dennoch hat sie unser Leben grundlegend verändert: Heute funktioniert keine GPS-Navigation auf dem Smartphone ohne Einsteins Relativitätstheorie und die Forschung, die durch sie inspiriert wurde. Dieser Widerspruch zeigt ein grundlegendes Missverständnis von Wissenschaft auf. Wissenschaft hat *nicht* zum Ziel, einen unmittelbaren Nutzen hervorzubringen. Das erste und oberste Ziel von Forschung ist es, *die Welt besser zu verstehen* – selbst wenn die Erkenntnisse, die durch Forschung generiert werden, vielen Menschen zunächst als abstrakt und realitätsfern erscheinen.

Meiner Erfahrung nach haben viele, vor allem junge Menschen, ein Problem damit. Sie haben die akuten Probleme der Welt vor Augen und sehen vielmehr direkten, politischen Handlungsbedarf statt den langfristigen Nutzen von Forschung und Erkenntnisgewinn, der manchmal Jahrzehnte braucht, um sich zu entfalten. Angesichts sozialer Probleme wie wachsender Ungleichheit und einer drohenden Umweltkatastrophe wird der (wissenschaftliche) Fortschritt an sich infrage gestellt. Schließlich hat die Wissenschaft zwar viele Probleme gelöst, aber gleichzeitig neue produziert. Dennoch haben wir uns als Gesellschaft dazu entschieden, Forschung politisch und finanziell zu fördern: Universitäten gibt es seit fast zweitausend Jahren, ein universitärer Abschluss oder eine Doktorwürde sind nach wie vor anerkannte Auszeichnungen. *Doch wenn Wissenschaft zwar alte Probleme löst, aber gleichzeitig neue Probleme entstehen lässt, warum geben wir uns dann nicht einfach mit dem jetzigen Erkenntnisstand zufrieden?* Das nächste Kapitel versucht diese Frage aus einer entstehungsgeschichtlichen Perspektive zu beantworten.

Literatur

Bachmann, H. (2019). *Die Lüge der Klimakatastrophe.* BoD – Books on Demand.

Baumeister, R. F., & Leary, M. R. (1995). The need to belong: desire for interpersonal attachments as a fundamental human motivation. *Psychological Bulletin, 117*(3), 497–529. https://doi.org/10.1037/0033-2909.117.3.497

Brandt, M. J., Reyna, C., Chambers, J. R., Crawford, J. T., & Wetherell, G. (2014). The ideological-conflict hypothesis: Intolerance among both liberals and conservatives. *Current Directions in Psychological Science, 23*(1), 27–34. https://doi.org/10.1177/0963721413510932

Bugiardini, R., Ricci, B., Cenko, E., Amaduzzi, P. L., Vasiljevic, Z., Dorobantu, M., Kedev, S., Kalpak, O., Vavlukis, M., Gustiene, O., Trninic, D., Knežević, B., Miličić, D., Dilic, M., Manfrini, O., Koller, A., & Badimon, L. (2015). Sex-related differences in acute coronary care among patients with myocardial infarction: the role of pre-hospital delay. *Journal of the American College of Cardiology, 65*(10S). https://doi.org/10.1016/S0735-1097(15)60008-0

Chotjewitz, D. (1994). *Das Abenteuer des Denkens: Roman über Albert Einstein*. Carlsen.

Deutsche Bundesbank. (o. D.). Kaufkraftvergleiche historischer Geldbeträge. https://www.bundesbank.de/de/statistiken/konjunktur-und-preise/nationale-erzeuger-und-verbraucherpreise/kaufkraftvergleiche-historischer-geldbetraege-775308. Zugegriffen: 26. Aug. 2024.

Ditto, P. H., Liu, B. S., Clark, C. J., Wojcik, S. P., Chen, E. E., Grady, R. H., Celniker, J. B., & Zinger, J. F. (2019). At least bias is bipartisan: A meta-analytic comparison of partisan bias in liberals and conservatives. *Perspectives on Psychological Science, 14*(2), 273–291. https://doi.org/10.1177/1745691617746796

Druckman, J. N., & Nelson, K. R. (2003). Framing and Deliberation: How Citizens' Conversations Limit Elite Influence. *American Journal of Political Science, 47*(4), 729–745. https://doi.org/10.1111/1540-5907.00051

Ederer, G. (2011). Die CO_2-Theorie ist nur geniale Propaganda. *Die Welt*. https://www.welt.de/debatte/kommentare/article13466483/Die-CO2-Theorie-ist-nur-geniale-Propaganda.html. Zugegriffen: 30. Juli 2024.

Einstein, A. (1905). Zur Elektrodynamik bewegter Körper. *Annalen der Physik, 17*, 891–921.

Feyerabend, P. (1975). *Wider den Methodenzwang*. Suhrkamp.

Frimer, J. A., Skitka, L. J., & Motyl, M. (2017). Liberals and conservatives are similarly motivated to avoid exposure to one another's opinions. *Journal of Experimental Social Psychology, 72*, 1–12. https://doi.org/10.1016/j.jesp.2017.04.003

Harari, Y. N. (2018). *21 Lessons for the 21st Century*. Random House. https://doi.org/10.17104/9783406727795-21

Nickerson, R. S. (1998). Confirmation Bias: A Ubiquitous Phenomenon in Many Guises. *Review of General Psychology, 2*(2), 175–220. https://doi.org/10.1037/1089-2680.2.2.175

Peters, U. (2020). What is the Function of Confirmation Bias? *Erkenntnis, 1–26*,. https://doi.org/10.1007/s10670-020-00252-1

Powell, J. L. (2016). The Consensus on Anthropogenic Global Warming Matters. *Bulletin of Science, Technology & Society, 36*(3), 157–163. https://doi.org/10.1177/0270467617707079

Prendergast, B. J., Onishi, K. G., & Zucker, I. (2014). Female mice liberated for inclusion in neuroscience and biomedical research. *Neuroscience & Biobehavioral Reviews, 40*, 1–5. https://doi.org/10.1016/j.neubiorev.2014.01.001

Rosa, H. (2022). Einführung in die soziologische Theorie [Vorlesung Sommersemester 2022].

Weber, M. (1989). Wissenschaft als Beruf. *Deutsche Zeitschrift für Philosophie, 37*(4), 340–343. https://doi.org/10.1524/dzph.1989.37.4.340

Zhou, Y., & Shen, L. (2021). Confirmation Bias and the Persistence of Misinformation on Climate Change. *Communication Research, 49*(4), 500–523. https://doi.org/10.1177/00936502211028049

4

Die Entstehung der Wissenschaft

4.1 Der Totenberg der Gedanken

„Der Zweck des Denkens ist, unsere Ideen sterben zu lassen – anstelle unserer selbst."
– Alfred North Whitehead (1861–1947)

Im Laufe der Evolutionsgeschichte sind mehr als 99 % aller Spezies ausgestorben, die jemals auf der Erde existierten (Raup, 1986). Jede einzelne Lebensform, die zu ihrer Lebenszeit nicht gut genug an ihre Umwelt angepasst war, um Nachkommen zu erzeugen, fiel Raubtieren oder Naturkatastrophen zum Opfer. Menschen haben diesem Prozess bisher standgehalten und können heute einen Großteil der bewohnbaren Erde für sich beanspruchen – und dafür gibt es einen entscheidenden Grund: Das Sterben hat sich von unserem Körper auf den Geist verlagert.

Trotz seines unbestreitbaren Nutzens ist es erstaunlich, dass der Vorgang des Denkens die natürliche Selektion überstanden hat. Obwohl das Gehirn nur 2 % der Körpermasse ausmacht, verbraucht es 20 % des Sauerstoffs in unserem Organismus (Mink et al., 1981). Fähigkeiten wie Gedächtnis und Aufmerksamkeit, die für gezieltes Nachdenken unverzichtbar sind, verbrauchen im Vergleich zum Ruhemodus sogar doppelt so viel Energie (Kann et al., 2014). In einer lebensbedrohlichen Situation, wie etwa beim Zweikampf mit einem Tiger, nützt uns das Denken wenig. Zudem bringt es die Gefahr des Irrtums mit sich. Doch warum denken wir dann überhaupt?

Um dem Zweck des Denkens auf die Spur zu kommen, lohnt es sich, es zu beobachten und zu beschreiben. Denken basiert – abgesehen von der bildlichen

Vorstellungskraft – auf menschlicher Sprache. Sprache ist die Voraussetzung für das Denken. Man könnte Denken daher auch als *verinnerlichte Sprache* oder *Monolog mit dem Selbst* bezeichnen.

Eine Möglichkeit, sich der eigenen Gedanken bewusst zu werden, ist die Meditation. Beim Meditieren machen viele Menschen zunächst die Erfahrung, dass ihr Geist nicht zur Ruhe kommt, sondern ständig weiter denkt. Oft sagen sie dann zu sich: „*Ich kann nicht meditieren.*" Nachzudenken ist zwar nicht das Ziel der Meditation, aber der meditativen Versenkung auch nicht entgegengesetzt. Denn wenn wir uns völlig dem Dialog mit uns selbst widmen, hören wir uns mit Kollegen, Partnern und Familienmitgliedern reden. Oft über Dinge, die in der Vergangenheit passiert sind und jetzt noch Emotionen und Anspannung in uns hervorrufen. Diese Dialoge liefern Einblicke in unser konditioniertes Selbst, in die Person, die wir sind, in das, was wir wollen, fühlen und glauben. Das Zwiegespräch mit uns selbst kann zum Beispiel zur Erkenntnis führen, das wir uns falsch verhalten haben und uns bei jemandem entschuldigen wollen. Die teilweise unangenehmen Gedanken, die den Weg bis zu dieser tiefer liegenden Erkenntnis pflastern, *sterben* dabei. Wenn die Anspannung weicht, macht der Wunsch, meine Partnerin wütend anzubrüllen, einem besseren Gedanken Platz. Ich könnte sie ehrlich fragen, wie es ihr geht und ihr sagen, dass sie mich verletzt hat. Damit sich ein höherer Gedanke manifestieren kann, muss ein geringerer sterben. Das meint Alfred Whitehead mit seinem Spruch.

Neben der Vorbereitung auf Begegnungen mit unseren Liebsten bietet das Denken auch die Möglichkeit, sich auf lebensbedrohliche Situationen vorzubereiten. Statt uns selbst direkt in Lebensgefahr zu begeben, können wir Situationen gründlich analysieren und mögliche Szenarien in unserem Kopf durchspielen. Auf Basis unserer Analyse wägen wir mögliche Handlungsalternativen gedanklich gegeneinander ab. Einige dieser Gedanken setzen wir in Handlung um, andere schreiben wir nieder oder geben sie mündlich weiter. Ein Großteil der Gedanken jedoch wird als unsinnig erkannt, nicht umgesetzt oder gerät in Vergessenheit. Doch ebendiese toten Gedanken haben einen unbestreitbaren Nutzen, denn *sie erlauben es uns, sie zu überdauern.*

Am 29. Mai 1953 gelang dem Neuseeländer Edmund Hillary und dem Nepalesen Tenzing Norgay die Erstbesteigung des Mount Everest. Im Film *Die Bezwingung des Mount Everest (1953)* wird klar, dass der Erfolg nicht nur eine bergsteigerische Leistung war, sondern auch ein technisch-wissenschaftliches Unterfangen (Der Spiegel, 1954). Allein um die mehrere Tonnen schwere Ausrüstung zu schleppen, wurden 350 Personen benötigt (Hartmann, 2020). Die Gruppe begann ihre Versuche am 21. Mai, denn am 1. Juni sollte bereits die Monsunzeit hereinbrechen, die bekannt war für ihre Unwetter und schweren

Schneestürme. Ein Aufstieg zu dieser Zeit wäre reiner Selbstmord. Laut Plan gab es zwei Teams, die den Berg besteigen sollten; wenn ein Team scheiterte, konnte das andere Team übernehmen. Dem ersten Team ging etwa 100 m unter dem höchsten Punkt der Welt der Sauerstoff aus und sie mussten abbrechen. Das zweite Team errichtete ein Lager auf 8500 m Höhe und verbrachte dort eine schlaflose, frostige Nacht. Am nächsten Tag mussten sie noch eine massive Felsmauer überwinden, die sich kurz vor dem Gipfel mehrere Meter in die Höhe erstreckte – und das ungesichert, nur mit Eiskletterer-Ausrüstung. Nach dieser letzten Hürde hatten sie es geschafft: Hillary und Tenzing waren die ersten beiden Menschen auf dem Mount Everest, dem höchsten Gipfel der Erde. Die massive Felsmauer wurde als Hillary-Step bekannt.[1]

Sicherlich ist die Besteigung des Mount Everest eine enorme bergsteigerische Leistung. Doch ohne exakte Vorbereitung und Antizipation gefährlicher Situationen – ohne das Denken – wäre dieser Geniestreich niemals möglich gewesen. Ausrüstung, Wetter, Team, Zeit und Ort mussten sorgfältig ausgewählt werden, damit die Expedition gelingen konnte. Die winzige Wahrscheinlichkeit, dass es einem Organismus gelingt, den Mount Everest zu besteigen, ist vergleichbar mit der Wahrscheinlichkeit, dass wir Menschen die Evolution überdauern und den kommenden Naturkatastrophen trotzen. Beide Zahlen sind unendlich klein – und doch würden sie null betragen, wenn die Natur in uns nicht die Fähigkeit zum abstrakten Denken erfunden hätte.

Fazit
Die Fähigkeit zu denken, ermöglicht es uns, Szenarien im Kopf durchzuspielen und mögliche Handlungsalternativen gegeneinander abzuwägen. Dabei setzen wir nur einen Bruchteil der Handlungsoptionen in die Realität um, die anderen geraten in Vergessenheit. Somit bietet das Denken uns – obwohl es viel Energie verbraucht – einen Überlebensvorteil gegenüber anderen Organismen. Wir überleben, indem wir unsere Gedanken sterben lassen. Die menschliche Existenz ist somit auf einem Totenberg aus Gedanken gebaut.

Auch in der Forschung sind es nicht nur bestätigte Annahmen, die zu wissenschaftlichen Erkenntnissen führen, sondern auch *Hypothesen, die sich als falsch*

---

[1] Die weltberühmte Felsmauer existiert heute nicht mehr – sie wurde bei einem Erdbeben im Jahr 2015 zerstört.

erwiesen haben.[2] Auch hier schichten sich die toten Gedanken (falsifizierte Hypothesen) zu einem Berg auf, von dessen Gipfel wir die Wahrheit sehen und einen Einblick in die Beschaffenheit der Welt erhaschen.

4.2 Die Evolution des Geistes

Wenn wir verstehen wollen, warum wir heute Wissenschaft betreiben, dann kann die Evolutionstheorie Antworten liefern. Nach Charles Darwin (1809–1882) vermehren sich Lebewesen, die im Rückblick als besser angepasst erkennbar sind, stärker als Lebewesen, die schlechter an ihre Umwelt angepasst sind. Dieser Prozess wird als *natürliche Selektion* bezeichnet. Über lange Zeiträume führt natürliche Selektion dazu, dass Lebewesen besser an eine gegebene Umwelt *angepasst* sind.[3]

Geistige Fähigkeiten erleichtern in vielerlei Hinsicht die Anpassung an die Umwelt. Sie ermöglichen es, die Bedürfnisse anderer wahrzunehmen, deren Verhalten vorherzusagen, Arbeit zu teilen (wie die Jäger und Sammler) und miteinander zu *kooperieren*. Auch andere Lebensformen wie Primaten und Bienen verfügen über ein ausgeprägtes Kooperationsverhalten (Nowak, 2006). Die geistigen Fähigkeiten des Menschen gehen allerdings weit darüber hinaus. Biologisch hängt die Entwicklung dieser Fähigkeiten mit der Entwicklung des Gehirns zusammen.

Bei Primaten ist das Gehirn nach der Geburt bereits ausgereift, bei Menschen erreicht es seine volle Größe erst mit dem 25. Lebensjahr.[4] Allgemein gilt: Je größer das Hirnvolumen, desto größer sind die geistigen Fähigkeiten (McDaniel, 2005). Sobald das Hirnvolumen ein bestimmtes Ausmaß erreicht hat (wie bei frühen Menschen), können Regelmäßigkeiten in der Umwelt erkannt und abstrahiert werden. Das ermöglicht beispielsweise die Vorhersage von Jahres- oder Regenzeiten und eine Vorbereitung auf diese Ereignisse. Wenn zum Beispiel Starkregen drohte, konnten Menschen sich rechtzeitig in einer Höhle in Sicherheit bringen. Primaten wären dem Unwetter schutzlos ausgeliefert. Menschen konnten durch ihre geistigen Fähigkeiten nützliches

---

[2] Dieser Umstand wird im modernen Wissenschaftssystem leider oft vergessen. In den Abschn. 10.2 und 11.2 werden die Ursachen und Lösungen für dieses Problem genauer beleuchtet.
[3] Selektiert werden zum Beispiel Aussehen, Sinnesorgane, Verhaltenstendenzen und bestimmte Fähigkeiten von Lebewesen, was ihnen eine bessere Anpassung an die Umwelt ermöglicht.
[4] Das bedeutet nicht, dass das Gehirn sich danach nicht mehr verändert. Vielmehr entwickelt sich das Gehirn über die gesamte Lebensspanne und kann sich den Anforderungen der Umwelt anpassen. Ab dem 25. Lebensjahr *wächst* es allerdings nicht mehr.

Wissen[5] generieren, was die Anpassung an verschiedene Umwelten und damit die Fortpflanzung. Diese geistigen Fähigkeiten wurden selektiert. Der moderne Mensch, der über ausgeprägte geistige Fähigkeiten verfügt und Wissenschaft betreibt, kann als Resultat dieses Evolutionsprozesses verstanden werden.

Die geistige Evolution ist nicht abgeschlossen, sondern geht immer weiter. In westlichen Ländern nimmt die Intelligenz immer weiter zu: Jüngere Kohorten erzielen bessere Ergebnisse in Intelligenztests als ältere Kohorten (Flynn, 2007). Dieses Phänomen ist in der Forschung als *Flynn-Effekt* bekannt. Für diesen Effekt werden zahlreiche Gründe diskutiert, zum Beispiel bessere Bildung, Ernährung und Gesundheitsversorgung, der Zugang zu Massenmedien sowie Urbanisierung und Mobilität. Es ist auch möglich, dass wir durch Noten- und Leistungstests im Bildungssystem eine Selektion geistiger Fähigkeiten künstlich herbeigeführt haben. Wer über einen höheren Bildungsstand verfügt, hat in der Regel Zugang zu besserer Ausbildung, höheren hierarchischen Positionen und materiellen Ressourcen.[6]

Unser Wissen und unsere geistigen Fähigkeiten erstrecken sich mittlerweile so weit, dass wir Ereignissen, welche für frühere Lebensformen das Aus bedeutet hätten, zuvorkommen können. Aktuelle Schätzungen gehen davon aus, dass ein Asteroid mit einem Durchmesser von 14 km das Leben der Dinosaurier auf diesem Planeten ausgelöscht hat. Mittlerweile wären wir vielleicht in der Lage, ein solches Ereignis zu verhindern – etwa indem wir eine Rakete in den Asteroiden jagen, um seine Flugbahn von der Erde abzulenken, oder versuchen, ihn mit Nuklearwaffen zu zertrümmern.[7]

Bisher haben wir unsere geistigen Fähigkeiten durch technische Hilfsmittel erweitert, zum Beispiel nutzen wir das Smartphone und das Internet, um an Informationen zu gelangen. Mittlerweile sind wir in der Lage, selbst intelligente Systeme zu erschaffen, die über geistige Fähigkeiten verfügen. Diese *künstliche Intelligenz* ist nicht nur schlauer als wir, sondern auch schlauer als bisherige Computer.

---

[5] Nützliches Wissen bezieht sich nicht nur auf meteorologische, physikalische, chemische oder technische Zusammenhänge. Auch kulturelles, religiöses, soziales oder psychologisches Wissen, zum Beispiel über die Gestaltung eines fairen und friedlichen Zusammenlebens, ist als nützlich zu verstehen.

[6] Aus Sicht der Evolution, die unzählige Jahre gedauert hat, erstreckt sich der Flynn-Effekt nur über einen relativ kurzen Zeitraum und wenige Generationen. Selbst wenn sich Menschen mit ausgeprägten geistigen Fähigkeiten in dieser Zeit schneller vermehrt haben, ist es unwahrscheinlich, dass das den starken Anstieg der Intelligenz erklären kann. Die Selektion geistiger Fähigkeiten durch das Bildungssystem wäre durchaus eine geeignete Erklärung, wenn die geistigen Fähigkeiten in den kommenden Jahrzehnten weiter ansteigen. Momentan weisen die Befunde eher auf gleichbleibende geistige Fähigkeiten hin, was nahelegt, dass die früheren Zuwächse vor allem auf Verbesserungen in Ernährung und Gesundheitsversorgung zurückzuführen sind.

[7] Eine Testrakete, die einen Asteroiden umlenken soll, startete im Jahr 2021 im Rahmen des NASA-Programms *Double Asteroid Redirection Test* (DART).

Dass Computer Menschen in Schach, der Krone der geistigen Evolution, überlegen sind, ist nichts Neues mehr. Im Jahr 1996 hat der Schachcomputer *Deep Blue* den damals amtierenden Schachweltmeister Garri Kasparow geschlagen. Viel bemerkenswerter ist, dass im Jahr 2017 der mit künstlicher Intelligenz ausgestattete Computer *AlphaZero* den bis dahin besten Schachcomputer *Stockfish 8* besiegt hat. Stockfish 8 ist ein Computerprogramm, das nur auf Schach spezialisiert ist und mit allen möglichen Informationen gefüttert wurde, um dessen Spielstil zu optimieren. Er ist mit einem Menschen vergleichbar, der über ein riesiges Gehirn (Prozessor) verfügt, Millionen von Partien gespielt hat und nie etwas vergisst. AlphaZero hingegen kennt nur die grundlegenden Spielregeln und lernt, indem es gegen sich selbst spielt. Nach nur neun Spielstunden gegen sich selbst kannte AlphaZero die Spielzüge und wusste, welche Strategien am besten funktionieren. Die künstliche Intelligenz schlug das bisher beste Schachprogramm der Welt in nur vier Stunden und verlor dabei keine einzige Partie (Harari, 2018). Die geistigen Fähigkeiten einer künstlichen Intelligenz gehen weit über unsere eigenen hinaus. Welche Konsequenzen das haben wird und ob bald geistig anspruchsvolle menschliche Tätigkeiten (z. B. medizinische Diagnostik) durch Computer ersetzt werden, ist noch unklar. Aktuell wird künstliche Intelligenz vor allem als Hilfsmittel eingesetzt, um geistige Prozesse wie Diagnostik oder Textproduktion zu beschleunigen, während der Mensch weiterhin die abschließende Kontrolle und Bewertung übernimmt.

Fazit
Der geistig entwickelte und Wissenschaft betreibende Mensch kann als Resultat des Evolutionsprozesses (Selektion und Anpassung) verstanden werden. Die geistige Evolution ist nicht abgeschlossen, sondern dauert weiterhin an. Auch in der heutigen komplexen Welt bergen geistige Fähigkeiten für das Individuum und das Kollektiv einen Überlebensvorteil. Mithilfe von Computern und künstlicher Intelligenz können Menschen geistige Fähigkeiten simulieren, die weit über ihre eigenen hinausgehen. Die genauen Auswirkungen dieser technischen Revolution sind noch unklar, aber sie bringt bereits Veränderungen in vielen Lebensbereichen mit sich.

Doch nicht nur die geistige Evolution des Einzelnen, sondern auch soziale Strukturen unterliegen Anpassungs- und Selektionsprozessen, aus denen – wie Émile Durkheim in seiner Gesellschaftsanalyse eindrucksvoll zeigt – unter anderem wissenschaftliche Institutionen hervorgegangen sind.

4.3 Durkheims Organe

Einer der ersten Denker, der biologisch-evolutionäre Prinzipien auf menschliche Gesellschaften anwendete, war der berühmte französische Soziologe Émile Durkheim (1858–1917). Laut Durkheim haben gut angepasste Gesellschaften gegenüber weniger gut angepassten Formen des Zusammenlebens einen Überlebensvorteil. Demnach entwickele sich nicht nur die Spezies Mensch als Folge von Selektion und Anpassung weiter, sondern auch die moderne Gesellschaft ist aus ebendiesen Prozessen hervorgegangen.

Durkheim betrachtete die moderne Gesellschaft als einen Organismus, dessen Organe unterschiedliche Funktionen erfüllten. Für ihn waren gesellschaftliche Institutionen wie Politik, Wissenschaft und Militär Organe wie Herz, Gehirn und Haut. Jedes Organ erfüllt eine eigene Funktion und ist zugleich davon abhängig, dass die anderen Organe richtig arbeiten. Diese Struktur von *selbstständigen, aber zutiefst voneinander abhängigen Institutionen* tritt nicht zufällig auf, sondern ist nach Durkheim das Resultat eines historischen Entwicklungsprozesses.

Durkheim unterscheidet drei historisch wichtige Gesellschaftsformen: die archaische Gesellschaft, die feudale Gesellschaft und die moderne Gesellschaft. Alle sind (in ebendieser Reihenfolge) auseinander hervorgegangen, haben teilweise Elemente der vorhergehenden Gesellschaftsform übernommen und sie zeitgleich abgelöst. In der archaischen Gesellschaft existieren viele kleine Klans unabhängig voneinander, die eine quasi-familiäre Struktur aufwiesen. *Innerhalb* jedes Klans gab es Schamanen, Krieger, Bauern, Handwerker und Jäger. Dadurch hatte jede Gruppe das Potenzial zur Selbstversorgung, das heißt, sie konnte *in sich* alle notwendigen Funktionen erfüllen. Die Gruppe war somit nicht auf andere Gruppen angewiesen, um die notwendigen Arbeiten zu verrichten.

Aus diesen „Einzellern" entwickelten sich mit der Zeit mehrzellige Strukturen, also komplexere Gesellschaftsformen: Die archaische Gesellschaft wurde durch den *Feudalismus* abgelöst. An der Spitze dieser hierarchisch organisierten Gesellschaft stand ein Monarch, der die zentrale Verwaltungsposition innehatte. Die Stufe darunter teilten sich Adel und Klerus, am Fuße der Pyramide standen Bauern und Handwerker, wie Abb. 4.1 zeigt:

In dieser Gesellschaftsform gab es keine voneinander unabhängigen Gruppen mehr, sondern die gesellschaftlichen Institutionen waren überregional vernetzt und erfüllten verschiedene Funktionen (z. B. gab es Kirchen an mehreren Orten, welche eine soziale und spirituelle Funktion erfüllten). Die Individuen waren Schichten, Ständen und Handwerkszünften zugeordnet. Die Position in der Gesellschaft wurde maßgeblich durch Geburt und Herkunft bestimmt:

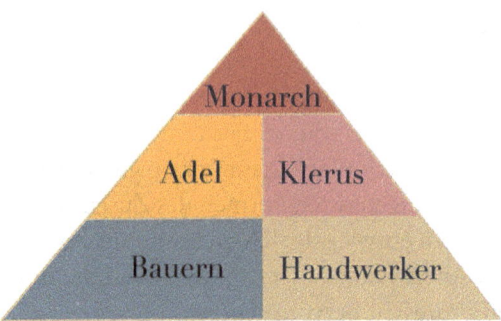

Abb. 4.1 Die feudale Gesellschaftsordnung. Die einzelnen Gesellschaftselemente (Bauern, Handwerker, Adel und Klerus) sind hierarchisch organisiert und einer zentralen Herrschafts- und Verwaltungsinstanz (Monarch) untergeordnet

Die Kinder von Monarchen wurden selbst Könige, die Kinder von Adligen wurden selbst Adlige, die Kinder von Bauern wurden Bauern. Hier waren die einzelnen Institutionen bereits aufeinander angewiesen: Die Handwerker brauchten zum Beispiel Holz, das von den örtlichen Holzfällern geliefert wurde. Die Bauern waren für die Nahrungsversorgung zuständig und mussten einen Teil ihres Ertrags an die Fürsten abgeben. Somit weist die feudalistische Gesellschaft bereits einen gewissen Grad an Arbeitsteilung auf.

Im Laufe der Evolution wurden aus Mehrzellern komplexe Organismen wie Säugetiere, die über verschiedene Zelltypen und Organe verfügten. Analog dazu entwickelte sich aus dem Feudalismus die moderne Gesellschaft. Dieser Prozess ist gekennzeichnet durch ein *Fortschreiten der Arbeitsteilung*. Wie in Abb. 4.2 zu sehen ist, gibt es in der modernen, arbeitsteiligen Gesellschaft gleichrangige, nebeneinander stehende Bereiche wie Politik, Wissenschaft, Wirtschaft und Kunst, aus denen sich verschiedene Berufsrollen ergeben:

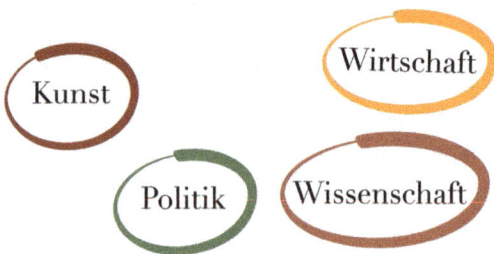

Abb. 4.2 Die moderne Gesellschaftsordnung. Die einzelnen gesellschaftlichen Sphären sind ausdifferenziert und gleichrangig

Die *funktional differenzierte* Gesellschaft existiert ohne zentrale Verwaltungsspitze: Die Politik bearbeitet politische Aufgaben, die Wissenschaft bearbeitet wissenschaftliche Aufgaben (und so weiter). Das Risiko an Konflikten und Konkurrenzdruck wird gesenkt, indem sich Menschen ihre sozialfunktionale Nische suchen und sich spezialisieren. Ärzte erklären Bänkern nicht, was sie zu tun haben (und umgekehrt). Die einzelnen Institutionen und Berufe folgen zunehmend ihrer eigenen Logik und bilden eigene Normen, Regeln und Werte aus. Vor diesem Hintergrund gewinnt auch die effektive Kommunikation zwischen den einzelnen Bereichen (z. B. Wissenschaft, Wirtschaft und Politik) an Bedeutung.

Verläuft der Prozess der fortschreitenden Arbeitsteilung in einer für die Masse der Menschen angemessenen Geschwindigkeit, kann durch die zunehmende Arbeitsteilung Solidarität entstehen. Die Menschen erkennen, dass sie aufeinander angewiesen sind und begreifen sich als Individuen, die miteinander tragfähige Beziehungen eingehen. Geht dieser Prozess zu schnell, kann es zu wahrgenommener Verantwortungslosigkeit, Orientierungsproblemen, Entfremdung und existenziellen Ängsten kommen. Die Menschen begreifen dann *nicht*, dass sie aufeinander angewiesen sind und wehren sich gegen die bestehende Ordnung. Nach Durkheim passiert das insbesondere dann, wenn Menschen in Berufen arbeiten müssen, für die sie nicht geeignet sind, oder wenn die moralische Weiterentwicklung hinter den gesellschaftlichen Veränderungen zurückbleibt. Auch die heutigen rasanten Entwicklungen, zum Beispiel die Erfindung und Verbreitung des Internets, soziale Netzwerke und Digitalisierung haben bei vielen Menschen das Gefühl entstehen lassen, kein wertvolles Mitglied der Gesellschaft mehr zu sein. Es braucht Zeit und ein neues moralisches Bewusstsein, um diese Veränderungen zu integrieren.

Fazit
Im Laufe der Geschichte entwickelte sich aus der archaischen Gesellschaft zunächst der Feudalismus, aus dem dann die moderne Gesellschaft hervorging. Ein zentraler Prozess ist das *Fortschreiten der Arbeitsteilung*: Menschen üben zunehmend unterschiedliche Berufe aus und spezialisieren sich in ihrem jeweiligen Feld. Das Ergebnis sind voneinander unabhängige Bereiche (Wissenschaft, Politik, Wirtschaft, Kunst), die zunehmend ihren eigenen Regeln folgen. Gesellschaftliche Institutionen können als Organe in einem Körper betrachtet werden, die unterschiedliche Funktionen erfüllen. Wenn die einzelnen Institutionen (Organe) effektiv zusammenwirken, können sie die Gesellschaft (den Körper) am

> Leben erhalten. Durch die Abhängigkeit von anderen Menschen, die ihre Funktionen erfüllen, entsteht im besten Fall Solidarität. Geht der Prozess der Ausdifferenzierung zu schnell, können Verantwortungslosigkeit, Orientierungsprobleme, Entfremdung und existenzielle Ängste die Folge sein.

Die fortschreitende Arbeitsteilung und Ausdifferenzierung der Gesellschaft verlangt den Individuen Einiges ab. Aus Menschen, die mit ihrer Familie auf dem Land wohnen, Landwirtschaft betreiben und gemeinsam mit anderen in einer relativ einheitlichen Gesellschaft leben, werden Wesen, die in voneinander unabhängigen und teilweise abgetrennten Sphären leben und handeln müssen. Doch wie gelingt uns das überhaupt?

4.4 Simmels Kreise

Wir alle kennen es: Wir wissen, was wir tun sollten, und handeln doch völlig anders. Statt einfach schlafen zu gehen, genehmigen wir uns den leckeren Mitternachtssnack, statt aufzustehen, bleiben wir noch etwas liegen, statt auf Fleisch zu verzichten, kaufen wir uns eine leckere Bratwurst, statt Sport zu machen, entspannen wir uns auf dem Sofa, statt an unserem Projekt zu arbeiten, trinken wir gemütlich einen Kaffee, statt Oma anzurufen, schauen wir noch eine Folge bei Netflix, statt Rad zu fahren, nehmen wir das bequemere Auto.

Die Differenz zwischen dem, wie wir handeln sollen, und dem, wie wir wirklich handeln, war vielleicht in keiner Gesellschaftsform so groß wie in der heutigen. Und das ist nicht verwunderlich – schließlich gibt es ein Arsenal an Regeln, die wir befolgen müssten, um den Anforderungen aus Familie, Arbeit und Gesellschaft gerecht zu werden. Doch obwohl wir in einer Situation genau wissen, was wir tun sollten, verhalten wir uns völlig entgegengesetzt. Was dabei besonders erstaunlich ist: Es gelingt uns in der Regel sehr gut, die Entscheidung vor uns zu rechtfertigen, ohne in düstere Selbstzweifel und beklemmende Gedanken zu verfallen. Wie schaffen wir es überhaupt, mit diesem Widerspruch zu leben?

Wenn Sie der Meinung sind, dass es nicht nur *ein*, sondern gleich *mehrere* Versionen ihres Selbst gibt, sind sie nicht schizophren, sondern sehr nah an der Wahrheit. Schon der Ausspruch von Goethes Faust *"Zwei Seelen wohnen, ach, in meiner Brust!"* war ein erster Hinweis darauf. Als Nietzsche dann noch

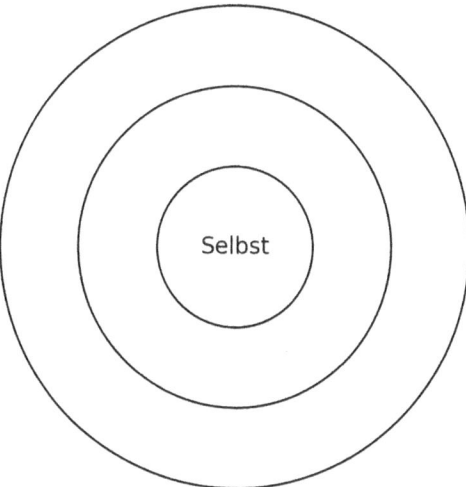

Abb. 4.3 In traditionalistischen Gesellschaften ist das Selbst eingebettet in konzentrische soziale Kreise

schrieb: „*Er habe sich in der Zahl geirrt!*", denn es seien nicht nur zwei, sondern noch viel mehr Anteile, war er der Wahrheit noch ein Stück näher.

Der Soziologe Georg Simmel (1858–1919) war einer der Ersten, der das Problem des *multiplen Selbst*, das ein Phänomen der Moderne zu sein scheint, systematisch erklärte (Simmel, 1890). In traditionalistischen Gesellschaften war das Individuum eingebettet in *konzentrische soziale Kreise* (siehe Abb. 4.3). Es war Mitglied einer Familie, die einem Dorf angehörte, das in ein Fürstentum eingegliedert war. Die Zugehörigkeit war dabei immer *vollständig*, denn die gesamte Familie war Teil des Dorfes, und alle Dorfbewohner gehörten zum Fürstentum.

In modernen Gesellschaften bildet das Individuum hingegen einen Schnittpunkt aus *überlappenden sozialen Kreisen* (siehe Abb. 4.4). Es gehört beispielsweise einer Familie an, studiert und spielt gleichzeitig Fußball. Das bedeutet aber nicht, dass alle Familienmitglieder ebenfalls studieren, oder dass alle Studienkollegen Fußball spielen. Die Kreise überlappen sich zwar zum Teil, aber die Zugehörigkeit ist nicht mehr vollständig, sondern bestenfalls *bruchstückhaft*. Je mehr Kreisen ich angehöre (z. B. desto mehr Hobbys, Wohnorte und Jobs ich habe), desto geringer wird die Wahrscheinlichkeit, dass jemand anderes so ist wie ich. Mit der Individualisierung nimmt die individuelle Handlungsfähigkeit zu, gleichzeitig verringert sich aber die soziale Integration.

Ein Großteil unserer Identität entsteht durch die Zugehörigkeit zu sozialen Gruppen und der Rolle, die wir in ihnen einnehmen (Bleidorn et al., 2013). Je nachdem, in welchem sozialen Kreis ich mich als Individuum befinde, muss

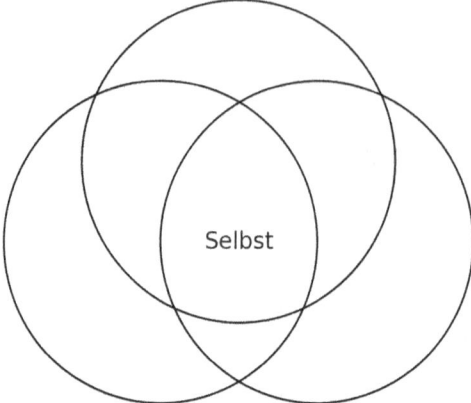

Abb. 4.4 In modernen Gesellschaften befindet sich das Selbst in sich überlappenden sozialen Kreisen

ich anderen Erwartungen entsprechen: Der Fußballverein verlangt eine gewisse Sportlichkeit und Teamgeist, das Studium verlangt Disziplin und geistige Leistung, und die Eltern wünschen sich, dass ich zu Weihnachten nach Hause komme (und dass ich ein paar Nachkommen zeuge). Diese Erwartungen formen mein Selbstbild und steuern mein Handeln. Natürlich kann ich mich auch dazu entscheiden, ein Rebell zu sein und die Erwartungen der anderen völlig zu missachten, aber damit riskiere ich, aus den Kreisen ausgeschlossen zu werden.

Der entscheidende Unterschied zu traditionalistischen Gesellschaften ist, dass ein Großteil der Kreise *frei gewählt* ist. Ich kann beispielsweise aus der Kirche austreten, wenn ich das möchte, und mich für einen Studiengang entscheiden, der mir Spaß macht. Diese neugewonnene Freiheit des modernen Menschen verlangt aber ein großes Opfer, denn je mehr Kreise ich selbst wähle und je weiter ich meine Handlungsfreiheit ausdehne, desto stärker geht die soziale Integration zurück: Die Anzahl der Gruppen wird unüberschaubar, ich habe zu viele Freunde, um sie alle treffen zu können, zu viele Interessen, um ihnen allen nachzugehen, die sozialen Bande lockern sich und Fernbeziehungen (auch zur eigenen Familie, die in einer anderen Stadt oder sogar in einem anderen Land wohnt) werden häufiger. Dabei kann das Gefühl entstehen, *überall, aber nirgendwo so richtig dazuzugehören.*

Zudem muss sich meine Identität aufspalten, um mich in den zahlreichen Kreisen bewegen zu können (Precht, 2012, S. 302). Wenn ich mit meinen linksliberalen Studienkollegen chille, verhalte ich mich anders als bei meiner konservativ geprägten Familie. Wenn ich mit dem Fußballverein etwas trinken gehe, verhalte ich mich offensichtlich anders als in meiner Lerngruppe. Diese

Vielfalt an Identitäten und Zugehörigkeiten ist ein riesiger Vorteil, weil ich mein Selbst beliebig erweitern, erforschen und ausleben kann. Wenn uns das Leben in vormodernen Gesellschaften allerdings völlig unverständlich und zurückgeblieben erscheint, sollten wir bedenken, *dass die unterschiedlichen Anteile des Selbst, die man ausleben will, erst durch die Zugehörigkeit zu verschiedenen Gruppen entstehen.* Ich glaube nicht, dass vormoderne Menschen einen solchen Überfluss an Identitäten, Bedürfnissen und Zuständigkeiten hatten, und ich glaube auch nicht, dass sie sich ihn herbeigesehnt haben.

> **Fazit**
> Im Zuge der Modernisierung bewegt sich der Mensch zunehmend nicht mehr in konzentrischen, sondern in sich nur teilweise überlappenden sozialen Kreisen. Die Zugehörigkeit zu verschiedensten sozialen Gruppen hat zur Folge, dass wir *multiple Identitäten* entwickeln, um uns in den jeweiligen Kreisen bewegen zu können. Das erklärt zum einen, wieso wir uns in verschiedenen Kontexten völlig unterschiedlich verhalten, und zum anderen, warum wir schnell eine Rechtfertigung parat haben, wenn wir uns entgegen der Erwartungen, die an uns herangetragen werden, verhalten. Weil unser Selbst aufgespalten ist, sind die Erwartungen nicht mehr absolut, sondern stammen nur von einer von vielen sozialen Gruppen, denen wir angehören. Wenn wir uns entgegen dieser Erwartung verhalten, riskieren wir zwar, aus einer Gruppe ausgeschlossen zu werden, haben aber aufgrund der Optionenvielfalt noch viele andere Zugehörigkeiten zur Verfügung. Die zunehmende Individualisierung hat eine Zunahme der individuellen Handlungsfreiheit und einen Rückgang der sozialen Integration zur Folge.

4.5 Der Wettlauf mit dem Leben

Forschung entsteht als Reaktion auf Probleme, die mit bisherigen Ansätzen nicht gelöst werden können. Nehmen Sie nur einmal den Klimawandel: Ein *Weiter-so* hätte keine Zukunft, deshalb braucht es neue technische Innovationen, um dieses Problem zu lösen oder zumindest nicht größer werden zu lassen – erneuerbare Energieträger, die keine Treibhausgase produzieren, die Wiederbelebung von Mooren zur Bindung von CO_2, neue klimafreundliche Transportmittel wie das E-Auto. Ohne das *Problem* gäbe es keinen Fortschritt, keine Innovation, keine Forschung und Entwicklung.

Das gilt nicht nur für die Wissenschaft, sondern auch für die moderne Gesellschaft: Um zu überleben, muss sie sich immer neu erfinden. Soziologen nennen dieses Prinzip *dynamische Stabilisierung* (Lamla et al., 2014). Es gibt Probleme, die gelöst werden, was wiederum neue Probleme produziert, auf die reagiert werden muss (und so weiter). Für die kommerzielle Nutzung von E-Autos müssen Ladestationen gebaut werden, für die Wiederbelebung von Mooren werden große Flächen benötigt, für erneuerbare Energieträger wie Windkraft und Solarenergie braucht es neue Speicher- und Transportsysteme, um den Energiebedarf zu decken. Sie können sich vorstellen, dass in einer solchen bewegten Situation, wie wir sie heute erleben, der Forschung eine extrem wichtige Rolle zukommt. Ohne Wissenschaft könnte man die alten und neuen Probleme nicht lösen.

Doch das war nicht immer so. Vor nicht einmal 150 Jahren galt in westlichen Gesellschaften noch das Prinzip der *statischen Ordnung*. Es gab zwei große Erzählungen, die dieses Prinzip stützten. Die erste war *religiös* und handelte von einem Gott, der jedem Menschen und jedem Ding seinen Platz zugewiesen hat. Aufgrund dieser göttlichen Ordnung war keine Forschung nötig. Sie war sogar unerwünscht, denn die göttliche Ordnung über die Maße zu hinterfragen galt als Blasphemie und bedrohte das soziale Gefüge. Die zweite große Erzählung war *naturalistisch* und berichtete vom Menschen als Gemeinschaftstier, der in einem Rudel lebt. Auf den ersten Blick mag diese Erzählung der Wissenschaft zugewandt sein, weil sie naturwissenschaftliche Erkenntnisse wie Darwins Evolutionstheorie mit einbezieht. Dennoch erlaubte das naturalistische Narrativ noch nicht die Entstehung der Wissenschaft als eigenständige Institution, denn nach wie vor hatte alles seinen Platz, der von Natur aus gegeben war und deshalb nicht großartig hinterfragt wurde.

Mit der Industrialisierung und Verstädterung um das Jahr 1900 wurden diese Erzählungen zunehmend unbefriedigend. Die Kirche konnte die gesellschaftliche Ordnung nicht länger aufrecht erhalten – nicht, weil sie nicht genug Macht gehabt hätte, sondern weil sie die neuen sozialen, politischen und wissenschaftlichen Fragen nicht befriedigend beantworten konnte. Marx betitelte Religion sogar als *Opium fürs Volk* und Nietzsche verkündete mit den Worten *Gott ist tot* das tragische Ende der christlichen Werteordnung. Somit kam die Erzählung der göttlichen Ordnung aus der Mode.

Die naturalistische Erzählung wurde zunächst durch das unstete Großstadtleben infrage gestellt. Doch sie überlebte noch etwas länger und fand ihren schlimmsten Ausdruck in Rassismus und Sozialdarwinismus: Die göttliche Ordnung machte einer scheinbaren biologischen Ordnung Platz, welche die Dominanz einiger Völker über andere (bis hin zu Ausrottung und vollständiger Vernichtung) rechtfertigen sollte. Auch pseudowissenschaftliche Forschung (wie etwa das Vermessen von Schädeln zur Bestimmung der „Rasse") wurde durch die Idee der biologischen Ordnung begründet.

Den endgültigen Todesstoß erlitt die naturalistische Erzählung nach dem Ende des Zweiten Weltkriegs, als niemand mehr die Augen vor dem Massaker verschließen konnte. Der göttlichen und naturalistischen Erzählung–und somit ihrer beiden wichtigsten Stützpfeiler beraubt–begann auch das Prinzip der statischen Ordnung zu bröckeln und zu zerfallen. Ein Beibehalten der statischen Ordnung führte offensichtlich in eine Katastrophe und konnte keine Lösung sein.

Gleichzeitig verlangte das Scheitern der statischen Ordnung einen Neuanfang. Die Menschen begannen sich lauter und öfter zu fragen, wieso sie tun, was sie tun und warum die Dinge sind, wie sie sind. Neben Revolutionen in naturwissenschaftlichen Disziplinen (wie in der Physik durch Einsteins Relativitätstheorie) hatte dies auch die Neubegründung wissenschaftlicher Disziplinen (wie der Soziologie und der Psychologie) zur Folge. Menschliche Gesellschaften und die Psyche wurden zunehmend als reale Probleme verstanden, die ihrerseits Antworten verlangten. Beispielsweise wurde ein großer Teil sozialpsychologischer Forschung im 20. Jahrhundert durch die Frage inspiriert, wie es dazu kommen konnte, dass der Nationalsozialismus einen so großen Zuspruch in Deutschland fand. Gesellschaften wurden zunehmend als veränderbar und verwundbar verstanden, was zur Erkenntnis führte, dass sie sich *immer wieder neu erfinden* müssen, um zu überleben und Katastrophen zu verhindern.

Fazit
Die Herausbildung der Wissenschaft als moderne Institution kann als Folge gesellschaftlicher Entwicklungen im 20. Jahrhundert verstanden werden. Im Mittelalter waren Klöster der Mittelpunkt des geistigen Strebens: Die göttliche Ordnung wurde immer als die oberste Wahrheit begriffen. Unter diesen Bedingungen konnte sich die Wissenschaft als eigenständige Institution nicht entfalten. Auch die Idee einer natürlichen Ordnung ließ wenig Platz für große Fragen. Im Laufe des 20. Jahrhunderts machte das alte Prinzip der statischen Ordnung dem neuen Grundsatz der dynamischen Stabilisierung Platz. In einer Gesellschaft, die sich immer wieder neu erfindet, gewann die Wissenschaft, die einem ähnlichen Grundsatz folgt, zunehmend an Bedeutung.

4.6 Der Preis des Wissens

Der Glaube der Menschen des Mittelalters, der Mittelpunkt des Universums zu sein und in Gottes Schoß zu ruhen, wurde spätestens mit den naturwissenschaftlichen Erkenntnissen zum heliozentrischen Weltbild in Frage gestellt. Die Erde war nicht länger das unbewegte Zentrum, der Mensch war nicht länger der Mittelpunkt des Universums. Die Kirche büßte an Macht und Vertrauen ein, ihre Mythen und Erzählungen waren nicht mehr glaubhaft. Die christliche Kultur des Mittelalters und das Gesellschaftssystem sollten zusammenbrechen.

Was war die Folge? Rationalisten, welche die Naturwissenschaft für ihren Sieg feierten, dachten, dass die Menschen sich endlich aus der Dunkelheit erheben würden. Die Kirche und das Glaubenssystem waren schließlich das Einzige, was dem Fortschritt im Weg stand. Und sie hatten recht. Es sollte bahnbrechende Revolutionen geben: Die Eisenbahn erleichterte den Transport von Waren und Personen, die Dampfmaschine bereitete den Weg zur Industrialisierung, die Glühbirne machte die Nacht zum Tag. Doch die Summe der bahnbrechenden Erfindungen konnten das Loch, das Gottes Tod[8] in die Seelen der Menschen gerissen hatte, nicht füllen.

Die Menschen sehnten sich nach neuen Weltbildern, die ihrem Leben Sinn und Richtung geben sollten. Im 20. Jahrhundert kam es zur rasanten Verbreitung von drei Ideologien: Faschismus, Kommunismus und Liberalismus. Durch die technische Revolution gelang auch die Entwicklung von Waffen, die ein bis dahin ungeahntes Ausmaß der Zerstörung verursachen konnten. Allein in diesem Jahrhundert sollten 142 Mio. Menschen der herrschenden Ideologie zum Opfer fallen, darunter 60 Mio. dem Stalinismus, 45 Mio. der Herrschaft von Mao Zedong und 6 Mio. dem Holocaust unter Hitler. Weitere 131 Mio. Menschen starben im Krieg, in dem Ideologien um Überleben oder Vorherrschaft kämpften (Statista Research Department, 2012).

Diese Zahlen zeigen vor allem eines: Menschen sind auf ein kulturell geteiltes Wertesystem, dass ihnen Ordnung verspricht und sie vor Chaos schützt, angewiesen. Faschismus und Kommunismus stellten blutige Versuche dar, ein solches System mit Gewalt zu etablieren. Eine zweite, ebenso offensichtliche Erkenntnis ist: Objektive Wissenschaft allein ist *unzureichend und ungeeignet*, um diesem Bedürfnis zu entsprechen. Empirische Forschung allein reicht nicht aus, um drängende ethische Fragen zu beantworten. Die Rationalisten hatten eben *nicht* recht, denn der Zusammenbruch der Kirche und der Aufbruch der

---

[8] Den Zusammenbruch der christlichen Werte bezeichnete Friedrich Nietzsche mit dem berühmten Ausspruch *Gott ist tot*. Auch wenn Nietzsche nicht unbedingt ein Freund der Religion war, sagte er vorher, dass auf den Zusammenbruch der Religion ein Blutbad folgen würde. Ohne die Kirche und das christliche Wertesystem waren Gebote aus der Bibel wie *Du sollst nicht töten!* für die Menschen nicht mehr bindend.

Wissenschaft brachten nicht nur Fortschritt und Licht, sondern stürzten die Menschheit auch in eine tiefe Dunkelheit.

Der österreichische Neurologe und Psychiater Viktor Frankl (1905–1997), der selbst mehrere Konzentrationslager überlebte, stellte sogar die These auf, dass die Gaskammern des Nationalsozialismus nicht in einem Ministerium in Berlin geplant worden waren, sondern an den Schreibtischen und in den Vorlesungssälen nihilistischer Philosophen und Wissenschaftler (Frankl, 1986). Laut ihm waren die menschenverachtenden Entscheidungen der obersten Vertreter der Naziideologie vor allem ein Resultat des Wertevakuums, das der Zusammenbruch der Kirche hinterlassen hatte und das erst durch neue, sinnstiftende Philosophien, die den Wert des Lebens und des Einzelnen anerkannten, gefüllt werden musste. Es mag uns heute rückständig erscheinen, aber im Mittelalter hatten die Menschen aufgrund der Religion Antworten auf die Fragen nach dem Sinn des Lebens, nach dessen Wert und ihrem Platz in der Welt. Die Fortschritte in den Naturwissenschaften nahmen den religiösen Antworten ihre Legitimität, lieferten aber keinen Ersatz, um das entstandene Wertevakuum zu füllen.

Fazit

Als Menschheit sind wir auf objektive Erkenntnisse angewiesen, um die Welt zu verstehen, zu gestalten und uns das Leben zu erleichtern. Ebenso notwendig ist allerdings eine gemein- und sinnstiftende Kultur, die auf geteilten Werten aufbaut (Peterson, 2002). Damit ist nicht gemeint, dass die Werte, auf denen das Zusammenleben in modernen Gesellschaften basiert, notwendigerweise *religiösen* Ursprungs sein müssen. Sie können auch aus anderen gesellschaftlichen Strömungen hervorgehen (z. B. dem Humanismus). Wissenschaftlicher Fortschritt allein kann die menschlichen Bedürfnisse nach Spiritualität und Zugehörigkeit jedoch nicht befriedigen.

Literatur

Bleidorn, W., Klimstra, T. A., Denissen, J. J. A., Rentfrow, P. J., Potter, J., & Gosling, S. D. (2013). Personality Maturation Around the World: A Cross-Cultural Examination of Social-Investment Theory. *Psychological Science, 24*(12), 2530–2540. https://doi.org/10.1177/0956797613498396

Der Spiegel. (1954). Neu in Deutschland. *Der Spiegel, 12.* https://www.spiegel.de/politik/neu-in-deutschland-a-da6b0de8-0002-0001-0000-000028955577?context=issue. Zugegriffen: 29. Juli 2024.

Flynn, J. R. (2007). *What is intelligence? Beyond the Flynn effect.* Cambridge University Press.

Frankl, V. E. (1986). *The Doctor and the Soul: From Psychotherapy to Logotherapy.* Vintage.

Harari, Y. N. (2018). *21 Lessons for the 21st Century.* Random House. https://doi.org/10.17104/9783406727795-21

Hartmann, R. (2020, 11. April). Die Erstbesteigung des Mount Everest. https://www.travelbook.de/ziele/berge/die-erstbesteigung-des-mount-everest. Zugegriffen: 29. Juli 2024.

Kann, O., Papageorgiou, I. E., & Draguhn, A. (2014). Highly energized inhibitory interneurons are a central element for information processing in cortical networks. *Journal of Cerebral Blood Flow & Metabolism, 34*(8), 1270–1282. https://doi.org/10.1038/jcbfm.2014.104

Lamla, J., Rosa, H., & Strecker, D. (2014). *Handbuch der Soziologie.* UVK Verlagsgesellschaft. https://doi.org/10.36198/9783838586014

McDaniel, M. A. (2005). Big-brained people are smarter: A meta-analysis of the relationship between in vivo brain volume and intelligence. *Intelligence, 33*(4), 337–346. https://doi.org/10.1016/j.intell.2004.11.005

Mink, J. W., Blumenschine, R. J., & Adams, D. B. (1981). Ratio of central nervous system to body metabolism in vertebrates: its constancy and functional basis. *American Journal of Physiology, 241*(3), R203–R212. https://doi.org/10.1152/ajpregu.1981.241.3.R203

Nowak, M. A. (2006). Five rules for the evolution of cooperation. *Science, 314*(5805), 1560–1563. https://doi.org/10.1126/science.1133755

Peterson, J. B. (2002). *Maps of Meaning: The Architecture of Belief.* Routledge.

Precht, R. D. (2012). *Die Kunst kein Egoist zu sein. Warum wir gerne gut sein wollen und was uns davon abhält.* Penguin Random House.

Raup, D. M. (1986). Biological extinction in earth history. *Science, 231*(4745), 1528–1533. https://doi.org/10.1126/science.231.4745.1528

Simmel, G. (1890). *Über soziale Differenzierung. Soziologische und psychologische Untersuchungen.* Duncker & Humblot.

Statista Research Department. (2012, 30. November). Anzahl der Toten im 20. Jahrhundert nach ausgewählten Todesursachen [Abgerufen am 30.07.2024]. https://de.statista.com/statistik/daten/studie/255854/umfrage/tote-im-20-jahrhundert-nach-ausgewaehlten-todesursachen/

5

Der wissenschaftliche Fortschritt und die liberale Demokratie

Neben den Schreckensregimen des Faschismus und Kommunismus, die mit der totalitären Ordnung im Mittelalter vergleichbar waren, entwickelte sich im 20. Jahrhundert auch die Gesellschaftsform, in der wir heute leben: die *liberale Demokratie*. Deren Fortbestand scheint aber, ähnlich wie das christliche Mittelalter, durch den wissenschaftlich-technischen Fortschritt bedroht. Intelligente Systeme zur Gesichtserkennung und Algorithmen, welche die Persönlichkeit und politische Einstellungen von Menschen aus Facebook-Likes errechnen können, gibt es schon längst. Ein Missbrauch dieser Technologien würde den Boden für einen digitalen Überwachungsstaat (Negativbeispiel: China) bereiten. Zudem drängt sich die Frage auf: Wenn moderne Technologien wie künstliche Intelligenz Informationen schneller und besser verarbeiten können als das menschliche Gehirn, sollten wir den Maschinen dann politische Entscheidungen überlassen? Die nächste technische Revolution, die schon längst begonnen hat, könnte den Weg in eine dystopische Zukunft öffnen, in der politische und gesellschaftliche Entscheidungen nicht mehr von beherzten Menschen, sondern von kalten Maschinen getroffen werden.

Zumindest bisher zeigte sich die liberale Demokratie gegenüber wissenschaftlich-technischen Revolutionen erstaunlich widerstandsfähig. Die zentrale Frage dieses Kapitels lautet daher: Wenn wissenschaftlich-technische Revolutionen das Potenzial haben, altbekannten Gesellschaftsformen und Wertesystemen den Boden zu entziehen, warum ist die Geschichte der liberalen Demokratie so eng mit dem Erfolgszug der Wissenschaft verknüpft? Um diese Frage zu beantworten, richten wir den Blick auf die jüngere Geschichte der Demokratie in der entwickelten Moderne.

5.1 Die große Rationalisierung

Einer, der uns beim Verständnis dieser Gesellschaftsform behilflich sein kann, ist der weltberühmte deutsche Philosoph und Soziologe Jürgen Habermas (geb. 1929). Habermas greift einen zentralen Gedanken von Max Weber auf: Die Modernisierung ist geprägt durch eine zunehmende *Rationalisierung*. Wahr ist nicht mehr, was in der Bibel steht, sondern das, was durch Experimente nachprüfbar ist. Richtig ist nicht mehr das, was von Herrschern vorgegeben wird, sondern was rational begründbar ist. Ich fahre nicht Bahn, weil mein Fürst es mir befiehlt, sondern weil es billiger ist und weniger CO_2 verbraucht.

Doch diese Entwicklung hat auch eine Kehrseite: Die Gefahr eines ausufernden Rationalisierungsprozesses ist die absolute Dominanz der *instrumentellen Vernunft*. Wir betrachten unsere Umwelt, unsere Mitmenschen und uns selbst nur noch unter dem Aspekt des Nutzens. Statt sich auf ihrem Wohlstand auszuruhen, geben moderne Menschen sich selten mit dem zufrieden, was sie haben. Sie arbeiten pausenlos an ihrer Karriere, an ihrem Kontostand, an ihrer Stellung in der Gesellschaft und an der Gesellschaft als solches. Doch die Optimierung macht keinesfalls bei externen Umständen halt. Auch die eigenen Freunde und Familie, Eltern, Lebenspartner und Kinder werden nach der eigenen Vorstellung ausgewählt und gestaltet. Schließlich betrachten wir uns auch selbst als verbesserungswürdig und arbeiten unermüdlich an unserem Körper und unserer Psyche. Dabei folgt alles dem Maxim der instrumentellen Vernunft: *Alles, was nicht optimal ist, wird ausgerottet.* Euthanasie[1], der Holocaust und Vernichtungslager wie Buchenwald oder Auschwitz können als logischer Endpunkt dieser Entwicklung betrachtet werden. Auch dystopische Zukunftsvisionen von einem perfekten, maschinengestützten totalitären Überwachungsstaat gehen häufig von einer Dominanz der instrumentellen Vernunft aus.

Das klingt alles furchtbar. Nicht wenige Denker sind vor diesem Problem stehengeblieben und haben entweder eine blutige Revolution als einzigen Ausweg gesehen (Karl Marx) oder den Glauben an den Fortschritt und das moderne Leben aufgegeben (Theodor Adorno). Einige haben sogar den Untergang der modernen Gesellschaft prophezeit. Angesichts dieser Befürchtungen stellt sich die Frage: Warum kam es nicht zur Revolution? Warum leben wir immer noch in dieser Gesellschaftsform? Und warum hat sie sich nicht in einen totalitären Überwachungsstaat verwandelt oder ist ganz untergegangen?

---

[1] Der Begriff *Euthanasie* meint hier die „*systematische Ermordung psychisch kranker und behinderter Menschen.*" (Dudenredaktion, 2020).

5.2 Die Antwort liegt in der Sprache

Diese Fragen beschäftigen auch den jungen Habermas. Er gibt sich nicht mit den pessimistischen Prognosen seiner Lehrer (darunter auch Adorno) zufrieden. Habermas findet eine Antwort in einem bisher wenig beachteten, aber essenziellen Bestandteil der menschlichen Existenz: der menschlichen *Sprache* (Habermas, 1981).

Laut Habermas stehen Demokratie (alle Menschen sind gleichberechtigt) und Kapitalismus (einige haben mehr als andere) seit jeher in einem Spannungsverhältnis. Diese permanente Spannung muss immer wieder ausgeglichen werden. Marx prophezeite, dass diese Spannung zur Revolution führt, weil die Produktionsmittel ungleich verteilt sind: Werkzeuge, Maschinen und andere technische Hilfsmittel, welche für die Bearbeitung der Natur notwendig sind, gehören wenigen Unternehmern, während andere ihre Arbeitskraft und Lebenszeit für Geld verkaufen müssen, um zu überleben. Da die Kapitalisten aufgrund von Klassenzwängen nicht bereit sind, ihren Besitz freiwillig abzutreten, muss es früher oder später zur Revolution kommen.

Die Revolution kam nicht. Habermas geht deshalb noch eine Ebene tiefer: Damit bestimmt ist, wer welcher Klasse angehört, wer etwas besitzt und wer welche Arbeit erledigt, braucht es *Verständigung*. Auch die Verteilung der Produktionsmittel kann als Folge von Verständigung angesehen werden, weil die *gesamte objektive und subjektive Welt dadurch entsteht, dass wir uns sprachlich miteinander austauschen*. Als Kind lernen Sie, wie die Objekte der Umwelt heißen und für was sie zu gebrauchen sind. Sie sehen ein Holzbrett mit vier Beinen, Ihr Vater zeigt darauf und sagt Ihnen: „*Das ist ein Tisch.*" Verständigung bestimmt aber nicht nur Ihre Wahrnehmung der äußeren Welt, sondern auch Ihr Selbstverständnis. Von Kindesbeinen an erhalten Sie Rückmeldung über Ihr Handeln und lernen so, welche Verhaltensweisen angebracht sind und welche nicht. Wenn ein Kind mit einem Stift an einen Kühlschrank malt und danach die Mutter anschaut, wird es, abhängig von deren Reaktion, weitermachen oder aufhören. Zeigt sich die Mutter unbekümmert, zählt das als Bestätigung dafür, dass das Verhalten schon in Ordnung ist. Wird die Mutter aber wütend, so legt das Kind den Stift beiseite oder malt weiter auf einem Blatt Papier. Mit der Zeit *internalisiert* (verinnerlicht) das Kind die Bewertungen und Erwartungen der Mutter und wendet sie auch auf andere an. Wenn das kleine Geschwisterkind anfängt, den Kühlschrank mit Buntstiften in Regenbogenfarben zu kleiden, wird das ältere Kind es darauf hinweisen, dass das nicht in Ordnung ist. Die *Normen und Regeln* für menschliches Handeln entstehen durch Verständigung und werden auch durch diese weitergegeben.

> **Fazit**
> Habermas' Leistung bestand darin, dem Ausufern der instrumentellen Vernunft etwas entgegenzusetzen: die *verständigungsorientierte Vernunft*. Im Gegensatz zur instrumentellen Vernunft stehen hier nicht Eigeninteresse, Nutzen und Effizienz im Mittelpunkt, sondern schlichtweg der Wunsch, uns mit anderen zu verständigen. Wenn sich zwei Lebenspartner darüber unterhalten, in welches Restaurant sie gehen wollen, so ist das ein Akt der Verständigung – natürlich nur, so lange keiner von ihnen ein vorher festgelegtes Ziel hat. Durch den *freien Diskurs* darüber, welches Restaurant sie besuchten sollten, bekommen sie ein immer besseres Bild der Wirklichkeit, tauschen sich über alle Möglichkeiten aus und können schließlich eine konsensfähige Entscheidung treffen.

5.3 Verständigung als Basis für gesellschaftliche Veränderung

Laut Habermas ist Verständigung auch die Basis für gesellschaftliche Veränderung. Wenn Menschen eine Aussage treffen, erheben sie immer vier Geltungsansprüche, die von anderen infrage gestellt werden können: *Verständlichkeit* (Ist es verständlich?), *Wahrheit* (Stimmt das?), *Richtigkeit* (Ist es angebracht?) und *Aufrichtigkeit* (Meint die Person das ernst?). Eine beispielhafte politische Aussage aus der Vergangenheit, die heute als rückständig empfunden wird, wäre: „*Frauen dürfen nicht studieren, weil sie weniger intelligent sind.*" Im 19. Jahrhundert war die Ansicht verbreitet, dass Frauen ein kleineres Gehirn haben und deshalb zwar als Hausfrau oder Mutter, aber nicht für das Studium geeignet seien. Nach Habermas können die vier Geltungsansprüche dieser Aussage infrage gestellt werden:

- Verständlichkeit: Die Bedeutung der Aussage ist verständlich.
- Wahrheit: Frauen und Männer schneiden in Tests zur allgemeinen Intelligenz gleich gut ab. Männer haben im Mittel eine etwas bessere Fähigkeit zum räumlichen Denken, im Sprachbereich gibt es hingegen keinen Geschlechterunterschied (Neyer & Asendorpf, 2024, S. 414 f.).
- Richtigkeit: Es gibt keinen guten Grund dafür, Männern das Recht auf Bildung zu geben und es Frauen abzusprechen, weil Frauen dadurch benachteiligt werden.

- Aufrichtigkeit: Der Sprecher könnte unehrlich sein und die (faktisch falsche) Begründung für die Aussage nur deshalb anführen, um seine eigene gesellschaftliche Stellung zu verteidigen.

Kommunikation, die sich ausschließlich auf diese vier Geltungsansprüche beruft, ist laut Habermas *herrschaftsfrei*. Wenn es für jede Handlung rationale Gründe braucht, dann werden dadurch auch immer die bestehenden Normen und Herrschaftsverhältnisse infrage gestellt. Durch den freien Diskurs werden mit der Zeit unrechtmäßige Herrschaftsformen überwunden und abgelöst. Am Beispiel der Frauenrechte (Strobl, 2019) sieht man, dass Frauen erst studieren durften (1900), wenig später das Wahlrecht erhielten (1918), durch Artikel 3 des Grundgesetzes gleichberechtigt wurden (1949) und nach jahrzehntelangen politischen Kämpfen selbst über Schwangerschaftsabbrüche entscheiden durften (1995). Die zunehmende Rationalisierung brachte somit eine gesunde Portion an Emanzipation mit sich, weil sich die Benachteiligung gesellschaftlicher Gruppen nicht mehr rechtfertigen ließ.[2]

> **Fazit**
> Die Gesellschaftsentwicklung ist evolutionär in der Entfaltung der Sprachlogik angelegt. In der Sprache werden immer vier Geltungsansprüche (Verständlichkeit, Wahrheit, Richtigkeit und Aufrichtigkeit) erhoben, die infrage gestellt werden können. Laut Habermas sind Emanzipation und Gleichberechtigung daher bereits in der Struktur der Sprache enthalten, da die Benachteiligung gesellschaftlicher Gruppen nicht rational begründbar ist. Die transformierende Wirkung von Sprache kann sich in einem herrschaftsfreien Diskurs besonders gut entfalten (was wohl auch ein Grund dafür ist, dass in Diktaturen ein solcher Diskurs systematisch unterbunden wird).

Aber was hat das Ganze mit Wissenschaft zu tun? Eine ganze Menge, denn die verständigungsorientierte Vernunft und der herrschaftsfreie Diskurs sind nicht nur Grundlage für gesellschaftliche Veränderungen, sondern auch für den wissenschaftlichen Fortschritt.

---

[2] Dass männliche Autoren in meinem Buch überrepräsentiert sind, geht auch auf den historischen Umstand zurück, dass Männer in der Vergangenheit das intellektuelle Leben dominierten (und nicht auf eine absichtliche Benachteiligung der Frauen).

5.4 Verständigung als Basis für wissenschaftlichen Fortschritt

Ähnlich wie im freien politischen Diskurs steht in der Wissenschaft das Ergebnis nicht vorher fest, sondern basiert auf Verständigung. Im Gegensatz zum Mittelalter, wo die Kirche die Wahrheit diktierte, wird sie in der Wissenschaft immer wieder infrage gestellt. Eine Aussage wie *„Die Erde ist der Mittelpunkt des Universums"* wird nicht einfach hingenommen, sondern kritisch hinterfragt und empirisch überprüft. Der zentrale Unterschied zwischen politischen und wissenschaftlichen Aussagen liegt dabei im relevanten Geltungsanspruch: Während in der Politik die *normative Richtigkeit* einer Aussage zentral ist, steht in der Wissenschaft die *objektive Wahrheit* im Vordergrund.

Diese offene Herangehensweise bringt aber ein Problem mit sich, denn durch den freien Diskurs gibt es einen theoretisch unendlichen Verständigungsbedarf. Genau wie in der Politik bestehende Gesetze immer wieder neu diskutiert werden, stellen Forschende in der Wissenschaft bestehende Hypothesen und Theorien immer wieder infrage. Es ist ein Prozess, der nie zu Ende kommen kann. Doch wie beantworten wir dann überhaupt wissenschaftliche Fragestellungen? Mit anderen Worten: *Wie bestimmen wir (zumindest temporär), was Wahrheit ist?*

In der Wissenschaft liegt die Lösung für dieses Problem in der *Evidenz*. Damit Hypothesen und Theorien vorläufig als wahr angenommen werden, muss ihre Gültigkeit durch möglichst viele Beobachtungen belegt werden. Eine Aussage wie *„Die Erde dreht sich um die Sonne"* kann ihren Wahrheitsanspruch nur dann gültig machen, wenn *Evidenz* vorliegt, die für diese Hypothese spricht. Kann ich entsprechende Beobachtungen vorweisen, die belegen, dass die Erde sich um die Sonne dreht, wird die bestehende Theorie vorläufig als wahr angenommen. Im Gegensatz zur Politik entsteht ein Konsens in der empirischen Wissenschaft nicht durch Menschen, die eine bestimmte Meinung teilen, sondern durch Evidenz in Form von Beobachtungen, Feldstudien und Laborexperimenten.

Im gesellschaftlichen Diskurs zu politisch aufgeladenen Themen wird dieses Grundprinzip oft missverstanden. Aussagen wie *„Es gibt keinen wissenschaftlichen Konsens zum Klimawandel"* tauchen seit Jahrzehnten immer wieder auf (Cook, 2010). In der Debatte wird dann infrage gestellt, ob wirklich alle Wissenschaftler einer *Meinung* sind, um die Forschungsergebnisse in Zweifel zu ziehen. Abgesehen davon, dass diese Behauptung falsch ist,[3] ist das auch nicht der Punkt! In der Forschung ist es zweitrangig, ob Menschen eine Meinung teilen. Entscheidend ist die Menge und Qualität an Beweisen (meist in Form von Studien, in denen systematisch Daten zu bestimmten Forschungsfragen gesammelt werden), die für oder gegen eine Hypothese sprechen. Im Falle des Klimawandels wurde in 97,1 % aller Forschungsarbeiten, die zu diesem Thema veröffentlicht wurden, empirisch belegt, dass Menschen den Klimawandel verursachen (Cook et al., 2013). Bei diesem Thema liegen Empirie (97,1 %) und Expertenkonsens (97 %) sehr nah beieinander. Die Diskrepanz zur öffentlichen Meinung kann teilweise dadurch erklärt werden, dass Experten Zugang zu entsprechenden Studien und Forschungsarbeiten haben und über die Kompetenz verfügen, deren Ergebnisse einzuordnen und zu verstehen. Wir täten gut daran, unsere Meinung ebenfalls auf Fakten zu gründen.

Fazit
Wissenschaft und die liberale Demokratie sind beide aus einem Rationalisierungsprozess hervorgegangen und bauen auf der verständigungsorientierten Vernunft auf. Dabei bedienen sie unterschiedliche Geltungsansprüche: In der Politik steht die *normative Richtigkeit* von Entscheidungen im Vordergrund, in der Wissenschaft die *objektive Wahrheit*. In beiden Sphären steht das Ergebnis (z. B. ein neues Gesetz oder der Ausgang eines physikalischen Experiments) nicht vorher fest, sondern ist das Resultat eines herrschaftsfreien, konsensorientierten Diskurses, welcher die Grundlage für gesellschaftlichen und wissenschaftlichen Fortschritt ist.
Ein Problem ist, dass dieser Diskurs theoretisch ins Unendliche geht. In der empirischen Wissenschaft wird über Evidenz ein vorübergehender Konsens geschaffen: Hypothesen werden nur dann als Wahrheit akzeptiert, wenn entsprechende Beweise in Form von Beobachtungen vorliegen. Zwischen öffentlicher Meinung und Expertenmeinung gibt es häufig eine Diskrepanz (z. B. beim Klimawandel). Diese Diskrepanz kann teilweise dadurch erklärt werden, dass Menschen glauben, Wissenschaft basiere (wie die Politik) auf einem Austausch von *Meinungen* (und nicht auf Beobachtungen, Evidenz und Fakten).

---

[3] Tatsächlich stimmen 97 % aller aktiven Klimawissenschaftler der Aussage zu, dass menschliche Aktivität die globale Temperatur signifikant beeinflusst. Interessant an der Studie ist, dass die Zustimmung zum Expertenkonsens sinkt, je weiter die Befragten von der Gruppe der Klimawissenschaftler entfernt waren: Von den Geowissenschaftlern, die keine Klimatologen waren, stimmten nur 77 % der Aussage zu, in der Allgemeinbevölkerung waren es nur noch 60 % (Doran & Zimmerman, 2009).

Aber was passiert, wenn selbst schädliche wissenschaftliche Erfindungen prämiert werden? Und welche Konsequenzen hat es, wenn sich die Politik zu stark in die Wissenschaft einmischt? Um das zu verstehen, widmen wir uns zwei historischen Beispielen.

5.5 Die Ein-Mann-Umweltkatastrophe

Im Zeitalter sozialer Medien, in denen eine Vielzahl von Falschinformationen kursiert, fällt es schwer, wissenschaftliche Fakten von unbewiesenen Behauptungen und Falschmeldungen zu trennen (Vosoughi et al., 2018). Um das Potenzial von Wissenschaft zu verstehen, einen gesellschaftlichen Konsens zu etablieren, lohnt sich daher ein Blick in die Vergangenheit, als klimatische Veränderungen das Leben auf der Erde bedrohten.[4]

Alles begann mit einer Erfolgsgeschichte: Dem US-amerikanischen Chemiker Thomas Midgley (1889–1944) gelang die Herstellung von Fluorchlorkohlenwasserstoffen (kurz FCKW) im großen Stil (Kettering, 1947). Die geruchlosen Gase waren vielseitig einsetzbar, beispielsweise als Kühlmittel in Kühlschränken, Treibgase in Haarspraydosen oder als Reinigungs- und Lösungsmittel. Midgley meldete mehr als 100 Patente an und erhielt für seine Forschung die höchsten Auszeichnungen der *Society of Chemical Industry* (Perkin-Medaille) und der *American Chemical Society* (Priestley-Medaille). Im Jahr 1944 wurde er sogar zum Präsidenten der *American Chemical Society* gewählt. Zu diesem Zeitpunkt wusste noch niemand, das Midgley wahrscheinlich der größte unabsichtliche Massenmörder der Menschheitsgeschichte war (Veritasium, 2022).[5]

In den 1970er Jahren wurden erste Stimmen laut, die öffentlichkeitswirksam auf den zerstörerischen Effekt der Gase aufmerksam machten. Die Klimaforscher Molina und Rowland stellten 1974 die Hypothese auf, dass die langlebigen und schwer abbaubaren FCKW-Gase die Ozonschicht zerstören (Molina & Rowland, 1974).[6] Die Ozonschicht schützt die Menschen und andere Lebewesen unter anderem vor ultravioletter Sonneneinstrahlung, die krebserregend wirkt.

---

[4] De facto befinden wir uns heute immer noch in dieser Situation. Da die gesellschaftliche Debatte zum Klimawandel aber noch lange andauern wird, fokussiere ich mich auf ein Unterthema, das aktuell weniger politisch und emotional aufgeladen ist.

[5] An dieser Stelle möchte ich Ihnen den YouTube Kanal *Veritasium* empfehlen, der neue wissenschaftliche Erkenntnisse und historische Inhalte interessant und verständlich aufbereitet.

[6] Ihre Forschungsarbeit wurde in der renommierten Fachzeitschrift *Nature* veröffentlicht und mittlerweile laut *Google Scholar* über 7000-mal zitiert.

Mit Midgleys gutem Ruf ging es rapide bergab: Umwelthistoriker bezeichneten ihn als den Organismus mit dem größten negativen Einfluss auf die Atmosphäre in der Weltgeschichte (McNeill, 2001) und die Zeitschrift *Time* nahm die FCKW-Gase in die Liste der 50 schlimmsten Erfindungen auf (Fletcher, 2010). Neben den FCKW-Gasen erfand Midgley auch bleihaltiges Benzin, dessen großflächiger Einsatz die Atmosphäre mit Blei anreicherte. Eine zu hohe Bleikonzentration in der Atmosphäre ist nachgewiesenermaßen neurotoxisch, beeinträchtigt die Hirnentwicklung und führt zu Verhaltensstörungen (Lidsky & Schneider, 2003). Über Midgley gibt es deshalb sogar einen wissenschaftlichen Artikel mit dem Titel *„Die Ein-Mann-Umweltkatastrophe"* (Pearce, 2017).

Um die Zerstörung der Ozonschicht aufzuhalten, wollten Wissenschaftler die Mechanismen hinter der Entstehung des Ozonlochs besser verstehen. Laut der Molina-Rowland-Hypothese gelangen FCKW-Gase in die Stratosphäre, werden durch UV-Licht zerlegt, wobei sich Chlorradikale bilden, welche daraufhin die Ozonschicht zerstören (Molina & Rowland, 1974). Das löste eine breite und kontroverse gesellschaftliche Debatte aus. Viele Wissenschaftler schlugen sich auf die Seite von Molina und Rowland, doch die chemische Industrie, allem voran der damals weltgrößte FCKW-Produzent *Du Pont*, finanzierte Forschung in der Hoffnung, die Hypothese widerlegen zu können. Der Konzern wurde auch von renommierten Atmosphärenwissenschaftlern unterstützt, welche bei öffentlichen Debatten auftraten und die Forschungsergebnisse in Zweifel zogen.[7]

Daraufhin wurde eine Vielzahl an Studien finanziert, welche die Lebensdauer und den Einfluss der FCKW-Gase auf die Ozonschicht genauer untersuchten. Die Kausalhypothese von Molina und Rowland konnte nicht nachgewiesen werden, dennoch rief die alarmierende Entwicklung des stetig wachsenden Ozonlochs die Politik auf den Plan. Seit Anfang der 1980er-Jahre trat das Ozonloch jährlich auf und verzehnfachte innerhalb weniger Jahre seine Größe auf mehrere Millionen Quadratkilometer. Daraufhin wurden im Jahr 1978 FCKW-Treibgase in Spraydosen erstmals von US-Behörden verboten. Dieses Verbot erfolgte nicht durch einen zweifelsfreien Nachweis der Hypothese, sondern aufgrund ihrer Akzeptanz in der Öffentlichkeit und unter politischen Entscheidungsträgern (Grundmann, 1999, S. 73). Im Jahr 1987 gelang ein Durchbruch auf internationaler Ebene, als 24 Staaten das Montrealer Protokoll unterzeichneten und sich zu einem schrittweisen Abbau der FCKW-Produktion und des Verbrauchs verpflichteten. Es folgten weitere

---

[7] Der Trick, die öffentliche Meinung zu beeinflussen, indem man wissenschaftliche Erkenntnisse in Zweifel zieht und einfach das Gegenteil behauptet, ist uralt. Um Falschinformationen zu streuen, braucht es nicht unbedingt soziale Medien – das Fernsehen reicht aus.

Verbote und neue technische Innovationen wie der FCKW-freie Kühlschrank, welche die Nutzung der Gase zum Großteil obsolet machte. Im Jahr 2013 berichtete das Helmholtz-Zentrum für Polar- und Meeresforschung einen leichten Rückgang des Ozonlochs (Alfred-Wegener-Institut, 2013).

> **Fazit**
> Die Geschichte der FCKW-Gase ist ein Positivbeispiel für das Potenzial von Wissenschaft, einen mehrheitsfähigen gesellschaftlichen Konsens herzustellen, der sinnvolle politische Maßnahmen auf internationaler Ebene zur Folge hat. Durch eine gezielte, forschungsbasierte Regulation konnte die Ausbreitung des Ozonlochs aufgehalten werden. Die Geschichte zeigt außerdem, was das Engagement von Wissenschaftlern bewirken kann. Auch wenn die Molina-Rowland-Hypothese nicht zu 100 % belegt war, wurden politische Maßnahmen beschlossen. Die Glaubwürdigkeit von Wissenschaftlern und das öffentliche Vertrauen in die Forschung sind mindestens genauso wichtig wie die Forschungsergebnisse an sich.

Wir dürfen nicht vergessen, dass ein einziger Wissenschaftler das Ozonloch erst möglich gemacht hat. Midgleys Erfindungen sind ein schillerndes Beispiel dafür, das Forschung massive, unbeabsichtigte Konsequenzen haben kann. Das Verhalten der Konzerne, die seine Erfindungen nutzten und verkauften, zeigt, was passiert, wenn die Wahrheit der Gier zum Opfer fällt. Doch wenn die Konsequenzen von Forschung so unberechenbar sind, sollten wir sie dann politischen Vorgaben unterordnen?

5.6 Das Ministerium für Wahrheit

In George Orwells dystopischem Science-Fiction-Roman „*1984*" gibt es ein Ministerium für Wahrheit, in dem die Geschichte regierungskonform umgeschrieben wird, um die bestehende totalitäre Ordnung zu rechtfertigen. Alle Fakten und Hinweise auf ein Scheitern des Kurses der Regierung werden korrigiert und ausgelöscht. Leider ist Orwell mit seinen pessimistischen Visionen nicht weit von der Realität entfernt, denn in seinem Buch greift er Elemente des Stalinismus auf.

Joseph Stalin (1878–1953), dem Regenten der Sowjetunion, war die Wissenschaft nicht zu Schade, um sie für seine Zwecke zu missbrauchen. Zwischen Wissenschaft und Politik gab es keinen Dialog, sondern Inhalt und Ergebnisse der „Forschung" wurden von der Politik diktiert. Stalin gelang es, den freien Diskurs innerhalb der Wissenschaft (und auch zwischen Wissenschaft und Gesellschaft) völlig zu unterbinden – mit katastrophalen Auswirkungen für die Bevölkerung, wie das folgende Beispiel zeigt.

Wie viele Regenten hatte Stalin unter den Wissenschaftlern einen Liebling: Trofim D. Lyssenko (1898–1976). Lyssenko war Agrarwissenschaftler[8] und seiner Ansicht nach wurden Lebewesen nicht durch Gene, sondern ausschließlich durch die Umwelt bestimmt – seine Lehre wurde als *„Lyssenkoismus"* bekannt (Medwedew, 1971). Auch wenn diese These nicht mit den damaligen wissenschaftlichen Erkenntnissen vereinbar war, genoss Lyssenko Stalins Ansehen. Und zwar nicht, weil er ein guter Wissenschaftler war, der seine Meinung auf Beobachtungen gründete, sondern weil er stets bereit war, die Wissenschaft den Prinzipien des Marxismus unterzuordnen.

Lyssenko vertrat die Überzeugung, dass Weizen und Roggen sich durch Umwelteinflüsse ineinander umwandeln lassen. Ferner glaubte er, Getreide durch Kälteschocks widerstandsfähiger machen zu können. Sein „Wissen" war politisch durchaus gefragt, denn in der Sowjetunion gab es Hungersnöte. Die Kombination aus verblendetem Wissenschaftler und totalitärem Staat mündete in wahnwitzige Experimente: Lyssenko veranlasste, große Flächen mit Weizen zu bepflanzen, die klimatisch nicht dafür geeignet waren. Die Folge waren Missernten, was die herrschenden Hungersnöte weiter verschärfte.

Wissenschaftler, die Lyssenko kritisierten oder sich weigerten, seine Ansicht zu übernehmen, wurden mundtot gemacht, politisch verfolgt, in Straflager gebracht und ermordet – unter ihnen der international angesehene Botaniker Nikolai Wawilow (1887–1943), der die *„Sowjetische Akademie für Landwirtschaftswissenschaften"* gründete, die nach seinem Tod von Lyssenko übernommen wurde.

Lyssenko schädigte damit nachhaltig den Ruf der sowjetischen Wissenschaft und deren Fähigkeit, haltbare Erkenntnisse zu generieren. Heute wird der

---

[8] Als ich diese Berufsbezeichnung hier eingefügt habe, sträubte sich etwas in mir – denn Lyssenkos Arbeitsweise lässt sich nicht als *wissenschaftlich* bezeichnen.

Begriff „*Lyssenkoismus*" als Synonym für Quacksalberei und die Unterordnung der Wissenschaft unter politische Vorgaben gebraucht.[9]

> **Fazit**
> Eine Unterordnung der Wissenschaft unter die Wunschvorstellungen der Politik kann dramatische Konsequenzen haben, die von Hungersnöten bis zur politischen Verfolgung von Wissenschaftlern reichen. Wenn Wissenschaft vollständig politisch kontrolliert wird, verliert sie ihre Fähigkeit, haltbare Erkenntnisse zu generieren. Dadurch wird die Glaubwürdigkeit wissenschaftlicher Erkenntnisse und das Vertrauen der Bevölkerung in wissenschaftliche Institutionen nachhaltig geschädigt.

Die Geschichte hat uns gezeigt, dass weder eine völlige Unterordnung der Wissenschaft unter politische Vorstellungen (Lyssenko) noch ein blindes Vertrauen in die absolute Wissenschaftsfreiheit (Midgley) dazu führen, dass Wissenschaft der Weltgemeinschaft nützt statt schadet. Die Kernfrage bleibt: Wie kann der Diskurs zwischen Wissenschaft und Gesellschaft so gestaltet werden, dass Wissenschaftler ihre Forschung frei betreiben und gleichzeitig ihre Erfindungen einen gesellschaftlichen Nutzen generieren (oder zumindest keinen Schaden anrichten)?

5.7 Technikfolgenabschätzung

Der Pfarrer und Naturforscher Jacob Christian Schäffer (1718–1790) war zugleich auf mehreren Gebieten ein Pionier: Er entwickelte und vertrieb nicht nur die erste mechanische Waschmaschine, sondern ging auch auf die Befürchtungen der Waschweiber ein, die um ihre Arbeit besorgt waren. Dazu verfasste er eine ausführliche Beschreibung zu seiner neuen Erfindung: *„Die Waschweiber, so in den Häusern waschen, können nunmehr an einem Tage bey zwo Haushaltungen waschen, und sich damit eben den Lohn verdienen, den sie*

---

[9] Im Zuge der Entwicklung der *Epigenetik*, die sich mit der Veränderung der Genaktivität durch Umwelteinflüsse befasst, erlebten Lyssenkos pseudowissenschaftliche Lehren eine Renaissance. Faktisch sind sie dennoch falsch, weil durch Umwelteinflüsse nicht das Gen an sich verändert wird: Die Umwelteinflüsse bestimmen nur, welche Genabschnitte an- und abgeschaltet werden. Das genetische Profil von Weizen lässt sich nicht einfach durch Umwelteinflüsse in das von Roggen verwandeln (Kolchinsky et al., 2017); siehe dazu auch eine Pressemitteilung der Universität Jena beim Informationsdienst Wissenschaft (Laudien, 2017).

sonst nur in einer Haushaltung verdienten." Auch die gesundheitlichen Folgen seiner Erfindung zog er in Betracht und schrieb, dass die Waschweiber vom langen Waschen *„an Händen und Füssen lahm oder sonst krank werden"* (Schäffer, 1766). Schäffer liefert hiermit wohl das erste historisch überlieferte Beispiel für eine umfassende *Technikfolgenabschätzung*: Statt seine Erfindung einfach der Welt preiszugeben, setzte er sich im Vorhinein mit den möglichen Konsequenzen auseinander.

Auch die moderne Technikfolgenabschätzung beschäftigt sich mit der Frage, welche Chancen und Risiken neue Technologien der Gesellschaft bieten.[10] Je nach Auftraggeber[11] und der Art der Technologie stehen unterschiedliche Aspekte im Vordergrund, beispielsweise die direkten Konsequenzen für die Nutzer der Technologie, die Folgen für die Umwelt oder die Auswirkung für die Gesellschaft als Ganzes. Dabei kommen die unterschiedlichsten Methoden zum Einsatz, von Computersimulationen und Dokumentanalysen bis hin zu Expertenbefragungen. Am Ende des Prozesses stehen politische Handlungsempfehlungen und Einschätzungen darüber, wie sich die Chancen neuer Technologie besonders gut nutzen und die Risiken effizient eingrenzen lassen (Böschen et al., 2021).

Das Problem dabei ist, dass sich die konkreten Auswirkungen einer neuen Technologie oft erst dann genau einschätzen und beurteilen lassen, wenn die Technologie bereits ausgereift und verbreitet ist. Hätte man beispielsweise bei der Erfindung der FCKW-Gase durch Thomas Midgley eine solche Abschätzung durchgeführt, wäre seine Erfindung problemlos angenommen worden – denn zu seinen Lebzeiten war noch nicht bekannt, dass FCKW-Gase die Ozonschicht zerstören (siehe Abschn. 5.5).

Auch die Chancen, welche die Erforschung neuer Technologien bietet, lassen sich im Vorhinein nicht genau vorhersagen. Beispielsweise war der französische Physiker Antoine Henri Becquerel (1852–1908) mit der Erforschung der Quelle der kurz zuvor entdeckten Röntgenstrahlung befasst. Er vertrat zunächst die Annahme, dass die Röntgenstrahlung durch bestimmte Stoffe (wie Uran) entsteht, die Lichtstrahlung absorbieren und wieder abgeben können

---

[10] Nach modernen Standards sollte die Technikfolgenabschätzung möglichst von einer unabhängigen Institution durchgeführt werden (und nicht vom Erfinder, der ein persönliches Interesse daran hat, seine Erfindung zu verkaufen und daraus Gewinn zu erwirtschaften).

[11] Meist sind die Institute für Technikfolgenabschätzung direkt an politische Einrichtungen (wie den Bundestag), wissenschaftliche Einrichtungen (wie Universitäten) oder in Unternehmen eingebunden und bearbeiten interne Aufträge. Es gibt aber auch unabhängige Einrichtungen wie das Institut für Technikfolgenabschätzung und Systemanalyse (ITAS) in Karlsruhe mit mehr als 100 Wissenschaftlern, die von Interessenvertretern aus Politik, Wirtschaft, Wissenschaft, Öffentlichkeit und von Nichtregierungsorganisationen mit einer Abschätzung beauftragt werden können.

(Fluoreszenz). Um seine Annahme zu überprüfen, verpackte er Fotoplatten in schwarzes Papier, legte ein Stück Uransalz darauf und legte es in die Sonne. Genau dort, wo das Uransalz lag, war die Platte geschwärzt. Becquerel sah sich in seiner Annahme bestätigt.

Doch dann schlug das Wetter um: Weil Becquerels Experimente auf das Sonnenlicht angewiesen waren, brach er seinen Versuche ab und legte die Platten mit dem Uransalz in eine Schublade. Als er die Platten wieder aus der Schublade nimmt, sieht er zu seinem Erstaunen, dass die Umrisse des Uransalzes auf den Platten abgebildet sind – und das ganz ohne Sonnenlicht. Die Ursache dafür scheint eine Strahlung zu sein, die direkt von den Uransalzen ausgeht. Becquerel hatte die *radioaktive Strahlung* entdeckt.[12]

Die Entdeckung radioaktiver Strahlung ist die Grundlage für die Energieerzeugung in Kernkraftwerken. Aber auch in der Nuklearmedizin (Diagnostik und Strahlentherapie) und in der Archäologie (zur Bestimmung des genauen Alters von archäologischen Artefakten) ist sie von entscheidender Bedeutung. Für Becquerel selbst war seine Forschung auch sein Todesurteil, denn er experimentierte ohne die heutigen Sicherheitsvorkehrungen mit radioaktiven Substanzen und trug sie in seinen Jacken- und Hosentaschen mit sich herum. Dennoch liefert seine Beobachtung der radioaktiven Strahlung ein eindrückliches Beispiel für die enormen Auswirkungen von *zufälligen Entdeckungen und Erfindungen,* die sich durch die Technikfolgenabschätzung nicht oder nur schwer abdecken lassen.

Heute ist die Situation eine andere, denn *wir wissen viel mehr als vor 100 Jahren.* Wir müssen uns nicht wie Becquerel unnötigen Gefahren aussetzen und verfügen über Grundlagenwissen, das es uns erlaubt, die Chancen und Risiken neuer Technologien besser abzuschätzen und zu bewerten. Heute ist es offensichtlich, dass neue Technologien, die z. B. CO_2 aus der Luft absorbieren können, förderungswürdig sind, weil sie die Erderwärmung reduzieren. Auch die Erforschung erneuerbarer Energien und entsprechender Speichersysteme ist wichtig und notwendig. In vielen Bereichen ist es klar, welche Technologie eine Zukunft hat und welche nicht. Hätten Politiker die wissenschaftlichen Resultate in der Vergangenheit ernst genommen, wäre uns vielleicht sogar der Klimawandel, wie wir ihn heute erleben, erspart geblieben: Schon 1986 sprach Dr. Carl Sagan, ein Klimaforscher, vor dem US-Kongress über den CO_2-Ausstoß und dessen physikalische Konsequenzen (Sagan, 2021). In den Jahren danach investierten die USA (und der Konzern Exxon Mobile) Milliarden in
pagebreak

---

[12] Dieser Begriff wurde erstmals von seiner Doktorandin Marie Curie verwendet. Becquerel und das Ehepaar Curie erhielten für ihre Entdeckung im Jahr 1903 den Nobelpreis für Physik (Hillebrandt, 2021).

klimaschädliche Technologie: Im Jahr 2023 hat die Erdölproduktion in den USA sogar einen historischen Höchststand erreicht (Statista Research Department, 2024).

> **Fazit**
>
> Eine Möglichkeit, Forschung in eine konstruktive Richtung zu lenken, ohne die Wissenschaftsfreiheit den vorherrschenden politischen Vorstellungen unterzuordnen, ist die *Technikfolgenabschätzung*, in der die Chancen und Risiken neuer Technologien systematisch erörtert werden. Dabei werden unterschiedliche wissenschaftliche Methoden (Computersimulationen, Dokumentanalysen, Expertenbefragungen usw.) genutzt, um die Folgen der Entwicklung und Verbreitung neuer Technologien *abzuschätzen*, zu *bewerten* und in *politische Handlungsempfehlungen* umzusetzen. Diese Abschätzung ist wichtig, da wissenschaftlich-technischer Fortschritt unser Leben nicht nur positiv beeinflusst, sondern häufig unerwartete und unerwünschte Folgen (z. B. Klimawandel, Umweltprobleme, Datenmissbrauch, Suchtverhalten, Radikalisierung) mit sich bringt.

Literatur

Alfred-Wegener-Institut. (2013, 12. Juni). Das Ozonloch über der Antarktis wird kleiner: Langzeitmessungen an deutscher Forschungsstation belegen Erholung der Ozonschicht. https://www.awi.de/ueber-uns/service/presse/presse-detailansicht/das-ozonloch-ueber-der-antarktis-wird-kleiner-langzeitmessungen-an-deutscher-forschungsstation-belegen-erholung-der-ozonschicht.html. Zugegriffen: 31. Juli 2024.

Böschen, S., Grunwald, A., Krings, B. J., & Rösch, C. (2021). *Technikfolgenabschätzung: Handbuch für Wissenschaft und Praxis*. Nomos.

Cook, J. (2010, Juli). Fakt ist: Weit mehr als 90 Prozent der Klimaforscher sind überzeugt, dass der Mensch den gegenwärtigen Klimawandel verursacht. https://www.klimafakten.de/behauptungen/behauptung-es-gibt-noch-keinen-wissenschaftlichen-konsens-zum-klimawandel. Zugegriffen: 30. Juli 2024.

Cook, J., Nuccitelli, D., Green, S. A., Richardson, M., Winkler, B., Painting, R., Way, R., Jacobs, P., & Skuce, A. (2013). Quantifying the consensus on anthropogenic global warming in the scientific literature. *Environmental Research Letters, 8*(2), 024024. https://doi.org/10.1088/1748-9326/8/2/024024.

Doran, P. T., & Zimmerman, M. K. (2009). Examining the scientific consensus on climate change. *Eos, Transactions American Geophysical Union, 90*(3), 22–23. https://doi.org/10.1029/2009EO030002.

Dudenredaktion. (2020). *Euthanasie* (28. Aufl.). Dudenverlag. https://www.duden.de/rechtschreibung/Euthanasie. Zugegriffen: 30. Juli 2024.

Fletcher, D. (2010). The 50 worst inventions. *Time Magazine*. https://content.time.com/time/specials/packages/completelist/0,29569,1991915,00.html. Zugegriffen: 21. Juli 2024.

Grundmann, R. (1999). *Transnationale Umweltpolitik zum Schutz der Ozonschicht: USA und Deutschland im Vergleich*. Campus.

Habermas, J. (1981). *Theorie des kommunikativen Handelns: Bd. 1. Handlungsrationalität und gesellschaftliche Rationalisierung, Bd. 2: Zur Kritik der funktionalistischen Vernunft*. Suhrkamp.

Hillebrandt, T. (2021, 24. Februar). Vor 125 Jahren entdeckt Henri Becquerel die Strahlung von Uran. https://www.swr.de/wissen/125-jahre-entdeckung-der-strahlung-von-uran-100.html. Zugegriffen: 26. Aug 2024.

Kettering, C. F. (1947). *Biographical Memoir of Thomas Midgley Jr. 1889–1944*. National Academy of Sciences.

Kolchinsky, E. I., Kutschera, U., Hossfeld, U., & Levit, G. S. (2017). Russia's new Lysenkoism. *Current Biology, 27*(19), R1042–R1047. https://doi.org/10.1016/j.cub.2017.07.045.

Laudien, S. (2017, 10. Oktober). Lyssenkoismus in Russland: Ein Zombie kehrt zurück. https://idw-online.de/de/news682475. Zugegriffen: 31. Juli 2024.

Lidsky, T. I., & Schneider, J. S. (2003). Lead neurotoxicity in children: Basic mechanisms and clinical correlates. *Brain, 126*(1), 5–19. https://doi.org/10.1093/brain/awg014.

McNeill, J. R. (2001). *Something new under the sun: An environmental history of the twentieth-century world (the global century series)*. W. W. Norton & Company.

Medwedew, S. A. (1971). *Der Fall Lyssenko. Eine Wissenschaft kapituliert*. Deutscher Taschenbuch Verlag.

Molina, M. J., & Rowland, F. S. (1974). Stratospheric sink for chlorofluoromethanes: Chlorine atom-catalysed destruction of ozone. *Nature, 249*(5460), 810–812. https://doi.org/10.1038/249810a0.

Neyer, F. J., & Asendorpf, J. B. (2024). Geschlechterunterschiede. In *Psychologie der Persönlichkeit* (7. Aufl., S. 401–445). Springer. https://doi.org/10.1007/978-3-662-67385-0.

Pearce, F. (2017). The one-man environmental disaster. *New Scientist, 234*(3129), 42–43. https://doi.org/10.1016/S0262-4079(17)31121-1.

Sagan, C. (2021, 19. August). Carl Sagan testifying before Congress in 1985 on climate change. https://www.youtube.com/watch?v=Wp-WiNXH6hI. Zugegriffen: 31. Juli 2024.

Schäffer, J. C. (1766). *Die bequeme und höchstvortheilhafte Waschmaschine*. Zunkel.

Statista Research Department. (2024, 10. Juli). Erdölproduktion der USA in den Jahren 1965 bis 2023. https://de.statista.com/statistik/daten/studie/40251/umfrage/usa-erdoelproduktion-in-millionen-tonnen/. Zugegriffen: 26. Aug. 2024.

Strobl, I. (2019, 22. Oktober). Frauenbewegung. https://www.planet-wissen.de/geschichte/deutsche_geschichte/frauenbewegung_der_kampf_fuer_gleichberechtigung/index.html. Zugegriffen: 30. Juli 2024.

Veritasium. (2022, 22. April). The man who accidentally killed the most people in history. https://www.youtube.com/watch?v=IV3dnLzthDA. Zugegriffen: 31. Juli 2024.

Vosoughi, S., Roy, D., & Aral, S. (2018). The spread of true and false news online. *Science, 359*(6380), 1146–1151. https://doi.org/10.1126/science.aap9559.

6

Die Legitimationskrise

Die Forschung steckt seit Jahrzehnten in einer Legitimationskrise. Ihr Anspruch, die Natur zu verstehen, zu unterwerfen und verfügbar zu machen, wird durch ökologische Katastrophen infrage gestellt. Max Weber dachte, dass die gesellschaftliche Modernisierung durch eine zunehmende Rationalisierung gekennzeichnet ist: Seine These lautete, dass das menschliche Handeln der Vernunft untergeordnet wird. Menschen handeln nicht nach Tradition oder Gefühl, sondern denken, planen und begründen. Eine Konsequenz der Rationalisierung ist, dass das Leben immer berechenbarer, vorhersehbarer und beherrschbarer wird – nicht zuletzt durch wissenschaftliche Erkenntnisse.

Webers Analyse mag zu seiner Lebenszeit treffend gewesen sein – heute aber sind wir desillusioniert. Der Sozialstaat steht unter Druck: Renten, Gesundheits- und Altersvorsorge werden ungewiss. Die Arbeitswelt ist im stetigen Wandel: An vielen Stellen weichen sichere Jobs flexibleren Arbeitsmodellen. Eine Wohnung oder gar ein Haus in einer städtischen Region können sich immer weniger Menschen leisten. Große Teile der Mittelschicht haben Abstiegsangst. Die Pandemie hat uns gezeigt, dass selbst Seuchen zurückkommen können. Auch auf individueller Ebene ist das Leben ungewiss: Statt einem vorgegebenen Lebensweg zu folgen, der auf geteilten Werten basiert, reiten wir Wellen und wissen nicht mehr, was in zehn Jahren ist. Zudem bahnt sich eine ökologische Krise an. Es scheint nicht so, als würden wir die Natur immer besser beherrschen, sondern als hätte unser Wissen über die Nutzbarmachung der Natur den gegenteiligen Effekt: *Wir zerstören die Natur, und die Natur zerstört uns.* Die „Nebenfolgen" unseres „rationalen" Handelns sind mittlerweile so umfassend, dass sie als *Haupteffekt* verstanden werden müssen. Wenn Rationalisierung bedeutet, dass die Welt immer berechenbarer, vorhersehbarer und beherrschbarer wird, scheint es heute so, als hätte die Modernisierung eher zu einer *De-Rationalisierung* geführt.

Zeitgenössische Soziologen, die der Postmoderne zuzuordnen sind, stellen den ewigen Fortschritt infrage. Nach Bruno Latour (*1947) ist eine immer weiter zunehmende Beherrschung der Natur nicht möglich; stattdessen sollten wir aufhören zu denken, dass wir von der Natur getrennt sind: Die zentrale Unterscheidung zwischen Gesellschaft, die durch Menschen beeinflusst werden kann, und Natur, die objektiv gegeben und instrumentalisierbar ist, ist *falsch* (Latour, 2008). Ein Glaube an diese Unterscheidung führt dazu, dass wir mithilfe neuer Technologien die Natur *scheinbar* unterwerfen. Tatsächlich erschaffen wir sogenannte *Hybride* wie den Klimawandel oder das Ozonloch, die unkontrollierbar scheinen und die Kontrolle über unser Leben zu übernehmen drohen.[1]

Latour plädiert dafür, jedes Phänomen als *Netzwerk* aus Wissenschaft, Politik, Ökonomie, Recht, Religion, Technik, Fiktion und Natur zu sehen. Mit anderen Worten: Was in der Natur passiert, wird durch unser Handeln beeinflusst, und was wir tun, wird durch die Natur bestimmt. Zum Beispiel ist das Ozonloch so stark in gesellschaftliche und erzählerische Zusammenhänge eingebunden, dass es nicht als reine Natur betrachtet werden kann. Gleichzeitig sind die Strategien von Unternehmen und Staatschefs so sehr auf natürliche chemische Prozesse angewiesen, dass sie nicht allein auf Macht und Eigeninteressen zurückgeführt werden können (Latour, 1995, S. 15).

Dasselbe gilt auch für wissenschaftliche Erkenntnisse. Wenn Wissenschaft in einem sozialen Kontext stattfindet, sind auch deren Erzeugnisse – Theorien genauso wie empirische Befunde – auf eine komplexe Interaktion verschiedener Netzwerkelemente zurückzuführen. Das, was wir als Wissen über die Beschaffenheit der Natur, also als gedankliches Abbild der Materie bezeichnen, ist tatsächlich eine soziale Konstruktion (Schimank, 2000).

Das klingt zunächst verrückt, denn es bedeutet, dass unsere objektiv geglaubten naturwissenschaftlichen Erkenntnisse nicht mehr sind als ein soziales Produkt. Es gibt aber einige Überlegungen, die durchaus dafür sprechen:

- Wirtschaft und Politik finanzieren Wissenschaft und haben somit Einfluss darauf, welcher Aspekt der Wirklichkeit erforscht wird.
- Aktuelle Trends (z. B. künstliche Intelligenz oder soziale Gerechtigkeit) beeinflussen maßgeblich, welche Forschungsprojekte finanziert werden.
- Wissenschaftler sind angebunden an eine Institution (z. B. Universität), die Regeln und Rechte für die Forschung vorgibt.

---

[1] Latour kritisiert keineswegs nur die Naturwissenschaften. Auch die Sozialwissenschaften haben mit dem Begriff *Gesellschaft* eine fiktionale Trennungslinie zur Natur gezogen, die nicht wirklich vorhanden ist.

- Wissenschaftler existieren nicht in einem Vakuum, sondern tauschen ihre Theorien mit der Wissenschaftsgemeinschaft aus.
- Theorien setzen sich nicht nur durch, wenn sie wahr sind, sondern wenn eine breite Allianz an Wissenschaftlern sie als gültig anerkennt (im Optimalfall entsteht diese Anerkennung durch überzeugende *Evidenz*, siehe Abschn. 5.4).
- Theorien setzen sich auch dann durch, wenn ihre praktischen Konsequenzen zu den Interessen der außerwissenschaftlichen Akteure (z. B. Politiker) passen.
- Wissen wird in Form von Sprache (z. B. Englisch) gespeichert und weitergegeben, die ihrerseits ebenfalls sozial konstruiert ist und sich historisch verändert.

Ein Vorwurf, den Vertreter dieser Ansicht oft zu hören bekommen, ist, dass sie mitverantwortlich sind für die Entstehung von Verschwörungstheorien. Wenn alles relativ, sozial konstruiert und fluide ist, gibt es keine gesicherten Fakten, auf deren Basis man politische Maßnahmen begründen kann.

Ich würde nicht soweit gehen, wissenschaftliche Erkenntnisse über die Beschaffenheit der Natur als *rein sozial konstruiert* abzutun. Ich glaube auch nicht, dass es das ist, was Latour meint. Empirische Befunde über die Existenz des Ozonlochs oder revolutionäre Ideen wie die Relativitätstheorie sind weder rein sozial konstruiert noch nur der Natur zuzuordnen, sondern ein *Zusammenspiel aus natürlichen und sozialen Ereignissen*. Das eine derartige Hirnakrobatik nötig ist, um nicht in die Falle der Einseitigkeit zu tappen, zeigt, wie tief der Glaube an eine Trennung zwischen Gesellschaft und Natur in unserem Denken verankert ist.

Fazit
Modernisierung führt nicht nur zu einer immer weiter fortschreitenden Rationalisierung und Unterwerfung der Natur, sondern auch zur Aufweichung gesellschaftlicher Strukturen und der Zerstörung von Ökosystemen. Durch den Glaube an die Trennung zwischen einer menschengemachten Gesellschaft und einer objektiven, instrumentalisierbaren Natur, sind *Hybride* (wie das Ozonloch oder der Klimawandel) entstanden, welche die Kontrolle über unser Leben zu übernehmen drohen. Wissenschaftliche Erkenntnisse können als soziales Produkt verstanden werden, weil sie aus einem Netzwerk aus Wissenschaft, Politik, Wirtschaft und Natur entstehen.

Latour stellt unser Verständnis moderner Gesellschaften auf den Kopf. Laut ihm ist eine moderne Gesellschaft weder durch eine zunehmende Rationalisierung[2] noch durch eine zunehmende Unterwerfung der Natur geprägt. Somit stellt er auch die Rolle der Wissenschaft infrage, denn sie generiert Erkenntnisse, die zur scheinbaren Unterwerfung der Natur eingesetzt werden – tatsächlich produziert sie aber unbeabsichtigte Nebenfolgen. Latour hinterlässt eine Lücke in unserem Verständnis von dem, was Wissenschaft in einer modernen Gesellschaft bedeutet. Es braucht ein neues Prinzip, dass die Modernisierung erklären kann und auch auf die Wissenschaft anwendbar ist.

6.1 Forschung und Beschleunigung

In Heinrich Bölls *Anekdote zur Senkung der Arbeitsmoral* (Böll, 1963) trifft ein Unternehmer, der seinen Urlaub in einem Hafenstädtchen verbringt, auf einen geruhsamen, armen Fischer, der in seinem Boot liegt und schläft. Der Unternehmer fotografiert die idyllische Szene und weckt dabei den Fischer auf. Sie kommen ins Gespräch und unterhalten sich über den Fischfang und die gemächliche Arbeitsphilosophie. Als der Unternehmer erfährt, dass der Fischer nur selten ausfährt, ist sein unternehmerischer Ehrgeiz geweckt. *„Stellen Sie sich vor, Sie würden ein zweites oder drittes Mal ausfahren! Könnten Sie Ihren Fang dann nicht verdoppeln oder gar verdreifachen?"* Der Fischer nickt, versteht aber nicht, was ihm das bringen sollte. Da belehrt ihn der ungeduldige Unternehmer: *„Sie würden sich spätestens in einem Jahr einen Motor kaufen können, in zwei Jahren ein zweites Boot, in drei oder vier Jahren vielleicht einen kleinen Kutter haben, mit zwei Booten und dem Kutter würden Sie natürlich viel mehr fangen. Sie würden ein kleines Kühlhaus bauen, vielleicht eine Räucherei, später eine Marinadenfabrik, mit einem eigenen Hubschrauber rundfliegen, die Fischschwärme ausmachen und Ihren Kuttern per Funk Anweisung geben."* Doch der Fischer, ungerührt von der Vision des Unternehmers, fragt immer noch verständnislos: *„Was dann?" „Dann"*, sagt der Unternehmer mit innerem Entzücken, *„dann könnten Sie hier im Hafen sitzen, in der Sonne dösen und auf das herrliche Meer*

---

[2] Die These der De-Rationalisierung ist durchaus umstritten. In einigen Bereichen wird das Leben durchaus noch besser vorhersehbar, zum Beispiel können durch die Analyse großer Datenmengen genaue Aussagen über das Auftreten von Krankheiten getroffen werden. In einigen Bereichen schreitet die Rationalisierung immer weiter fort, in anderen Bereichen (vor allem bei Umweltfragen) fällt es schwer zu glauben, dass wir zunehmend *rational* handeln.

blicken." „Aber genau das tue ich doch längst", antwortet der Fischer und endet: *„Nur Ihr Klicken hat mich dabei gestört."*[3]

Heinrich Böll bringt in seiner Geschichte den Wahnsinn der modernen Gesellschaft auf den Punkt. Das Interessante daran ist, dass er gleichzeitig den Narrativ des *Immer höher, immer schneller, immer weiter, immer mehr!* der modernen Gesellschaft umdreht und lächerlich macht. Das Verhalten und die Vision des Unternehmers scheinen gleichsam irrational, weil sie dem Fischer nichts nützen. Die Zeit der Muße, die ihm zur Verfügung steht, wird nicht mehr, selbst wenn er eine ganze Fregatte an Fischerbooten besitzt.

So einfach wie für den Fischer, der sich nach dem aufregenden Gespräch mit dem Unternehmer einfach wieder in die Sonne legt, ist es für moderne Menschen nicht. Denn die meisten von uns leben nicht abseits in einer geruhsamen Hafenstadt, sondern in einer globalen Gesellschaft, deren Geschwindigkeits- und Beschleunigungsdruck uns dazu zwingen, wie der Unternehmer zu agieren: Den Drang zu Leistung, Gewinn und Zeitsparen haben wir längst verinnerlicht.

Ich möchte in diesem Kapitel skizzieren, was Beschleunigung ist, und wie sie nahezu alle Lebensbereiche erfasst und verändert hat. Dabei werde ich die Rolle der Wissenschaft in diesem Prozess genau herausarbeiten, die gleichermaßen ein *Motor* als auch ein *Produkt* der Beschleunigungsgesellschaft ist.

6.1.1 Das Versprechen einer besseren Zukunft

Das Jenseits ist Geschichte. Mit der Aufklärung kam die Überwindung kirchlicher Autoritäten und verbindlicher Traditionen, das Versprechen auf ein *besseres Leben nach dem Tod* verlor in breiten Teilen der Gesellschaft seine Legitimität. An dessen Stelle traten Vernunft und Fortschritt im Diesseits und das Versprechen einer besseren Welt. Doch warum hat sich gerade die Definition von Fortschritt durchgesetzt, die auf einer ständigen Steigerung der Geschwindigkeit beruht?

Beschleunigung ist zum *Ewigkeitsersatz* geworden. Weil wir nicht mehr ohne zu zweifeln an ein Leben nach dem Tod glauben können, versuchen wir *mehrere Leben in einer Lebensspanne unterzubringen*. Wenn uns das gelingt, brauchen wir den Tod als Vernichter von Möglichkeiten nicht mehr zu fürchten, denn wir haben unser Leben gelebt, unsere Lebenszeit voll ausgeschöpft und auf dem Totenbett nichts zu bereuen (Rosa, 2012, S. 203).

Um das zu erreichen, haben wir eine Multioptionsgesellschaft mit nahezu unbegrenzten Möglichkeiten zur Familien-, Arbeits- und Freizeitgestaltung

---
[3] Diese Version der Geschichte stammt von Ulrich Schnabel (2010, S. 167 f).

geschaffen, die kaum einen Wunsch unerfüllt lässt. Dabei sind wir der Illusion aufgesessen, dass wir frei über unsere Zeit bestimmen können. Tatsächlich entscheiden längst andere über unser Lebenstempo – denn wenn wir ein langsameres Tempo anschlagen, verfehlen wir nicht nur unsere Lebensziele, sondern laufen Gefahr, wirtschaftlich abgehängt und sozial isoliert zu werden.

6.1.2 Beschleunigung und Konkurrenzdruck

„Zeit ist Geld."
– Benjamin Franklin (1706–1790)

Was zu Benjamin Franklins Lebzeiten galt, hat in einer globalisierten Welt, deren Wirtschaftssystem auf Wettbewerb beruht, nichts von seiner Bedeutung verloren. Wenn der geruhsame Fischer heutzutage noch ein Weilchen in seinem Boot liegen würde, hätte er bald sein Geschäft und seine Arbeit verloren. Denn sein ruhiges Leben kann er nur solange führen, wie die anderen Fischer es ihm gleichtun. Aber sobald sie sich die Verhaltens- und Wertvorstellung des Unternehmers zu eigen machen, würden sie aufrüsten und mehr Fische fangen als er. Die Marktpreise würden sinken und eine einmalige Ausfahrt am Tag würde nicht mehr reichen, um seinen Lebensunterhalt zu finanzieren. Um konkurrenzfähig zu bleiben, müsste er sich ebenfalls der verführerischen Vision des Unternehmers hingeben und von seinem Boot zu einer Flotte aufrüsten.

Doch selbst dann wäre der Fischer nicht vor der Konkurrenz gefeit. Die könnte nämlich in andere Gebiete expandieren, neue Gewässer erschließen und neue Boote bauen, die den Fischfang noch schneller und effizienter machen. Selbst wenn unser Fischer ein Monopol hätte, müsste er an die Börse gehen und sich permanent um Neuinvestitionen, Schiffsversicherungen, neue Mitarbeiter, die Zufriedenheit der Anteilseigner seines Unternehmens und viele weitere Dinge kümmern. Tut er dies nicht, besteht permanent die Gefahr, einen Fehler zu machen, vom Markt gedrängt zu werden und in der Bedeutungslosigkeit zu verschwinden. Die Zeit zum geruhsamen Angeln würde er wahrscheinlich erst wieder finden, wenn er in Rente geht.

Die kapitalistische Wirtschaftsform hat somit einen maßgeblichen Einfluss auf die Intensität der Beschleunigung. Wenn eine Gesellschaft auf Konkurrenz und Wettbewerb ausgelegt ist, müssen wir *immer weiter zulegen, um überhaupt mithalten zu können.* Der Vorteil für die Konsumenten ist, dass die Produkte immer billiger und besser werden, wenn die Produzenten miteinander im Wettbewerb stehen. Für die Produzenten, Kapitalisten sowie Arbeitskräfte entsteht dadurch aber ein ungeheurer Druck – sie befinden sich in einem ständigen Wettlauf gegen die Zeit.

Doch wenn selbst mächtige Unternehmer unter dem ständigen Beschleunigungsdruck zu leiden haben, warum treten wir dann nicht einfach aus der Beschleunigungsspirale aus? Um das zu verstehen, müssen wir einen tieferen Einblick in die Facetten der Beschleunigung wagen. Die folgenden drei Kapitel widmen sich deshalb der (1) technischen, (2) sozialen und (3) individuellen Beschleunigung, die unser modernes Zusammenleben bestimmen.

6.1.3 Teil I: Die technische Beschleunigung

Technische Beschleunigung meint die *absichtliche Steigerung der Geschwindigkeit zielgerichteter Prozesse.* Durch neue Technologien erhöhen wir das Tempo der Kommunikation, Produktion und Transporte (Rosa, 2012, S. 190). Die Geschichte gibt uns viele Beispiele für technische Beschleunigung: Wo früher persönliche Mitteilungen per Brief erledigt wurden, haben diese Funktion heute E-Mails, Social-Media-Plattformen und Messengerdienste übernommen. In der Produktion wurde Handarbeit zunächst durch Dampfmaschinen ersetzt, die wiederum von Fließbändern abgelöst wurde. Heute sind viele Arbeitsprozesse automatisiert und werden von Robotern ausgeführt. Der Transport wurde über Jahrmillionen zu Fuß erledigt, daraufhin wurden Tiere domestiziert, Kutschen und Schiffe gebaut, um Personen und Waren von A nach B zu schaffen. Später kamen Fahrrad, Eisenbahn, Auto und Flugzeug dazu, die bis heute den Personen- und Güterverkehr dominieren.

Die unaufhaltsame technische Beschleunigung, die noch nicht abgeschlossen ist, scheint ein universelles Grundprinzip der Modernisierung zu sein. Sie ist deshalb so wichtig und interessant, weil sie von der Wirtschaft verlangt und durch die Wissenschaft vorangetrieben wird. Unsere heutige Wirtschaft wird durch Wettbewerbsvorteile bestimmt: Wer über mehr Ressourcen (Zeit und Geld) verfügt, gewinnt das Rennen. Laut dem Soziologen Hartmut Rosa (2012, S. 202) entsteht dadurch für Unternehmen der Druck, ihre Produktions-, Transport- und Kommunikationswege immer weiter zu verkürzen. Wirtschaftliche Akteure reagieren somit auf die Verknappung ihrer Zeitressourcen mit dem Ruf nach technischer Beschleunigung (z. B. schnellere Datenübertragung, digitale Verwaltung, effektivere Management-Systeme etc.) – und diese neuen Technologien werden durch die Wissenschaft erforscht.

In der Konsequenz entwickeln die wirtschaftlichen Akteure selbst zeitsparende Technik und setzen teilweise zweifelhafte Methoden ein. Die Zeitnot ist mittlerweile so groß, dass Unternehmen gezwungen sind, ihre Produkte auf dem Markt anzubieten, bevor sie wirklich fertig sind. Egal ob Lebensmittel, Laptops oder Bordelektronik: Die Produkte werden aus Mangel an Zeit und Geld an Kunden verkauft, die dann enttäuscht Mängel feststellen müssen. Das hat beispielsweise in der Autoindustrie zu massiven Rückrufaktionen geführt (Asendorpf, 2010).[4]

> **Fazit**
> Technische Beschleunigung bezeichnet die absichtliche Steigerung der Geschwindigkeit zielgerichteter Prozesse. Unternehmen verlangen aufgrund von Zeit- und Konkurrenzdruck nach neuen zeitsparenden Technologien. Mit der Zeit werden diese Technologien von anderen Unternehmen übernommen und der Wettbewerbsvorteil bleibt aus. Dadurch entsteht erneut das Bedürfnis, mehr Zeit einzusparen, um einen Vorteil zu erzielen, was wieder zur Entwicklung entsprechender Technologien führt.

Die Wechselwirkung aus technischer Beschleunigung und eines auf Wettbewerb und Konkurrenz basierenden Wirtschaftssystems kann die stetige Zunahme an Geschwindigkeit in der Arbeitswelt erklären. Doch eine Frage bleibt offen: Wenn uns immer mehr zeitsparende Technologie zur Verfügung steht, warum haben wir nicht mehr Zeit zur Verfügung und leben langsamer, ruhiger und bewusster? Die technische Beschleunigung, deren Ziel es ist, mühsame Prozesse zu verkürzen und uns mehr Zeit zu verschaffen, scheint genau den gegenteiligen Effekt zu haben. Wir leiden kollektiv unter Zeitnot und haben ständig das Gefühl, dass die Zeit *zu knapp* ist. Um diesen Zusammenhang zu verstehen, widmen wir uns einem anderen Aspekt der Beschleunigung.

---

[4] Tatsächlich ist die Anzahl der Rückrufaktionen in der Autoindustrie seit der Veröffentlichung des Artikels von Asendorpf im Jahr 2010 noch weiter angestiegen (Statista Research Department, 2024).

6.1.4 Teil II: Die Beschleunigung des sozialen und kulturellen Wandels

In einer Gesellschaft, die sich immer wieder neu erfinden muss, sind Wissenschaft und technologischer Fortschritt der Beschleunigungsmotor – und zwar nicht nur für den technischen, sondern auch für den sozialen Wandel. Beschleunigung bedeutet keineswegs nur eine zunehmende Geschwindigkeit von Kommunikation, Produktion und Transport. Auch der soziale und kulturelle Wandel beschleunigt sich und wir sind dazu gezwungen, unsere Verhaltens- und Denkmuster immer wieder neu anzupassen.

Früher konnten bestimmte Verhaltens- und Denkmuster Jahrzehnte oder sogar Jahrhunderte lang angewendet werden, ohne dass eine einschneidende Veränderung nötig gewesen wäre. Jäger- und Sammlergesellschaften richten ihr Leben nach der *Tradition* ihrer Ahnen aus. Das ist nur möglich, wenn die Umwelt relativ konstant ist und keine ständige Reorganisation der Gesellschaftsform und der jeweils herrschenden Denk- und Verhaltensmuster verlangt. Die Gesellschaft und die Lebensumwelt des Menschen hat es erlaubt, aus der *Erfahrung* heraus zu leben.

Gelerntes aus der Vergangenheit konnte in die Zukunft übertragen werden. Auch im Mittelalter übte ein Bäcker sein Handwerk in der Regel ein Leben lang aus. Er konnte sogar davon ausgehen, dass die Bäckerei auch nach seinem Tod noch Bestand hat, und dass die Kinder sein Erbe weiterführen und einfach weiter machen konnten wie bisher. Diese traditionalistische Lebensweise mag uns heute rückständig erscheinen, da sie mit allerlei Zwängen einherging. Sie sicherte aber auch den gesellschaftlichen Zusammenhalt und machte das Leben in Teilen vorhersehbar – denn alles hatte seinen Platz.

Durch die hohe Dichte an technischen Innovationen der Moderne wurde die Möglichkeit, aus Tradition und Erfahrung heraus zu leben, zunächst infrage gestellt und dann zunichte gemacht. Kaum ein moderner Mensch würde von sich behaupten, es genauso machen zu können wie vor 100 Jahren und ernsthaft daran glauben, damit Erfolg zu haben.

Heutzutage müsste unser Bäcker mit allerlei gesellschaftlichen und marktwirtschaftlichen Entwicklungen mithalten. Mit den Jahrzehnten sind Hygieneauflagen, Maßnahmen zur Qualitätssicherung, Nachhaltigkeitsvorgaben, fluktuierende Preisentwicklungen, weltweite Ex- und Importe von Getreide, konkurrierende Betriebe und Großkonzerne, Werbekosten und zahlreiche technische Neuerungen hinzugekommen. All diese Einschränkungen und Möglichkeiten – die sich zudem ständig verändern können – erfordern die wiederholte Anpassung des Verhaltens des Bäckers. Wenn er weiterhin nur Brot bäckt, wird er seinen Laden schließen müssen. Natürlich gab es auch im Mittelalter schon Neuerungen, an die sich unser Bäcker hätte anpassen müssen, aber die *Geschwindigkeit*, mit der die Neuerungen auftreten, ist stark angestiegen. Statt unsere eigene Erfahrung und die unserer Vorfahren auf die Zukunft anwenden zu können, müssen wir uns eingestehen: *Was gestern noch galt, gilt morgen nicht mehr. Was gestern noch normal war, ist heute verwerflich. Was gestern ein Segen war, kann sich schon morgen als Fluch herausstellen.*

Die Beschleunigung des sozialen Wandels lässt sich auch daran bemessen, wie schnell neue Innovationen sich durchsetzen. Während zu Beginn der Industrialisierung die wuchtige und lärmende Eisenbahn noch als *Teufelswerk* empfunden wurde, stehen die Menschen im Laufe der Modernisierung technischen Neuerungen immer offener gegenüber: Von der Entwicklung des Rundfunkgeräts gegen Ende des 19. Jahrhunderts bis zu seiner Verbreitung auf 50 Mio. Hörer vergingen 38 Jahre. Das Fernsehen, das rund 25 Jahre später eingeführt wurde, erreichte diese Verbreitung bereits in 13 Jahren. Nach der Erfindung des Internets vergingen *nur vier Jahre, bis 50 Mio. Menschen einen Internetanschluss hatten* (Rosa, 2012, S. 192). Diese Innovationen gingen immer auch mit einer Veränderung der Handlungspraktiken einher, weil sie gänzlich neue Berufs-, Beziehungs-, Bewegungs- und Kommunikationsmuster zwischen Menschen erlauben (Rosa, 2012, S. 201).

Wie wichtig es ist, mit der sozialen und kulturellen Entwicklung *Schritt zu halten*, zeigt sich auch in unserer Sprache. Menschen in ländlichen Regionen, die weniger stark von der Beschleunigung betroffen sind, einen geruhsamen Lebensstil pflegen, konservative Einstellungen haben oder scheinbar nicht mit den politischen, gesellschaftlichen und kulturellen Veränderungen mithalten können, werden kritisch beäugt oder als *abgehängt, veraltet oder sogar zurückgeblieben* bezeichnet. Das gilt auch für alte Menschen, die aufgrund von Altersstereotypen fälschlicherweise als unproduktiv, unflexibel und allem voran als langsam wahrgenommen werden, was sich negativ auf ihre Berufschancen auswirkt (Posthuma & Campion, 2009). Die Beschleunigung des sozialen und kulturellen Wandels bringt nicht nur Gewinner hervor, sondern wirft viele zurück, die (scheinbar) mit der gesellschaftlichen Entwicklung nicht Schritt halten und dadurch ausgegrenzt werden.

> **Fazit**
> Die Beschleunigung des sozialen und kulturellen Wandels bezeichnet den immer schneller fortschreitenden Verfall von handlungsorientierenden Erfahrungen. Die soziale Beschleunigung geht aus der technischen Beschleunigung hervor, entwickelt aber eine Eigendynamik, was sich z. B.

in einem immer schnelleren Verfall etablierter Verhaltens- und Denkmuster zeigt. Während Menschen in traditionalistischen Gesellschaften (z. B. Jäger und Sammler) das Verhalten ihrer Vorfahren zum Großteil imitieren konnten, gibt es *„für Menschen, die die Dinge lieben, wie sie sind"* in der Moderne *„keine Hoffnung"* (Rosa, 2005, S. 72).[5]

Wenn wir Beschleunigung aber nur aus technologischer und sozialer Perspektive betrachten, fehlt ein Teil des Mosaiks. Um das Bild zu vervollständigen, müssen wir uns der Frage widmen, wie sich die Beschleunigung auf uns als Individuen auswirkt.

6.1.5 Teil III: Die Steigerung des Lebenstempos

„Hierzulande musst du so schnell rennen, wie du kannst, wenn du am gleichen Fleck bleiben willst. Und um woandershin zu kommen, muss man noch mindestens doppelt so schnell laufen!"
– Lewis Carroll (1832–1898)[6]

Was für *Alice im Wunderland* galt, gilt heute noch viel mehr: Um unsere gesellschaftliche Position zu halten, müssen wir ein immer höheres Tempo an den Tag legen – denn wenn sich unsere soziale und kulturelle Umwelt immer schneller verändert, sind wir darauf angewiesen, uns als Individuen ebenfalls an das erhöhte Tempo anzupassen, um nicht zurückzufallen. Das bedeutet, entweder mehr Dinge gleichzeitig (Multitasking) oder in kürzerer Zeit zu erledigen. Das gilt für den Arbeitsbereich (z. B. arbeiten wir, während wir Zug fahren) und auch für die Freizeit (z. B. schauen wir Fernsehen, während wir essen). Statt gemütlich im Restaurant zu sitzen und einen Kaffee zu genießen, kippen wir ihn *To-Go* in uns hinein. Das entspannte Abendessen mit der Familie wird durch *Fast Food* ersetzt. Nach dem Training wartet kein gedeckter Tisch auf uns, sondern wir genehmigen uns einen proteinhaltigen Drink, der nicht nur alle wichtigen Nährstoffe enthalten soll, sondern quasi *keine Zubereitungszeit* braucht und sich auch noch *schnell verzehren* lässt. Weil wir immer mehr Dinge in kürzerer Zeit erledigen müssen oder wollen, bekommt das Zeitsparen in nahezu allen Lebensbereichen (Arbeit, Freizeit, Essen, Trinken,

---

[6] Das Zitat geht zurück auf den New Yorker Stadtplaner Robert Moses (1888–1981) und spiegelt dessen Vision vom ständigen Fortschritt und Wandel wider.
[6] Diese treffende Beschreibung des gesteigerten Lebenstempos stammt aus dem berühmten Kinderbuch *Alice im Wunderland* (Carroll, 2019).

Reisen, Transport) eine extrem wichtige Bedeutung. Unsere Zeitnot und das Bedürfnis nach zeitsparenden Methoden hat die Wirtschaft längst erkannt und einen ganzen Markt darauf aufgebaut.[7]

Natürlich gibt es beim Lebenstempo kulturelle Unterschiede sowohl zwischen verschiedenen Ländern als auch zwischen städtischen und ländlichen Regionen. In einer eindrucksvollen Studie von Levine (1998) wurde das Lebenstempo in unterschiedlichen Ländern erforscht. Dabei wurden möglichst objektive Messungen durchgeführt: 1. die Geschwindigkeit, mit der Fußgänger durch die Innenstadt laufen und eine Strecke von 20 m zurücklegen, 2. die Exaktheit öffentlicher Uhren (z. B. in Bahnhöfen), 3. die Zeit, die Postangestellte brauchen, um eine Briefmarke zu verkaufen. Bei der Messung gab es zwar zahlreiche Probleme, zum Beispiel wickelten die Postbeamten in Japan die Briefmarke fein säuberlich ein, um sie als kleines Päckchen zu überreichen.

Dennoch gelang es anhand dieser objektiven Indikatoren eine Rangliste der Länder nach ihrem Gesamttempo zu erstellen. Westeuropäische Nationen stehen ganz oben in der Geschwindigkeitshierarchie (Deutschland auf Platz drei), gefolgt von Japan, den asiatischen Tigerstaaten und den USA. Die hinteren Plätze werden von nichtindustrialisierten Ländern in Afrika, Asien und Lateinamerika belegt.[8] Die Studie zeigt uns, dass technologischer Fortschritt mit einer Zunahme des Lebenstempos einhergeht: In Ländern, die den Status einer Industrienation haben, ist das Lebenstempo deutlich größer als in nichtindustrialisierten Nationen.

Ob dieser Befund einen kausalen Zusammenhang zwischen Entwicklungsstand und Lebenstempo zulässt, ist schwer zu sagen, denn zwischen den Ländern gibt es natürlich nicht nur technologische, sondern auch kulturelle Unterschiede. Im Westen ist man allzu oft geneigt, die eigene Entwicklungsgeschichte als den Maßstab für die Entwicklung *aller* Nationen zu betrachten. Zum Beispiel vertraten ranghohe deutsche Mitglieder der Politik wie Angela Merkel beim Thema China die Annahme, dass wachsender wirtschaftlicher Wohlstand mit einer zunehmenden Demokratisierung einhergeht, weshalb sie kein Problem darin sahen, Handel mit einem offensichtlich totalitären Regime zu pflegen. Das Resultat ist heute eine enorme wirtschaftliche Abhängigkeit von einem Staat, der Minderheiten unterdrückt, politische Gegner mundtot macht und dazu ein historisch beispielloses Überwachungssystem installiert hat. Es gilt, daraus zu lernen, um solche Fehler in Zukunft zu vermeiden.

---

[7] Wenn sie zu Fuß, mit dem Auto oder im Internet unterwegs sind, achten sie einmal auf den Inhalt der Werbeanzeigen, die Ihnen präsentiert werden. Sie werden feststellen, dass die Werbung häufig an unser Bedürfnis, Zeit zu sparen oder mehr Zeit zur Verfügung zu haben, anknüpft (z. B. schnellere Autos und Bahnstrecken, schnelleres Internet, schnellere Lieferung von Lebensmitteln vor die Haustür [...]) und es somit immer weiter verstärkt.

[8] Da die Studie nun über 20 Jahre alt ist, kann sich diese Rangordnung mittlerweile geändert haben.

> **Fazit**
> Eine Beschleunigung des sozialen und kulturellen Wandels geht an den Individuen einer Gesellschaft nicht vorbei, sondern zwingt sie dazu, ihr Lebenstempo ebenfalls zu erhöhen. Das führt dazu, dass wir immer mehr Dinge in kürzerer Zeit erledigen wollen oder müssen. Zwischen verschiedenen Nationen gibt es Unterschiede im Lebenstempo, die sich mithilfe objektiver Indikatoren messen lassen. Studien legen nahe, dass eine zunehmende Industrialisierung mit einer Steigerung des Lebenstempos einhergeht. Ob ein kausaler Zusammenhang besteht, kann allerdings nicht einwandfrei nachgewiesen werden, da es zwischen den Ländern auch kulturelle Unterschiede gibt, die das Lebenstempo erhöhen oder verringern können.

Bisher haben wir uns den einzelnen Beschleunigungskomponenten einzeln gewidmet, aber sie greifen offensichtlich ineinander. Der nächste Abschnitt beschäftigt sich daher mit der Wechselwirkung zwischen technischer, sozialer und individueller Beschleunigung.

6.1.6 Beschleunigung als autodynamischer Prozess

Im Folgenden möchte ich die These erörtern: Beschleunigung ist deshalb ein so umfassendes und grundlegendes Prinzip der Moderne, weil sie *sich selbst vorantreibt*. Sie hat eine Eigendynamik, die weit über die Beschleunigung durch technische Innovationen, die von der Wissenschaft bereitgestellt werden, hinausgeht. Politische oder soziale Interventionen, die darauf abzielen, den Beschleunigungsmotor anzuhalten, sind zum Scheitern verurteilt, wenn die Eigendynamik der Beschleunigung nicht berücksichtigt wird. Um der Beschleunigung etwas entgegenzusetzen, müssen wir verstehen, woher sie kommt – und dabei sind die Wechselwirkungen zwischen den einzelnen Facetten von zentraler Bedeutung, wie Abb. 6.1 zeigt.

Technische Innovationen erlauben uns nicht nur, mehr Dinge in kürzerer Zeit zu erledigen, sondern gehen häufig mit einer Veränderung unserer Denk- und Verhaltensmuster einher. Je höher die Dichte an technischen Innovationen ist, desto unwahrscheinlicher wird ein Leben, dass auf Erfahrung, Tradition und Gleichförmigkeit basiert. Ein Beispiel dafür ist die steigende Fluktuation in der Wählerschaft politischer Parteien. Während Wähler sich früher ihr Leben lang einer Partei (z. B. CDU oder SPD) zugehörig fühlten, wechselt heute ein großer Anteil der Wählerschaft zwischen verschiedensten Parteien hin und her.

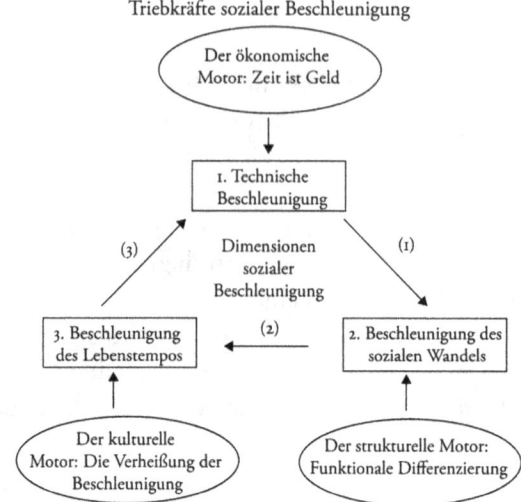

Abb. 6.1 Der Akzelerationszirkel zeigt die Wechselwirkungen zwischen den einzelnen Dimensionen sozialer Beschleunigung nach Rosa (2012, S. 203)

So wählten beispielsweise 920.000 Menschen, die zur Bundestagswahl 2017 für die Christdemokraten (CDU) gestimmt hatten, zur Wahl 2021 die Grünen (ARD, 2021). Sie wechselten zwischen Parteien hin und her, die offenbar völlig andere Werte vertreten. Wer sich fragt, wie dieser überraschende Wechsel entsteht, findet eine mögliche Antwort in der Beschleunigung des Informationsaustauschs durch das Internet: Über soziale Medien, Online-Zeitungen und Newsticker sind moderne Menschen einer regelrechten *Informationsflut* ausgesetzt, was dazu führt, dass bestehende Denk- und Verhaltensmuster, zum Beispiel die politische Einstellung oder das Wahlverhalten, häufiger hinterfragt und angepasst werden müssen. Politische Parteien verlieren ihre Stammwählerschaft und müssen sich somit zunehmend an Wahlumfragen orientieren, um abschätzen zu können, ob ihre Gestaltungswünsche und -möglichkeiten auf positive Resonanz in der Bevölkerung stoßen. Als Konsequenz weicht das Verfolgen einer klaren Linie zunehmend einer reaktionären Politik, die sich an der vorübergehenden Beliebtheit politischer Maßnahmen in der Bevölkerung orientiert. Das hat zur Folge, dass unbeliebte oder langfristige politische Projekte nicht oder nur halbherzig angegangen werden. Die wandernde Wählerschaft stellt ein Beispiel für den Einfluss technischer Innovation auf den sozialen und kulturellen Wandel dar (Pfeil 1).

Wie ich bereits in Abschn. 6.1.5 gezeigt habe, erhöht sich durch die Beschleunigung des sozialen Wandels auch das individuelle Lebenstempo (Pfeil 2). Individuen sind als Teil der gesellschaftlichen Beschleunigungsspirale gezwungen, die neuen Veränderungen mitzutragen, wenn sie nicht abgehängt werden wollen. Das gilt für Einzelpersonen genauso wie für Unternehmen, Organisationen und soziale Institutionen, die dem Beschleunigungsdruck gleichermaßen unterworfen sind. Wenn beispielsweise ein anderes Unternehmen denselben Service in kürzerer Zeit anbietet, müssen wiederum andere Unternehmen mit einem weiteren Qualitätsmerkmal nachlegen, um nicht abgehängt zu werden. Eine Steigerung des individuellen Lebenstempos verursacht rückwirkend auch eine Beschleunigung des sozialen Wandels, weil sie wiederum andere Akteure dazu zwingt, zeitsparende technische Innovationen aufzugreifen und selbst zu nutzen.

Das individuelle Lebenstempo steht in engem Zusammenhang mit der technischen Beschleunigung. Ein Handy ist nicht nur ein Gebrauchsgegenstand, den man benutzt, um ein bestimmtes Resultat zu erzielen – vielmehr legt es bestimmte Verhaltensweisen nahe, an die wir ohne das Handy gar nicht gedacht hätten. Wenn es früher mit der Post einige Tage dauerte, einen Brief an Ihre Tante zu versenden, verläuft dieser Prozess heute innerhalb weniger Sekunden. Mit dem Handy könnten Sie das viel schneller erledigen, aber tatsächlich verbringen Sie viel mehr Zeit mit dem Nachrichten-Schreiben am Handy, als Sie sie für die Briefe genutzt hätten. Die technische Beschleunigung verkürzt nicht nur die Dauer für Tätigkeiten, sondern führt auch dazu, dass Sie die freie gewordene Zeit für andere Dinge aufwenden. Hier zeigt sich eine interessanter Rückkopplungsprozess: Die Verheißung der Beschleunigung, mehrere Leben in einer Lebensspanne unterbringen zu können, führt dazu, dass der moderne Mensch die durch technische Hilfsmittel frei gewordene Zeit nicht *„vergeudet"*, sondern *nutzt, um mehrere Tätigkeiten in derselben Zeitspanne unterzubringen.* Somit führt eine technische Innovation, wie etwa das Smartphone mit Messengerdiensten, nicht zu einer Entschleunigung, sondern zu einer Steigerung des Lebenstempos. Als Reaktion auf diese Steigerung ertönt allzu oft der Ruf nach neuen technischen Möglichkeiten zur Beschleunigung, um die benötigte Zeit für Aktivitäten oder Prozesse weiter zu verkürzen und Zeit zu sparen. Im Endeffekt hat diese Logik aber den gegenteiligen Effekt, denn die frei gewordene Zeit wird für neue Aktivitäten verwendet – und wieder ertönt der Ruf nach neuen, zeitsparenden Technologien (Pfeil 3).

> **Fazit**
> Technische, soziale und individuelle Beschleunigung stehen durch Rückkopplungsprozesse miteinander in Wechselwirkung. Eine angestrebte Entschleunigung durch technische Innovation hat oft den gegenteili-

> gen Effekt und führt zu einer Steigerung des Lebenstempos, da nun mehrere Tätigkeiten in kürzerer Zeit erledigt werden können. Innerhalb des Zirkels ist keine wirkliche Entschleunigung möglich, denn vor dem Hintergrund der bestehenden kulturellen und ökonomischen Wertvorstellungen führt jeder Versuch der Verlangsamung unweigerlich zu einer Verschärfung des Problems. Die Beschleunigung als zugrunde liegendes Prinzip der Modernisierung ist somit ein *autodynamischer (sich-selbst-antreibender) Prozess*, der sich selbst in Gang setzt und am Laufen hält.

Nachdem wir das Grundgerüst der Beschleunigungsgesellschaft gezeichnet und ihre Ursachen analysiert haben, wollen wir uns nun der Frage widmen, welche Rolle die Wissenschaft in dieser Gesellschaft spielt. Hat die Forschung dem zunehmend schnelleren Verfall handlungsleitender Erfahrungen (Rosa, 2012, S. 193) etwas entgegenzusetzen? Oder ist sie nichts weiter als ein Beschleunigungsmotor, der durch technologischen Fortschritt die Zeit immer weiter korrumpiert, bis zwischen Terminen, E-Mails, Chats, Online-Konferenzen und einer schnellen Mahlzeit nichts mehr übrig ist?

6.1.7 Die Rolle der Wissenschaft in der Beschleunigungsgesellschaft

Auch wenn die Beschleunigung viele negative Auswirkungen hat, so erzeugt sie doch einen gewissen Druck auf menschliche Wertvorstellungen und Handlungsoptionen, was dazu führt, dass bestehende Denk- und Verhaltensmuster immer wieder überdacht und angepasst werden müssen. Das verlangt den Menschen einiges ab (manchen zu viel!), und sie reagieren mit Ignoranz und Abwehr. Wenn wir diese Reaktionen einmal außer Acht lassen, hat die Wissenschaft in der Beschleunigungsgesellschaft ein unglaubliches Potenzial, unser Denken und Verhalten in eine positive Richtung zu transformieren.

Wenn die Beschleunigung die Tradition zerreißt, gibt es etwas, dass dem modernen Menschen fehlt: *ein einheitliches Weltbild, eine geteilte Wertebasis, eine Bedeutung, ein Rahmen, innerhalb dessen die menschliche Erfahrung interpretiert werden kann*. Natürlich gibt es eine Vielfalt an Perspektiven, Ansichten und Meinungen, die in der liberalen Demokratie willkommen sind. Ein Teil dieser Weltanschauungen ist aber *offensichtlich schädlich* für uns selbst und andere. Es sind schon ganze Kulturen und Staaten solchen Anschauungen verfallen, die weit mehr Leid als Glück über die Menschheit gebracht haben.

Bisher hatte die Wissenschaft in diesen *moralischen* Fragen wenig zu sagen. Die Moral galt als Gebiet der Religion, die handlungsleitende Werte vermitteln sollte. Ich möchte dafür argumentieren, dass diese *Trennung nicht mehr zeitgemäß ist*. Wir haben ein unendlich erscheinendes Ausmaß an Wissen in unterschiedlichsten wissenschaftlichen Disziplinen angehäuft. Wir haben ein wissenschaftliches Verständnis der Psyche, des Körpers und der Umwelt, das in Umfang, Tiefe und Exaktheit alles Vorhergehende übertrifft. Die große Tragik dabei ist, dass wir dieses Wissen nicht nutzen, weil die Forschung nach Ansicht vieler Menschen in der moralischen Sphäre nichts zu suchen hat. Der Schriftsteller und Biochemiker Isaac Asimov bringt es auf den Punkt: „*Der bedrückendste Aspekt des Lebens ist, dass die Wissenschaft schneller Wissen produziert, als die Gesellschaft Weisheit erreicht*" (Asimov, 1988, S. 281).

Wenn es darum geht, der Wissenschaft die Möglichkeit zuzugestehen, moralische Fragen zu beantworten, gibt es die große Angst, dass das Spektrum der menschlichen Wertvorstellungen eingegrenzt wird und an Vielfalt verliert. Tatsächlich gibt es eine entsprechende Begrenzung der Meinungen in der Forschung: Wenn Sie beispielsweise auf eine Konferenz über Molekularbiologie fahren und dort die Meinung äußern, dass Sie Molekularbiologie nicht mögen und Erkenntnisse aus dieser Disziplin prinzipiell infrage stellen, wird Ihnen mit großer Wahrscheinlichkeit niemand zuhören oder Sie werden hinausgebeten. Forschung ist in vielerlei Hinsicht wie ein *exklusiver Club* und für den Zugang sind entsprechende Voraussetzungen (z. B. qualifizierende Abschlüsse, Kenntnis der einschlägigen Literatur, Diskursbereitschaft, Fähigkeit zum analytischen Denken) notwendig.

Ob sich diese Begrenzung des Meinungsspektrums in gleicher Form im moralischen Raum zeigen wird, ist fraglich, denn hier ist scheinbar jede Meinung *gleich gut bzw. gleich viel wert*. Doch diese Ansicht fördert Vielfalt nur auf den ersten Blick, denn sie erlaubt kleinen, aber sehr lauten Minderheiten massiven Einfluss auf den Diskurs zu nehmen und andere mundtot zu machen. Deshalb haben wir uns längst dazu entschieden, das Feld der moralischen Expertise einzugrenzen. Wir würden einen Massenmörder wohl kaum um moralischen Rat fragen, weil wir davon überzeugt sind, dass er uns keinen Hinweis darauf geben kann, was gut und richtig ist und wie man sein Leben zum eigenen Wohl und zum Wohl der anderen lebt.

Die Eingrenzung von moralischen Positionen und Meinungen durch wissenschaftlichen Beirat könnte die Menschheit endlich dazu bringen, sich drängenden Fragen zu widmen, statt sich wiederholt in sinnlosen Debatten zu verlieren. Beispielsweise wird in den USA immer noch darüber geredet, ob die Ehe zwischen Homosexuellen zulässig ist, oder ob es eine gute Idee ist, Kinder in der Schule zu schlagen, damit sie sich gut entwickeln können. Wir reden noch darüber, ob *Gewalt und öffentliche Demütigung* dazu beitragen, dass sich ein Kind zu einem selbstständigen Erwachsenen entwickelt, der einen positiven

Beitrag zu der Gesellschaft leisten soll, die ihn ja offensichtlich gedemütigt hat! Diese und ähnliche Debatten nehmen einen großen Raum im gesellschaftlichen Diskurs ein, binden politische Energie und führen manchmal zu völlig irrationalen politischen Entscheidungen. Sie nehmen drängenden Fragen wie nuklearer Abrüstung und dem Klimawandel den Raum, welche die Zukunft der gesamten Menschheit bestimmen, aber nur dürftig oder gar nicht behandelt werden. Auf dem Gebiet der Wahrheit wird die führende Rolle der Wissenschaft (zumindest in der westlichen Welt) weitgehend akzeptiert. Doch diese Vorherrschaft ist leer und hohl, wenn daraus keine moralischen Konsequenzen folgen, die den gesellschaftlichen Diskurs bestimmen und handlungsleitend sind.

Umgekehrt bewirkt die Trennung von Wissenschaft und Moral oftmals, dass moralische Emotionen wie Ärger und Empörung auf das Gebiet der Wahrheit übergreifen. Eine unabhängige Überprüfung der Fact-Checking Organisation *PolitiFact* ergab, dass 76 % von Trumps Aussagen falsch oder größtenteils falsch sind (PolitiFact, 2024). Dennoch gewann er die Wahlen in den Jahren 2016 und 2025, indem er an die *moralischen Emotionen* der Bevölkerung appellierte (z. B. indem er auf das Fehlverhalten anderer Politiker und Machthaber verwies), die nach wie vor religiösen und nichtwissenschaftlichen Standards folgen. Die Abwesenheit der Wissenschaft im moralischen Raum erlaubt Politikern, die moralischen Emotionen der Bevölkerung zu instrumentalisieren und eine alternative Realität aufzubauen, in der ihre Argumente überzeugend sind.

Es geht nicht darum, eine Technokratie zu errichten, die dem Individuum jegliche Urteilskraft abspricht. Wissenschaft hat nicht den Anspruch, *alle* Fragen (z. B. nach der Existenz Gottes) zu beantworten. Antworten auf metaphysische Fragen obliegen nach wie vor den Religionen. Dennoch haben wir dank der Forschung eine umfassende Vorstellung davon, welches Verhalten und welche Eingriffe dem menschlichen Wohlbefinden abträglich oder zuträglich sind. Wir wissen, dass es keine gute Idee ist, das Grundwasser zu vergiften, die Meere zu überfischen, massenhaft Abfälle in Gewässer zu entladen oder Treibhausgase in die Atmosphäre zu pumpen. Dieses Wissen nicht zu nutzen, kommt einer Hybris gleich.

> **Fazit**
> Durch die Beschleunigung kommt es zum zunehmend rasanteren Verfall etablierter Denk- und Verhaltensmuster, die religiös oder ideologisch begründet sind. Die Forschung kann uns wertvolles Wissen vermitteln, das

beständig ist und *zeit- und generationenübergreifend* anwendbar ist. Eine stärkere Einbindung der Wissenschaft in den moralischen Raum hätte zur Folge, dass öffentliche und politische Diskurse sich weniger an ideologischen und religiösen Fragen orientieren (z. B.: Ist es sinnvoll, ein Kind in der Schule zu schlagen?), die aus wissenschaftlicher Sicht eindeutig beantwortet werden können, sondern sich den drängenden Fragen unserer Zeit (z. B. nuklearer Abrüstung und Klimawandel) widmen können. Wissenschaft will und kann nicht alle moralischen Fragen beantworten, aber das Feld möglicher Antworten soweit eingrenzen, dass offensichtlich schädliche Optionen vom individuellen und politischen Handeln ausgeschlossen werden. Das durch Forschung gewonnene Orientierungswissen folgt den Prinzipien der Replizierbarkeit (z. B. kann unabhängig von Ort und Zeit nachgewiesen werden, dass sich Gewalt und Demütigung schädlich auf die Entwicklung eines Kindes auswirken) und ist somit resistent gegen den Beschleunigungsdruck.[9]

6.2 Auf einem Auge blind

Nach der Lektüre der letzten Kapitel über die Entstehung der Wissenschaft und ihrer Rolle in der heutigen Gesellschaft werden Sie sich vielleicht fragen, warum ich die Entstehungsgeschichte von Wissenschaft aus einer soziologisch-historischen Perspektive erörtert habe, obwohl ich selbst Psychologe bin. Dafür gibt es gleich mehrere Gründe, die ich Ihnen nicht vorenthalten möchte.

Zum einen fehlt es in der Psychologie bis auf einige Ausnahmen an einer historischen Beschäftigung mit dem eigenen Fach.[10] So gibt es in Deutschland im Gegensatz zur Medizin, wo Medizingeschichte Bestandteil des Curriculums vieler Universitäten ist, keine Professuren für Psychologiegeschichte. Die Psychologie ist daher ungeeignet für eine historische Reflektion der Herausbildung der Wissenschaft seit der Frühmoderne, da es nur wenige Übersichtsarbeiten gibt, die sich meist auf den englischsprachigen Raum beziehen (Malich & Keller, 2020).

Im Gegensatz dazu betrachtet sich die Soziologie selbst als *Reaktion auf gesellschaftliche Modernisierungsprozesse.* Diese Modernisierungsprozesse gehen

---

[10] Die Argumentation in diesem Kapitel wurde zum Teil aus dem Vortrag „*Die Wissenschaft kann moralische Fragen beantworten*" vom US-Philosophen, Neurowissenschaftler und Debattenredner Sam Harris übernommen (TED, 2010).

[10] Eine lesenswerte Arbeit über die Geschichte der Psychologie liefert Danziger (1994).

meist mit einer veränderten Rolle der Wissenschaft in der Gesellschaft einher und durch diese Betrachtung wird Forschung *kontextualisiert* und mit dem Rest der Gesellschaft (z. B. Politik, Kultur, Wirtschaft) in Verbindung gebracht. Außerdem grenzt sie die Zeitspanne ein. Mir ist bewusst, dass die Entstehungsgeschichte von Forschung bis weit in die Antike (und darüber hinaus) zurückreicht. In einem Buch wie diesem, das den Menschen einen Einblick in die Welt der Forschung ermöglichen soll, lässt sich eine derart große Zeitspanne allerdings nicht abbilden. Eine derart umfassende zeitliche Perspektive ist vielleicht gar nicht notwendig, denn das letzte Jahrhundert liegt historisch näher und hat das Selbstverständnis des modernen Menschen sowie die Wissenschaft maßgeblich geprägt. Da die Gründerväter der Soziologie (z. B. Weber, Simmel, Durkheim) erst um das Jahr 1900 herum anfangen zu schreiben, wird dadurch der zeitliche Rahmen eingegrenzt.

Schließlich ist mir in einer Auseinandersetzung mit Menschen aus anderen wissenschaftlichen Disziplinen klar geworden, dass Forschung immer *auf einem Auge blind ist*. Die einzelnen Disziplinen sind jeweils besonders kritisch gegenüber dem Objekt, das sie erforschen. Die psychologische Forschung ist beispielsweise kritisch gegenüber den Befunden, die sie generiert, weil sie Wahrnehmungsverzerrungen (wie den Bestätigungsfehler) genau kennt. Die Soziologie fragt immer nach Gesellschafts-, Macht- und Herrschaftsstrukturen, die das eigene analytische Denken (allein schon durch den Gebrauch von Sprache) beeinflussen können. Anwendungsorientierte Fächer wie soziale Arbeit sind vor allem dann kritisch, wenn es um die Frage geht, ob ihre Eingriffe in das Leben betreuter Menschen die erwünschte Wirkung erzielen, oder ob sie (im Gegensatz zu allen guten Intentionen) nur dazu dient, ein dysfunktionales System am Laufen zu halten. Um mit beiden Augen zu sehen, ist ein interdisziplinärer Austausch notwendig, der die Schwächen und Tücken, aber auch die Stärken der jeweiligen Disziplinen reflektiert und in den Diskurs einbringt.

Die Entstehungsgeschichte von Forschung zu kennen, ist vorteilhaft, aber mit zunehmender Bedeutung der Wissenschaft für gesellschaftspolitische Entscheidungen wird es immer wichtiger, die Menschen in einer verständlichen Sprache über die Funktionsweise, Stärken und Schwächen des wissenschaftlichen Systems aufzuklären. *Wie werden überhaupt Erkenntnisse generiert und gesichert? Ab wann werden alte Anschauungen über Bord geworfen und durch neue Paradigmen ersetzt? Welchen Problemen, Zwiespälten und Interessenkonflikten sind Menschen ausgesetzt, die in der Forschung arbeiten?* Kap. 7 beschäftigt sich mit dem wissenschaftlichen Prozess.

Literatur

ARD. (2021, 27. September). Bundestagswahl 2021: Wie die Wähler wanderten. https://www.tagesschau.de/wahl/archiv/2021-09-26-BT-DE/analyse-wanderung.shtml. Zugegriffen: 1. Aug 2024.

Asendorpf, D. (2010). Kunde, übernehmen Sie!. *Die Zeit, 9*, 37. https://www.zeit.de/2010/09/Grading. Zugegriffen: 1. Aug 2024.

Asimov, I. (1988). *Asimov's book of science and nature quotations*. Weidenfeld & Nicolson.

Böll, H. (1963). Anekdote zur Senkung der Arbeitsmoral. *Kursbuch, 11*, 13–14.

Carroll, L. (2019). *Alice im Wunderland*. Mantikore.

Danziger, K. (1994). *Constructing the subject: Historical origins of psychological research*. Cambridge University Press.

Franklin, B. (1748). Advice to a Young Tradesman. In A. Houston (Ed.), *Franklin: The Autobiography and Other Writings on Politics, Economics, and Virtue* (pp. 200–202). Cambridge University Press. https://doi.org/10.1017/CBO9780511806889.017

Latour, B. (1995). *Das Parlament der Dinge: Für eine politische Ökologie*. Diaphanes.

Latour, B. (2008). *Wir sind nie modern gewesen*. Suhrkamp.

Levine, R. (1998). *Eine Landkarte der Zeit: Wie Kulturen mit Zeit umgehen*. Beck.

Malich, L., & Keller, D. (2020). Die Psychological Humanities als reflexives Moment der Psychologie. In *Psychologie und Kritik* (S. 87–113). Springer.

PolitiFact. (2024, 7. August). Personalities: Donald Trump. https://www.politifact.com/personalities/donald-trump/. Zugegriffen: 28. Febr. 2025.

Posthuma, R. A., & Campion, M. A. (2009). Age stereotypes in the workplace: Common stereotypes, moderators, and future research directions. *Journal of Management, 35*(1), 158–188. https://doi.org/10.1177/0149206308318617.

Rosa, H. (2005). *Beschleunigung. Die Veränderung der Zeitstrukturen in der Moderne*. Suhrkamp.

Rosa, H. (2012). *Weltbeziehungen im Zeitalter der Beschleunigung: Umrisse einer neuen Gesellschaftskritik*. Suhrkamp.

Schimank, U. (2000). Die unmögliche Trennung von Natur und Gesellschaft – Bruno Latours Diagnose der Selbsttäuschung der Moderne. In *Soziologische Gegenwartsdiagnosen I* (S. 157–169). Verlag für Sozialwissenschaften.

Schnabel, U. (2010). *Muße – Vom Glück des Nichtstuns*. Karl Blessing.

Statista Research Department. (2024, 5. Juli). Anzahl der Rückrufaktionen durch Automobilhersteller in Deutschland von 2011 bis 2021. https://de.statista.com/statistik/daten/studie/1254342/umfrage/rueckrufaktionen-in-der-automobilindustrie-in-deutschland/. Zugegriffen: 1. Aug 2024.

TED. (2010, 22. März). Sam Harris: Die Wissenschaft kann moralische Fragen beantworten. https://www.youtube.com/watch?v=Hj9oB4zpHww. Zugegriffen: 9. Aug 2024.

7

Der wissenschaftliche Prozess

7.1 Die Bergbesteigung

„Die Aufstellung einer Theorie entspricht nicht dem Abreißen einer alten Bretterbude, an deren Stelle dann ein Wolkenkratzer aufgeführt wird; sie hat vielmehr etwas mit einer Bergbesteigung gemeinsam. Dabei ist der Punkt, von dem wir losmarschiert sind, natürlich nach wie vor vorhanden. Man kann ihn stets liegen sehen, wenn er auch scheinbar immer kleiner wird und schließlich nur noch einen winzigen Teil unseres weitgespannten Rundblicks ausmacht, den wir uns dadurch verschafft haben, dass wir die auf unserem abenteuerlichen Aufstieg liegenden Hindernisse unerschrocken meistern."
– Albert Einstein (1879–1955) in Chotjewitz (1994, S. 161 f.) © Carlsen Verlag GmbH, Hamburg

Mit der Metapher der *Bergbesteigung* beschreibt Einstein treffend den wissenschaftlichen Prozess: Alte Ansichten, Theorien und Ideen werden selten vollständig überholt oder abgerissen, sondern sie gleichen einem *Startpunkt*, der auch über weite Strecken hinweg noch sichtbar ist. Einstein hatte diesen Prozess in der Physik selbst angestoßen und miterlebt: Zu seinen Lebzeiten gab es viele Einzelfakten und empirische Befunde, die nicht mehr mit der klassischen Physik vereinbar waren. Einstein hatte den Mut, diese Fakten ernst zu nehmen und nicht als Abnormitäten und Randerscheinungen abzutun. Stattdessen integrierte er sie zu einer neuen Theorie, der Relativitätstheorie, die weltberühmt wurde. Diese Theorie machte abenteuerliche Annahmen, die so gar nicht mit dem *gesunden Menschenverstand* vereinbar waren, sich aber in physikalischen Experimenten belegen ließen. Im Mikrobereich von Elementarteilchen,

Molekülen und Quanten, wo die klassische Physik scheiterte, war es vor allem die Quantentheorie, an der auch Einstein und seine Kollegen mitwirkten, die zuverlässige Vorhersagen ermöglichte. Das bedeutet aber nicht, dass die klassische Physik überholt oder gar unnütz geworden war, denn sie konnte makroskopische Vorgänge in Natur und Technik nach wie vor genaustens beschreiben (Lindström et al., 2002). Die klassische Physik wurde nicht abgerissen wie eine alte „Bretterbude", sondern erweitert, ergänzt und modifiziert, bis ihre Erkenntnisse aus einer neuen Perspektive sichtbar wurden. Einstein und seine Kollegen führten mit ihren Arbeiten einen sogenannten *Paradigmenwechsel* in der Physik herbei.

Doch was ist ein Paradigma überhaupt? Im folgenden Kapitel möchte ich diese Frage anhand von aufschlussreichen Beispielen aus der Psychologie beantworten.

7.2 Das Paradigma

Ein wissenschaftliches Paradigma ist eine bestimmte Art und Weise, die Welt zu sehen und zu verstehen. Ein Paradigma geht mit einem Set von Annahmen und Methoden einher, sozusagen ein Baukasten, mit dem Beobachtungen angestellt, eingeordnet, interpretiert und neue Erkenntnisse abgeleitet werden können. Häufig haben Paradigmen nur eine begrenzte Lebensdauer und werden nach einiger Zeit von anderen Paradigmen abgelöst, wenn an zentralen Stellen Probleme auftreten und die Beobachtungen nicht mehr mit den Annahmen vereinbar sind. Doch alte Paradigmen sterben nie vollständig: Auch wenn einige ihrer zentralen Annahmen aufgegeben werden, liefern andere die Grundlage für den weiteren wissenschaftlichen Fortschritt.

Menschliches Verhalten als Forschungsgegenstand
Die empirische Psychologie, also die Wissenschaft vom menschlichen Erleben und Verhalten, ist etwa ein Jahrhundert alt. Psychologische Paradigmen liefern einen Rahmen, in dem menschliches Erleben und Verhalten untersucht und verstanden werden kann. Vorab möchte ich anmerken, dass jedes dieser Paradigmen seine Daseinsberechtigung hat und uns einmalige Einblicke in die Funktionsweise menschlichen Verhaltens gewährt. Gleichzeitig wird jedes Paradigma durch die in ihm enthaltenen Methoden, den Stand der Technik, das Menschenbild, den historisch-gesellschaftlichen Kontext und unsere geistigen Fähigkeiten begrenzt. Deshalb ist es so wichtig, sich mit unterschiedlichen Perspektiven auseinanderzusetzen. Historisch ältere Ansätze sind keinesfalls überholt, sondern haben einen entscheidenden Beitrag zum heutigen Stand der

Forschung geleistet. Daher beginnen wir unsere Reise durch die Forschungsgeschichte der Psychologie mit einem Paradigma, das Anfang des 20. Jahrhunderts entwickelt wurde und unser Alltagsverständnis von Persönlichkeit widerspiegelt.[1]

7.2.1 Das Eigenschaftsparadigma

Wenn wir im Alltag unsere Mitmenschen beschreiben, nutzen wir dazu oft Adjektive: Katja kümmert sich um andere und ist fürsorglich, Werner schreit oft herum und ist cholerisch, Karl denkt viel über das Leben nach und ist nachdenklich. Laut dem *Eigenschaftsparadigma* gibt es Eigenschaften, die bei manchen Personen stärker oder schwächer ausgeprägt sind als bei anderen: Diese *interindividuellen Unterschiede*[2] in den Eigenschaften erklären die Unterschiede im Verhalten. Beispielsweise sollte eine extravertierte Person öfter auf Partys gehen als eine weniger extravertierte Person. Es wird angenommen, dass die Unterschiede in den Eigenschaften *mittelfristig stabil* und *transsituativ konsistent* sind. Das bedeutet, dass sich die Eigenschaften einer Person nicht in jedem Augenblick verändern, sondern über eine gewisse Zeitspanne und in verschiedenen Situationen konstant bleiben. Wenn beispielsweise Bert extravertierter ist als Anna, sollte er nicht nur lieber auf Partys gehen, sondern auch in sozialen Situationen gesprächiger sein als Anna – und das nicht nur am Montag, sondern an jedem Tag in der Woche.

Das wohl bekannteste und weltweit erfolgreichste Persönlichkeitsmodell, welches das Eigenschaftsparadigma aufgegriffen hat, ist das Fünf-Faktoren-Modell (auch bekannt als *Big Five*) von Costa und McCrae (1992). Laut diesem Modell gibt es fünf Eigenschaften, die von Person zu Person stärker oder schwächer ausgeprägt sein können: Offenheit, Gewissenhaftigkeit, Extraversion, Verträglichkeit und Neurotizismus. Den Autoren zufolge sind diese Eigenschaften biologisch verankert, treten unabhängig von Alter, Geschlecht, Ethnie und Sprache auf und beeinflussen das Verhalten einer Person langfristig.

Tatsächlich gibt es zahlreiche Belege dafür, dass die Eigenschaften der *Big Five* Unterschiede im Verhalten erklären können. Beispielsweise ist erwiesen,

---

[1] Die hier behandelten Paradigmen stammen aus dem Teilbereich der *Persönlichkeitspsychologie*, die sich vorrangig mit *Unterschieden zwischen Menschen* befasst (z. B. Wie unterscheiden wir uns von anderen und warum? Welche Eigenschaften und Verhaltensweisen sind über Zeit und Situationen hinweg stabil, welche sind variabel. Liegen die Ursachen dafür in den Genen oder in der Umwelt?)

[2] Mit dem Begriff sind Unterschiede *zwischen* Individuen gemeint. Im Gegensatz dazu gibt es noch die *intra*-individuellen Unterschiede, das bedeutet Unterschiede *innerhalb* eines Individuums. Wenn man eine Person zum Beispiel vor und nach einer Prüfung fragt, wie ängstlich sie ist, wird man hier sehr wahrscheinlich Unterschiede feststellen.

dass Personen mit hoher Gewissenhaftigkeit im Beruf oftmals erfolgreicher sind als Menschen, welche die Aufgaben, die ihnen zugeteilt werden, eher locker nehmen (Schmidt & Hunter, 1998). Die Gewissenhaftigkeit einer Person hat daher einen hohen diagnostischen Wert – nicht nur, um ihre Persönlichkeit zu kennen, sondern auch, um ihr zukünftiges Verhalten vorherzusagen.

Tatsächlich ist die Korrelation zwischen Gewissenhaftigkeit und Berufserfolg nicht besonders groß und beläuft sich auf 0,23 (Barrick & Mount, 1991). Das bedeutet, dass etwa 5,3 %[3] der Unterschiede, die es im Berufserfolg gibt, durch Unterschiede in der Gewissenhaftigkeit erklärt werden. Gewissenhaftigkeit wird meist wie andere Persönlichkeitseigenschaften durch einfache Fragebögen erfasst, auf denen Personen ankreuzen müssen, inwiefern bestimmte Aussagen (z. B.: Ich erledige meine Aufgaben sorgfältig.) auf sie zutreffen. Diese einfache und preiswerte Diagnostik erlaubt eine gezielte Einstellung von gewissenhaften Personen, wobei der Gewinn gegenüber einer Zufallsentscheidung (z. B. per Münzwurf) bei 430 € pro Einstellung liegt.[4]

Kritik am Eigenschaftsparadigma

Das Eigenschaftsparadigma ermöglicht uns ein umfassendes Verständnis menschlichen Verhaltens, das auf zeitlich stabile, transsituativ konsistente und genetisch bedingte Eigenschaften (z. B. die *Big Five*) zurückgeführt wird, die kulturübergreifend wirken. Doch sind die Annahmen des Eigenschaftsparadigmas überhaupt mit den empirischen Beobachtungen vereinbar oder muss die Gültigkeit des Paradigmas eingeschränkt und durch andere Perspektiven ergänzt werden?

Tatsächlich ist es unklar, ob Persönlichkeitseigenschaften biologisch verankert sind. Laut der Verhaltensgenetik beruhen ca. 50 % der Unterschiede in Eigenschaften auf genetischen Unterschieden (Neyer & Asendorpf, 2024, S. 74). In zahlreichen Studien zeigt sich durchaus ein Zusammenhang zwischen dem Vorhandensein bestimmter Gene und dem Auftreten von Persönlichkeitseigenschaften, allerdings fiel dieser verschwindend gering aus: Je nach betrachtetem Merkmal lassen sich nur 0–21 % der Unterschiede in Persönlichkeitsmerkmalen molekulargenetisch erklären (Penke & Jokela, 2016). Ein möglicher Grund dafür ist, dass Gene eben nicht einfach ausgelesen und entsprechende Merkma-

---

[3] Um diese Zahl zu erhalten, muss die Korrelation mit sich selbst multipliziert werden: 0,23 × 0,23 = 5,29 %.

[4] Diese Schätzung beläuft sich auf mittlere Mitarbeiterkosten (z. B. bei Außendienstmitarbeitern einer Versicherungsgesellschaft). Je teurer die Mitarbeiter, desto eher lohnt sich die Diagnostik, denn bei gut bezahlten Stellen sind die Verluste durch eine Fehlbesetzung besonders hoch. Werden jährlich viele neue Mitarbeiter eingestellt, zum Beispiel im gesamten deutschen öffentlichen Dienst, belaufen sich die Einsparungen durch Persönlichkeitsfragebögen auf Milliarden (zumindest wenn es keine gültigen, alternativen Einstellungsverfahren gibt; Schuler, 2005).

le ausgebildet werden, sondern in komplexer Art und Weise mit anderen Genen und der Umwelt interagieren. Die gute Nachricht dabei ist, dass unsere Persönlichkeit nicht durch unsere Gene festgelegt wird. Ein derart rigider Mechanismus wäre wohl weder in der Natur noch in der menschengemachten Umwelt adaptiv. Die schlechte Nachricht ist, dass sich keine zufriedenstellende biologische Basis für die *Big Five* finden lässt. Außerdem lassen sich nicht alle fünf Eigenschaften in allen Kulturen nachweisen: Extraversion, Verträglichkeit und Gewissenhaftigkeit sind über alle möglichen Kulturen hinweg besser replizierbar als Neurotizismus und Offenheit (De Raad, 2010). Wenn Persönlichkeitseigenschaften keine biologischen Unterschiede reflektieren und nicht frei von kulturellen Einflüssen sind, ist es fraglich, inwiefern sie dazu geeignet sind, Unterschiede zwischen Personen abzubilden und objektiv zu beschreiben.

Hinzu kommt, dass Persönlichkeitseigenschaften zwar zeitlich relativ stabil, aber selten transsituativ konsistent sind. Hartshorne und May (1928) untersuchten die Ehrlichkeit von 850 Schülern in verschiedenen Situationen (z. B. beim Sport, bei den Hausaufgaben oder beim Stehlen[5]). Außerdem sollten die Schüler eine „Lügenskala" ausfüllen, in der erwünschtes, aber unwahrscheinliches Verhalten (z. B.: „Ich lüge nie.") abgefragt wurde. Schüler, die bei vielen solcher Aussagen „ja" ankreuzten, hatten hohe Werte auf der Lügenskala und sollten dementsprechend eine hohe Tendenz zu unehrlichem Verhalten haben. Tatsächlich war das Verhalten der Schüler in verschiedenen Situationen unabhängig von den Werten auf der Lügenskala: Kinder, die laut Skala eine starke Tendenz zum Lügen hatten, betrogen nicht öfter als andere Kinder. Zumal variierte das Verhalten stark von Situation zu Situation: Schüler, die beim Sport ehrlich waren, betrogen bei den Hausaufgaben (und umgekehrt). Diese Befunde sind ein Beispiel dafür, dass das konkrete Verhalten einer Person nicht von zeitlich überdauernden und transsituativ konsistenten Eigenschaften, sondern eher von der *Situation* bestimmt wird, was zur Entwicklung eines neuen Paradigmas geführt hat.

7.2.2 Der Situationismus

Wenn inhärente Eigenschaften das Verhalten von Menschen nicht erklären können, ist es naheliegend, dass die Situation menschliches Verhalten bestimmt (Mischel, 1968). Laut dem *Situationismus*[6] haben die Umstände einen stär-

---

[5] Um eine Situation herbeizuführen, die das Stehlen ermöglicht, wurden Geldstücke in den Heften der Schüler versteckt.

[6] Eine prominente Strömung, die dem Situationismus nahesteht, ist der Behaviorismus. Im Behaviorismus wird die Psyche als eine *black box* betrachtet: Innere Prozesse wie Motivation und Emotion waren nicht Bestandteil der Beobachtung und wurden daher vernachlässigt. Was aber beobachtet werden konnte, war

keren Einfluss auf unser Verhalten als unsere Persönlichkeit. Weder genetische Veranlagung noch frühe Erfahrungen bestimmen, was jemand in einer bestimmten Situation tut, sondern die Situation selbst. Diese Sichtweise spiegelt sich auch in bekannten Sprichwörtern und Lebensperspektiven wieder, zum Beispiel *„Der Mensch ist das Opfer seiner Umwelt"*.

Die Antwort auf die Frage, *ob die Umwelt letztlich unser Verhalten bestimmt*, hat weitreichende rechtliche und ethische Konsequenzen – denn wenn das stimmt, können wir nicht für unsere Fehler zur Verantwortung gezogen werden. Diese Frage muss auch die Richter der Nürnberger Prozesse (1945–1949) beschäftigt haben, welche die Aufgabe hatten, Kriegsverbrecher und Repräsentanten des Nationalsozialismus zu verurteilen. Einige der Angeklagten argumentierten, sie hätten nur Befehle befolgt und wären Teil eines totalitären Systems gewesen, dem sie sich nicht entziehen konnten – und plädierten aus diesen Gründen für Schuldfreiheit. Doch wer waren diese Menschen, die Konzentrationslager mit Gaskammern errichteten und Millionen von Menschen entwürdigten und töteten? Warum stand für sie der Gehorsam über Leben und Menschlichkeit? Haben sie eine andere Psyche als Sie und ich oder sind wir genau wie diese Menschen?

Der Psychologe Stanley Milgram (1933–1984) war wahrscheinlich der erste, der systematisch die Gehorsamkeit gegenüber Autoritäten im Labor untersuchte. Milgram wollte experimentell überprüfen, ob Menschen die Befehle von Autoritäten auch dann ausführen, wenn das geforderte Verhalten in direktem Widerspruch zu ihrem Gewissen steht. Im berühmten Milgram-Experiment (Milgram, 1963) übernahmen Versuchsteilnehmer die Rolle eines Lehrers, der einem Schüler etwas beibringen sollte. Immer wenn die Schüler einen Fehler machten, sollten die Lehrer ihnen Elektroschocks verabreichen – und zwar mit steigender Intensität. Den Versuchspersonen wurde gesagt, der Schüler befände sich in einem anderen Raum. Demnach war der Schüler für den Lehrer nicht sichtbar, aber hörbar. Über einen Lautsprecher wurden die Reaktionen des Schülers aus dem anderen Raum abgespielt. Sobald die Schocks eine Stärke von 300 Volt erreichten, schlug der Schüler an die Wände des angrenzenden Raumes und gab keine Antworten mehr. Typischerweise wendeten sich die Lehrer jetzt an den Versuchsleiter, der ihnen die Instruktion gab, dass keine

---

die nach außen hin sichtbare Reaktion *R* des Organismus auf bestimmte Stimuli/Situationen *S*. Durch die empirische Überprüfung der Gültigkeit von S-R-Modellen erhoffte man sich gesicherte, empirische Erkenntnisse über das menschliche Verhalten. Nach Behavioristen wie J. B. Watson wird das menschliche Verhalten maßgeblich durch die Umwelt bestimmt und alle Verhaltensweisen sind er- und wieder verlernbar. Auch wenn der Behaviorismus durch modernere Paradigmen und Verfahren abgelöst wurde, die Schlussfolgerungen auf intrapsychische Prozesse zulassen, gilt er bis heute als eine der ersten Strömungen der empirischen Psychologie und lieferte wichtige Erkenntnisse, die noch heute von entscheidender Bedeutung sind (z. B. in der modernen kognitiven Verhaltenstherapie).

Antwort als falsche Antwort gezählt werden sollte. Somit wurden die Lehrer instruiert, weitere Elektroschocks mit steigender Intensität bis zu 450 Volt zu verabreichen.[7] Milgram wollte wissen, ob sich die Lehrer der Autorität des Versuchsleiters (einer Person, die sie vorher nicht kannten und zu der sie keinen persönlichen Bezug hatten) unterordnen oder auf ihr Gewissen hören.[8]

Milgrams Befunde waren schockierend: 65 % der Versuchspersonen zeigten absoluten Gehorsam und verabreichten dem Schüler Elektroschocks mit einer tödlichen Dosis von 450 Volt. Noch eindrucksvoller als diese Zahl sind vielleicht die qualitativen Berichte der Beobachter, die das Verhalten der Versuchspersonen während des Experiments aufzeichneten. Ein Beispiel ist der Bericht eines Beobachters, der einen zunächst selbstbewussten und ausgeglichenen Geschäftsmann beschreibt, der das Labor betrat. Innerhalb von 20 Minuten verwandelte sich der Mann in ein zitterndes, stotterndes Nervenbündel, das kurz vor einem Zusammenbruch zu stehen schien. Er fummelte an seinem Ohrläppchen und verdrehte die Hände. Einmal schlug er sich mit der Faust gegen die Stirn und flüsterte:*„Oh Gott, lass es uns stoppen."* Trotz seiner offensichtlichen Verfassung setzte er das Experiment fort und folgte weiterhin den Anweisungen des Versuchsleiters.

Statt einfach ihrem Gewissen zu folgen, zeigten die meisten Versuchspersonen zwar Zeichen massiver innerer Anspannung, aber gehorchten dem Versuchsleiter bis zum bitteren Ende. Doch was vielleicht besonders erstaunlich ist: Die Versuchspersonen waren ganz normale Menschen *wie Sie und ich*, die sich aufgrund der Situation, in der sie sich befanden, völlig anders verhielten als sonst.

Milgram erklärte das autoritätshörige Verhalten damit, dass die Versuchsteilnehmer sich als *Verbündete* des Versuchsleiters wahrnehmen und daher bereit sind, dessen Befehlen zu gehorchen. Der Schüler hingegen befindet sich in einem anderen Raum und ist unsichtbar, außerdem findet keine verbale Interaktion statt, was die wahrgenommene Verbundenheit mit dem Schüler senkt. Sobald weitere Personen im Raum sind, die sich weigern, die Befehle des Versuchsleiters auszuführen, brechen 90 % der Versuchsteilnehmer das

---

[7] Tatsächlich existierte der Schüler gar nicht und es wurden keine Elektroschocks verabreicht. Allerdings wurden die Lehrer während des gesamten Experiments in dem Glauben gelassen, den Schülern echte Schmerzen zuzufügen. Wenn die Lehrer das Experiment abbrechen wollten, wurde ihnen vom Versuchsleiter mehrmals gesagt, dass die fortfahren sollen. Wenn sie sich nach der vierten Aufforderung immer noch weigerten, wurde das Experiment beendet.

[8] Dieses Laborexperiment fand unter streng kontrollierten und standardisierten Bedingungen statt. Das hat den Vorteil, dass die Einflüsse auf das Verhalten der Versuchsteilnehmer in dieser Situation gezielt kontrolliert werden können. Alternativerklärungen, zum Beispiel eine mögliche vorherige Auseinandersetzung mit der Autoritätsperson, können Folgsamkeit oder Rebellion in diesem Fall nicht erklären. In Wirklichkeit stand bei der Missachtung der Anordnungen von Autoritäten natürlich mehr auf dem Spiel, zum Beispiel die Position in der sozialen Hierarchie, der eigene Job oder sogar das eigene Leben (und das wichtiger Bezugspersonen).

Experiment ab (Milgram, 1965).[9] Auch wenn der Schüler nicht nur gehört, sondern gefühlt und gesehen wird, sinkt die Bereitschaft der Lehrer, Elektroschocks zu verabreichen, drastisch.

Milgrams Befunde zeigen sehr deutlich, dass die Situation, in der wir uns befinden, unser Verhalten maßgeblich beeinflusst. Daran hat sich bis heute wenig geändert: Im Jahr 2006 befolgten immer noch fast genauso viele Versuchsteilnehmer die Anforderungen des Versuchsleiters (Burger, 2009), allerdings zeigten empathische Menschen eine geringere Bereitschaft, Elektroschocks zu verabreichen.[10]

Kritik am Situationismus
Zeigen Milgrams Befunde, dass unser Verhalten ausschließlich durch die Situation bestimmt wird, in der wir uns befinden? Warum sonst sollten Menschen wie Sie und ich anderen tödliche Elektroschocks verabreichen? Letztendlich konnte Milgram beweisen, dass Menschen eine Neigung zur Autoritätshörigkeit haben, aber einige Versuchsteilnehmer weigerten sich, den Anordnungen der Autoritätsperson zu gehorchen. Auch wenn Milgrams Befunde ein Beweis für die Macht der Situation sind, zeigten seine Experimente auch, dass Folgsamkeit nicht zwangsläufig eintritt. Es ist also nicht so, dass die Situation unser Verhalten determiniert, sondern sie *legt bestimmtes Verhalten nahe*. Menschliches Verhalten lässt sich am besten durch das Zusammenspiel von situativen Faktoren und Persönlichkeitsfaktoren beschreiben.

Der Situationismus hat als Erklärungsansatz für menschliches Verhalten noch andere ausgeprägte Schwächen: Es kann nicht anhand der Situation selbst erklärt werden, warum verschiedene Menschen dieselbe Situation unterschiedlich interpretieren. Wieso haben beispielsweise einige Menschen Angst vor Spinnen und andere nicht? Darüber hinaus nehmen Menschen eine aktive Rolle ein, denn sie können darüber entscheiden, ob sie eine bestimmte Situation aufsuchen oder sie vermeiden. Die meisten Menschen gehen zum Arzt, wenn sie krank sind, aber einige haben panische Angst vor medizinischer Behandlung. Dieselbe Situation löst völlig unterschiedliche Reaktionen und entgegengesetzte Verhaltenstendenzen (Annäherung/Vermeidung) aus.

---

[9] Interessanterweise läuft dieser Effekt nur in eine Richtung: Sind weitere Personen im Raum, die den Anweisungen des Versuchsleiters *Folge leisten*, zeigen die Versuchsteilnehmer nur eine *leicht erhöhte Bereitschaft*, Schocks zu verabreichen.

[10] Hierbei handelt es sich um eine abgewandelte Form des ursprünglichen Experiments, da es ethisch fragwürdig ist, die Versuchsteilnehmer glauben zu lassen, sie hätte jemanden umgebracht. Viele von Milgrams Versuchsteilnehmern gaben an, etwas über sich gelernt zu haben und Autoritäten in Zukunft stärker zu misstrauen. Allerdings gab es auch Versuchspersonen mit posttraumatischen Belastungsstörungen, und einzelne Teilnehmer sagten noch vierzig Jahre später, sie seien das Trauma, ein Täter gewesen zu sein, nie mehr losgeworden (Lemov, 2006).

Auch die Befunde von Hartshorne und May (1928) zum unehrlichen Verhalten von Kindern sind mit Vorsicht zu interpretieren, da die Persönlichkeit von Kindern noch nicht vollständig ausgebildet ist. Aus entwicklungspsychologischer Perspektive ist es völlig berechtigt, anzunehmen, dass das Verhalten von Kindern instabiler ist als das von Erwachsenen und Kinder somit von Situation zu Situation zu unterschiedlichem Verhalten neigen (Hogrefe, o. D.).

Im Bezug auf ethische Fragen wie bei den Nürnberger Prozessen ist zu betonen, dass nicht wenige Menschen in Zeiten des Nationalsozialismus aktiv oder passiv gegen das Regime rebellierten. Das zeigt, dass Menschen auch unter den widrigsten Umständen ihrem Gewissen entsprechend handeln, sei es zum Schutz von Fremden oder zum Schutz ihres eigenen Lebens und dem ihrer Familie. Im Zuge der Entwicklung wissenschaftlicher Paradigmen zur Erklärung menschlichen Verhaltens und Erlebens wurden sowohl das Eigenschaftsparadigma als auch der Situationismus als unzureichend erkannt. In der modernen Persönlichkeitspsychologie werden Situation und Persönlichkeit daher als komplementär betrachtet.

7.2.3 Das Paradigma der dynamischen Interaktion

In Ansätzen wie dem Eigenschaftsparadigma wird die Persönlichkeit als statisches Gebilde angesehen. Auch in experimentellen Untersuchungen zum Einfluss der Situation bleibt ein entscheidender Aspekt unberücksichtigt: Menschen entwickeln sich über die gesamte Lebensspanne, von der Konzeption bis zum Tod (Baltes et al., 2006). Es gibt also keine statische Persönlichkeit, sondern eine *Persönlichkeitsentwicklung*, die durch eine dynamische Interaktion von Person und Umwelt vorangetrieben wird.[11]

Das Besondere am Paradigma der dynamischen Interaktion ist, dass nicht nur Gene und Situation die Persönlichkeit beeinflussen, sondern dass auch der *Einfluss der Person auf die Umwelt* berücksichtigt wird. Unter kontrollierten Bedingungen, wie beispielsweise im Milgram-Experiment, lässt sich die Wirkung einer Person auf ihre Umwelt nicht untersuchen. Daher wurden groß angelegte Längsschnittstudien durchgeführt, um die komplexe Interaktion zwischen Genen, Umwelt und Person abzubilden. Das Paradigma räumt mit einseitigen Betrachtungsweisen auf und schreibt dem Menschen eine aktive Rolle in der Gestaltung seiner Umwelt zu (Neyer & Asendorpf, 2024, S. 50–59).

---

[11] Die hier beschriebene historische Entwicklung der Paradigmen der (Persönlichkeits-)Psychologie ist stark verkürzt und lässt einige einflussreiche Paradigmen (wie das evolutionspsychologische und das neurowissenschaftliche Paradigma) außen vor. Eine vollständige Übersicht über alle Paradigmen finden Sie im Buch *Psychologie der Persönlichkeit* von Neyer und Asendorpf (2024).

Denn Menschen sind durchaus dazu in der Lage, ihre Umwelt auszuwählen und zu verändern. Mit zunehmendem Alter haben Kinder und Jugendliche in ihrer Lebensgestaltung immer mehr Möglichkeiten. So können Kinder beispielsweise entscheiden, ob sie zum Musikunterricht gehen oder in einem Sportverein mitmachen, wenn es nicht von den Eltern oder durch gesellschaftliche Normen festgelegt wird. Sie wählen sich also aktiv eine Umwelt aus, die wiederum Einfluss auf ihre Persönlichkeit nimmt *(Selektion)*. Doch dieser Einfluss ist nicht einseitig, denn die Kinder können ihre Umwelt auch mitgestalten und aktiv verändern. Indem sie sich freundlich, zurückhaltend oder aggressiv verhalten, rufen sie bestimmte Reaktionen in ihren Lehrern oder Trainern hervor *(Evokation)*. Schließlich können sie sich auch entscheiden, aus dem Sportverein auszutreten oder die Musikschule zu verlassen *(Manipulation)*, was zu einem Abbruch der dynamischen Interaktion zwischen Person und der gegebenen Umwelt führt.

Das Paradigma der dynamischen Interaktion wird der Komplexität menschlichen Verhaltens gerecht und bildet die Persönlichkeitsentwicklung umfassend ab. Menschen sind in ihrem Verhalten nicht determiniert, sondern ihr Verhalten lässt sich als dynamisches Wechselspiel von Person, Genen und Umwelt beschreiben und vorhersagen. Das Paradigma berücksichtigt die Tatsache, dass Menschen durch Selektion, Evokation und Manipulation Einfluss auf ihre Umwelt nehmen können und dadurch mitbestimmen, in welcher Weise ihre Umwelt auf sie zurückwirkt.

Kritik am Paradigma der dynamischen Interaktion
Die Nutzung des Paradigmas der dynamischen Interaktion zur Untersuchung menschlichen Verhaltens und Erlebens hat aber auch Nachteile. Denn in Feldstudien, dem bevorzugten Untersuchungsinstrument dieses Paradigmas, lassen sich meist nur *korrelative* (A hängt mit B zusammen) und keine *kausalen* Zusammenhänge (A beeinflusst B) feststellen, da es schlichtweg zu viele Einflussfaktoren gibt. Beispielsweise wurde in einer Feldstudie beobachtet, dass *Singles neurotischer*[12] *sind als Menschen in einer Partnerschaft* (Neyer & Asendorpf, 2001). Es ist naheliegend, dass eine stabile Partnerschaft Menschen weniger neurotisch macht (*Umwelt* → *Persönlichkeit*), weil sie soziale Zugehörigkeit, Sicherheit und Geborgenheit vermittelt. Genauso gut kann es aber sein, dass es weniger neurotischen Menschen leichter fällt, eine stabile Partnerschaft aufzubauen (*Persönlichkeit* → *Umwelt*), weil sie weniger ängstlich,

---

[12] Neurotizismus ist eine Persönlichkeitseigenschaft der *Big Five* und entspricht einer Tendenz zu Nervosität, Reizbarkeit, Ängstlichkeit und anderen negativen Emotionen wie Misstrauen, Ärger, Eifersucht, Verzweiflung und Trauer.

misstrauisch oder eifersüchtig sind. Neben diesen Gründen gibt es noch Alternativerklärungen: In einer Umwelt, in der viele Partner vorhanden sind, ist die Wahrscheinlichkeit, einen passenden Partner zu finden, höher. Gleichzeitig könnten Menschen, die in einer solchen Umwelt aufwachsen, weniger neurotisch sein als andere. Diese Alternativerklärungen lassen sich in Längsschnittstudien, die unter natürlichen Bedingungen durchgeführt werden, nicht ausschließen. Damit lässt das Paradigma der dynamischen Interaktion offen, ob die Umwelt die Persönlichkeit beeinflusst oder umgekehrt – und beobachtete Zusammenhänge könnten letztlich auch auf den Einfluss von weiteren Faktoren zurückzuführen sein.

Außerdem bleibt die Frage offen, welche *Prozesse* den Zusammenhang zwischen zwei Variablen (z. B. Partnerschaft und Neurotizismus) vermitteln. In Feldstudien bleibt es oft unklar, *warum* ein bestimmter Zusammenhang besteht, da viele mögliche Prozesse infrage kommen. Zum Beispiel ist es möglich, dass Singles im Schnitt neurotischer sind als Menschen in Paarbeziehungen, weil sie sich nicht zugehörig fühlen, wiederholt Ablehnungserfahrungen machen oder den Erwartungen ihres sozialen Umfeldes nicht gerecht werden. All diese (und weitere) Prozesse kommen als Erklärung infrage. Um die vermittelnden Prozesse präzise zu identifizieren, müssen Experimente unter kontrollierten Bedingungen durchgeführt werden. Feldstudien und Experimente sind somit unterschiedliche Methoden, die einmalige Einblicke in das menschliche Verhalten und Erleben ermöglichen und sich gegenseitig ergänzen.

Auch wenn das Paradigma der dynamischen Interaktion ein umfassendes Verständnis menschlichen Verhaltens erlaubt, bricht es mit einem zentralen wissenschaftlichen Grundsatz: dem *Sparsamkeitsprinzip*. Laut diesem Prinzip ist bei mehreren möglichen Erklärungen die einfachste zu bevorzugen. Einfach bedeutet in diesem Fall, dass möglichst wenige Variablen enthalten sind, die in einer klaren, konsistenten und logischen Beziehung zueinander stehen. Im Paradigma der dynamischen Interaktion gibt es allerdings eine Vielzahl von Variablen (z. B. genetische, Persönlichkeits- und Umweltvariablen), die in komplexer Wechselwirkung miteinander stehen. Vereinfacht ausgedrückt: *Alles hängt mit allem zusammen*. Die größte Stärke des Paradigmas ist deshalb zugleich seine größte Schwäche, denn obwohl es der Komplexität menschlichen Verhaltens gerecht wird, verletzt es eines der grundlegendsten Prinzipien der wissenschaftlichen Praxis.

> **Fazit**
> In den letzten drei Abschnitten haben Sie einige der grundlegenden Paradigmen der wissenschaftlichen Psychologie kennengelernt. Jedes Paradigma macht unterschiedliche *Annahmen* über die Ursachen menschlichen Verhaltens:
>
> - Im Eigenschaftsparadigma werden stabile, interindividuelle Unterschiede in der Persönlichkeit zur Erklärung menschlichen Verhaltens genutzt.
> - Laut dem Situationismus wird menschliches Verhalten maßgeblich durch die Situation bestimmt.
> - Im Paradigma der dynamischen Interaktion wird menschliches Verhalten als Wechselspiel zwischen Genen, Persönlichkeit und Umwelt betrachtet.
>
> Mit diesen Paradigmen gehen unterschiedliche Methoden einher. Im Situationismus werden bevorzugt Experimente verwendet, im Paradigma der dynamischen Interaktion sind Feldstudien das Mittel der Wahl. Paradigmen verhalten sich *komplementär* zueinander, denn Beobachtungen, die aus der Sicht eines Paradigmas unerklärlich scheinen, können durch ein anderes Paradigma erklärt werden. Erst das Einnehmen unterschiedlicher Perspektiven erlaubt ein vollständiges Bild, wie es Einstein in seiner Metapher der Bergbesteigung beschreibt.

Jetzt, wo wir die grundlegenden Eigenschaften von Paradigmen kennen, setzen wir uns mit dem Paradigmenwechsel auseinander, also dem Prozess, in dessen Verlauf ein Paradigma durch ein anderes abgelöst wird. Wie genau und unter welchen Umständen findet ein Paradigmenwechsel statt? Wie gewinnen neue Theorien Anhänger, die nicht davor zurückschrecken, die Grenzen des bisherigen Wissens aufzuzeigen und bestehende Ansichten herauszufordern

7.3 Der Paradigmenwechsel

Einer, der es sich zur Aufgabe machte, Entwicklung und Fortschritt in der Wissenschaft systematisch zu beschreiben, war der US-amerikanische Physiker,

Wissenschaftsphilosoph und Wissenschaftshistoriker Thomas S. Kuhn (1922–1996). Sein Werk *„The structure of scientific revolutions"* (dt.: „Die Struktur wissenschaftlicher Revolutionen", Kuhn, 1962) gilt als Meilenstein der Wissenschaftsgeschichte und Wissenschaftstheorie und gehört bis heute zu den am meisten zitierten Werken aus den Geisteswissenschaften.

Doch was ist an Kuhns Werk so revolutionär und besonders? Zuvor vertraten viele Wissenschaftstheoretiker die Auffassung, wissenschaftlicher Fortschritt entsteht durch eine schrittweise Ansammlung *(Akkumulation)* von Fakten.[13] Diese Phasen, in denen schrittweise Erkenntnisse generiert werden, erkennt auch Kuhn an und bezeichnet sie als *Normalwissenschaft*. Laut Kuhn ist das aber nur die halbe Wahrheit, denn sobald Anomalien auftreten, die sich nicht mehr mit dem herrschenden wissenschaftlichen Paradigma erklären lassen, werden die Phasen der Normalwissenschaft durch *wissenschaftliche Revolutionen* abgelöst. So wie im Zuge einer politischen Revolution eine alte Regierung gestürzt und eine neue eingesetzt wird, werden bei einer wissenschaftlichen Revolution alte Paradigmen, gemeinsam mit ihren Annahmen und Methoden, durch neue Paradigmen verdrängt. Ähnlich wie bei politischen Veränderungen kann sich dieser Prozess schrittweise oder plötzlich vollziehen.

Doch wie bei gesellschaftlichen Umbrüchen, bei denen sich die herrschende Klasse noch an ihre Macht klammert und ihre Legitimität betont,[14] werden in der Forschung zunächst *Ad-hoc-Hypothesen* (Hilfshypothesen) genutzt, um Beobachtungen zu erklären und kritische Argumente auszuhebeln, die den Annahmen des gängigen Paradigmas zuwiderlaufen. Ad-hoc-Hypothesen können bestehenden Theorien eine Atempause verschaffen. Allerdings ist der wiederholte Gebrauch von Ad-hoc-Hypothesen nicht mit dem Sparsamkeitsprinzip vereinbar und ein Kennzeichen von Pseudowissenschaften und Verschwörungstheorien (Feyerabend, 1975; Lilienfeld, 2014).

Wenn sich die Anomalien anhäufen und es zu viele Ad-hoc-Hypothesen braucht, um die Annahmen des Paradigmas zu rechtfertigen, kommt es zu einer Vertrauenskrise in das paradigmatische Wissen. Damit ein neues Paradigma durch die Forschenden akzeptiert wird, muss es zwei Voraussetzungen erfüllen:

---

13 Ich schätze, diese Auffassung herrscht auch heute noch in weiten Teilen der Bevölkerung vor.

14 Ein Beispiel aus der indischen Geschichte ist das Ende der Besatzung und Regierung Indiens durch die britische Kolonialmacht. In einem Gespräch mit dem politischen Anführer der indischen Unabhängigkeitsbewegung, Mahatma Gandhi (1869–1948), betonte die britische Kolonialregierung, dass der Einfluss Großbritanniens zur Friedenssicherung unerlässlich sei, denn nur die Kolonialmacht könne die drohenden Ausschreitungen zwischen Hindus und Moslems verhindern. Gandhi wendete ein, dass 100.000 Briten die 350 Mio. Inder nicht dauerhaft gegen ihren Willen regieren werden. Nachdem Indien 1947 unabhängig geworden war, kam es tatsächlich zu Ausschreitungen zwischen Hindus und Moslems, die Gandhi durch sein mehrtägiges Fasten erfolgreich beendete, wie der historische Spielfilm *Gandhi* (1982) eindrucksvoll zeigt.

1. **Lösbarkeit:** Mithilfe des Paradigmas muss man in der Lage sein, Probleme zu lösen und Beobachtungen zu erklären, die nicht mit den Methoden und Annahmen des alten Paradigmas erklärbar waren. Dadurch gewinnt es für die Forschenden an Attraktivität.
2. **Dynamik:** Das Paradigma muss dynamisch sein und einen *neuen* Horizont ungelöster Probleme aufzeigen, die mit den neuen Annahmen und Methoden potenziell gelöst werden können.

Sind diese Bedingungen erfüllt, ist es wahrscheinlich, dass das neue Paradigma durch die Forschenden akzeptiert und das alte Paradigma verdrängt wird. Im Zuge des Paradigmenwechsels ändert sich der Fokus von dem, was die Wissenschaft als zu klärendes Problem ansieht. Auch der Wortschatz, also die Begriffe, die zu Definition, Erklärung und Problemlösung genutzt werden, ändern sich dabei.

7.3.1 Von der klassischen zur modernen Physik

Um den Paradigmenwechsel an einem Beispiel nachvollziehen zu können, widmen wir uns wieder der Ablösung der klassischen Physik durch die moderne Physik. Eine der Grundannahmen der klassischen Physik war, dass sich physikalische Vorgänge in einem *Äther* vollziehen. Der Äther war eine hypothetische Trägersubstanz mit geringster Dichte, die den Raum lückenlos füllt. Die klassische Physik war auf das Konzept angewiesen, denn sonst ließen sich physikalische Phänomene wie die Ausbreitung elektromagnetischer Wellen (z. B. Licht) nicht widerspruchsfrei erklären.

Sie können es sich den Äther vorstellen wie einen Teich: Sobald sie einen Stein hineinwerfen, breiten sich sichtbare Wellen kreisförmig um den Eintrittspunkt aus. Für diese wellenförmige Bewegung ist das Wasser die Trägersubstanz. Analog dazu stellt der Äther die Trägersubstanz für die wellenförmige Ausbreitung von Licht dar. Im Gegensatz zum Wasser, das sichtbar und messbar ist, konnte die Existenz des Äthers nicht beobachtet werden. Allerdings mussten die Vertreter der klassischen Physik annehmen, dass der Äther existiert, denn sonst konnten sie nicht erklären, warum sich Licht wellenförmig ausbreitet.

In einem Experiment versuchen die Wissenschaftler Michelson und Morley (1887) die Existenz des Äthers nachzuweisen. Die Grundannahme war, dass die wellenförmige Bewegung des Lichts erst durch den Äther ermöglicht wird. Somit sollten Veränderungen in der Bewegung des Äthers auch Veränderungen in der Lichtgeschwindigkeit ergeben. In einem ausgetüftelten Versuchsaufbau konnten Michelson und Morley – zur Enttäuschung vieler Vertreter der klassischen Physik – die Existenz des Äthers *nicht* nachweisen. Die Ätherbewegung hatte keinen Einfluss auf die Lichtgeschwindigkeit. Dieses Ergebnis stand im Widerspruch zur Grundannahme der klassischen Physik über die Existenz eines Äthers.

Doch dieses Ergebnis allein führte noch nicht zu einer wissenschaftlichen Revolution in der Physik, sondern die Grundannahme über die Existenz eines Äthers wurde zunächst beibehalten und verteidigt. Der Physiker Hendrik A. Lorentz (1853–1928) brachte die Ergebnisse des Michelson-Morley-Experiments zunächst mit der klassischen Physik in Einklang, indem er postulierte, dass der Äther völlig unbewegt ist und die eigene Geschwindigkeit relativ zum Äther nicht bestimmt werden kann (*Lorentz'sche Äthertheorie*, Lorentz, 1892). Der Äther ist somit eine unzugängliche und nicht messbare Größe.

Mit dieser *Ad-hoc-Hypothese* gelang es zunächst, die Existenz des Äthers zu rechtfertigen. Allerdings war Lorentz' Theorie unbefriedigend, da sie zusätzliche Annahmen erforderte, um die Ergebnisse von Michelson und Morley zu erklären, was nicht mit dem Sparsamkeitsprinzip vereinbar war. Erst mit Einsteins *spezieller Relativitätstheorie* wurde die Annahme über die Existenz eines Äthers überflüssig. Laut Einstein breitete sich Licht immer mit einer konstanten Geschwindigkeit aus und konnte sich auch als Welle in einem leeren Raum (Vakuum) bewegen (Einstein, 1905). Einsteins Theorie erforderte keine zusätzlichen Annahmen über die Existenz eines Äthers mit bestimmten Eigenschaften und konnte die wellenförmige Ausbreitung von Licht auch *ohne* Äther erklären. Zudem waren im Gegensatz zu Lorentz' Theorie alle Größen in Einsteins spezieller Relativitätstheorie experimentell zugänglich und messbar. Nach dem Sparsamkeitsprinzip war Einsteins Theorie gegenüber der Lorentz'schen Äthertheorie zu bevorzugen.[15] Im Zuge der wissenschaftlichen Revolution wurden Begriffe der klassischen Physik (z. B. absoluter Raum, Äther) durch neue Begriffe (z. B. Quanten, Raumzeit) ergänzt und ersetzt. Der Begriff *Äther* gilt heute als überholt und wird überhaupt nicht mehr verwendet.

Mit Einsteins Einsichten brach ein neues Zeitalter in der Physik an, denn seine Theorien eröffneten einen neuen Horizont ungelöster Probleme. Der Fokus von dem, was die Physik als zu klärendes Problem ansah, änderte sich dabei. So postulierte Einstein im Jahr 1916 beispielsweise die Existenz von *Gravitationswellen*, denn nach Einsteins Theorie erzeugen beschleunigte Massen, beispielsweise bei der Verschmelzung zweier schwarzer Löcher, Verzerrungen in der Raumzeit – sie strecken und stauchen den Raum (Einstein, 1918). Bis vor kurzem wurden diese Wellen für ein mathematisches Artefakt aus Ein-

---

[15] Einsteins Theorien lösten nicht nur dieses Problem, sondern lieferten befriedigende und sparsame Erklärungen für eine Vielzahl von Anomalien, die nicht mit den Grundannahmen der klassischen Physik vereinbar waren. Beim Äther handelt es sich nur um ein Beispiel von vielen.

steins allgemeiner Relativitätstheorie gehalten. Es dauerte nicht weniger als ein Jahrhundert, bis Forscher in den USA im Jahr 2015 die von Einstein vorhergesagten Gravitationswellen messen und nachweisen konnten (Abbott, 2016). Zurzeit wird an einer präziseren Messung von Gravitationswellen gearbeitet, denn bei der Entstehung des Universums gab es zahlreiche Ereignisse, bei denen Gravitationswellen freigesetzt wurden. Die präzisere Messung von Gravitationswellen verspricht uns ein besseres Verständnis von den Anfängen des Universums.

Fazit
Der Übergang von der klassischen zur modernen Physik ist ein typisches Beispiel für einen Paradigmenwechsel, der durch folgende Phänomene gekennzeichnet ist:

1. **Auftreten von Anomalien**, die nicht mit den Grundannahmen der klassischen Physik vereinbar waren (z. B. konnte die Existenz des Äthers nicht experimentell bestätigt werden).
2. **Wiederholter Gebrauch von *Ad-hoc-Hypothesen*** (z. B. „Der Äther ist unbeweglich und nicht messbar"), die allerdings keine geschlossene Theorie darstellten und sich häuften, was dem *Sparsamkeitsprinzip* widerspricht.
3. **Lösbarkeit bestehender Probleme** der klassischen Physik durch Einsteins spezielle Relativitätstheorie (z. B. Lichtwellen können sich im Vakuum ausbreiten).
4. **Dynamische Weiterentwicklung** der Physik, die vor einem neuen Horizont ungelöster Probleme stand (z. B. Gravitationswellen), die mit den Annahmen und Methoden der modernen Physik potenziell lösbar waren.
5. **Überwindung veralteter und unzutreffender Begriffe** (z. B. Äther) und Einführung neuer Begriffe und Konzepte (z. B. Raumzeit).

Bei der wissenschaftlichen Revolution in der Physik stellt sich die Frage, warum dieser Paradigmenwechsel nicht früher stattgefunden hat. Schließlich gab es zahlreiche Beobachtungen, die sich nicht mit der klassischen Physik erklären ließen und deren Grundannahmen widersprachen. Aber erst mit Einsteins Relativitätstheorie und seiner Arbeit über Lichtquanten, für die er 1921 den Nobelpreis bekam, erkannten viele Physiker an, dass die klassische Physik reformbedürftig war. Paradigmen werden

> scheinbar nicht aufgegeben, wenn ihre Annahmen falsifiziert, also widerlegt werden, sondern *erst wenn sie durch neue Paradigmen ersetzt werden können, welche die Anomalien zufriedenstellend erklären.*

Nachdem wir den Forschungsprozess aus einer groben, umfassenden Perspektive betrachtet haben, widmen wir uns nun den kleinen, alltäglichen Abläufen in der Forschung. Sie werden sehen, dass diese Mikroprozesse für die Funktion der Wissenschaft nicht weniger wichtig sind als das große Ganze. Denn letztendlich sind die großen Erkenntnisse und wissenschaftlichen Revolutionen aus kleinen Befunden, Hypothesen und Diskussionen zusammengesetzt. Sie werden bemerken, dass wissenschaftlicher Fortschritt nicht nur von Forschenden in ihren Labors vorangetrieben wird, sondern dass externe Akteure wie Medien, Industrie und die Öffentlichkeit eine ebenso große Rolle spielen wie die Wissenschaft selbst – und dabei steht die Wahrheit nicht immer an erster Stelle.

Literatur

Abbott, B. P. (2016). Observation of gravitational waves from a binary black hole merger. *Physical Review Letters, 116*(6), 061102. https://doi.org/10.1103/PhysRevLett.116.061102.

Baltes, P. B., Lindenberger, U., & Staudinger, U. M. (2006). Life Span Theory in Developmental Psychology. In R. M. Lerner & W. Damon (Hrsg.), *Handbook of child psychology: Theoretical models of human development*. Wiley.

Barrick, M. R., & Mount, M. K. (1991). The Big-Five personality dimensions in job performance: A meta-analysis. *Personnel Psychology, 44*(1), 1–26.

Burger, J. M. (2009). Replicating Milgram: Would people still obey today? *American Psychologist, 64*(1), 1–11. https://doi.org/10.1037/a0010932.

Chotjewitz, D. (1994). *Das Abenteuer des Denkens: Roman über Albert Einstein*. Carlsen.

Costa, P. T., & McCrae, R. R. (1992). Four ways five factors are basic. *Personality and Individual Differences, 13*(6), 653–665. https://doi.org/10.1016/0191-8869(92)90236-I.

De Raad, B. et al. (2010). Only three factors of personality description are fully replicable across languages: A comparison of 14 trait taxonomies. *Journal of Personality and Social Psychology, 98*(1), 160–173. https://doi.org/10.1037/a0017184.

Einstein, A. (1905). Zur Elektrodynamik bewegter Körper. *Annalen der Physik, 17*, 891–921.

Einstein, A. (1918). Über Gravitationswellen. *Sitzungsberichte der K ö niglich-Preußischen Akademie der Wissenschaften (Berlin)*, 154–167.
Feyerabend, P. (1975). *Wider den Methodenzwang*. Suhrkamp.
Hartshorne, H., & May, M. A. (1928). *Studies in the nature of character. Vol. 1: Studies in deceit*. Macmillan.
Hogrefe. (o. D.). *Situationismus*. https://dorsch.hogrefe.com/stichwort/situationismus. Zugegriffen: 11. Aug. 2024.
Kuhn, T. S. (1962). *The structure of scientific revolutions*. University of Chicago Press.
Lemov, R. (2006). *World as laboratory: Experiments with mice, mazes, and men*. Hill & Wang.
Lilienfeld, S. O. (2014). Pseudoscience in contemporary clinical psychology: What it is, and what we can do about it. In B. Farha (Hrsg.), *Pseudoscience and deception: The smoke and mirrors of paranormal claims*. University Press of America.
Lindström, G., Langkau, R., & Scobel, W. (2002). Grenzen der klassischen Physik. In *Physik kompakt 3: Quantenphysik und Statistische Physik*. Springer.
Lorentz, H. A. (1892). La théorie électromagnétique de Maxwell et son application aux corps mouvants. *Archives néerlandaises des sciences exactes et naturelles, 25*, 363–552.
Michelson, A. A., & Morley, E. W. (1887). On the relative motion of the Earth and the luminiferous ether. *American Journal of Science, 34*(203), 333–345. https://doi.org/10.2475/ajs.s3-34.203.333.
Milgram, S. (1963). Behavioral study of obedience. *The Journal of Abnormal and Social Psychology, 67*(4), 371–378.
Milgram, S. (1965). Some conditions of obedience and disobedience to authority. *Human Relations, 18*(1), 57–76.
Mischel, W. (1968). *Personality and Assessment*. Wiley.
Neyer, F. J., & Asendorpf, J. B. (2024). Sechs Paradigmen der Persönlichkeitspsychologie. In *Psychologie der Persönlichkeit* (7. Aufl.). Springer. https://doi.org/10.1007/978-3-662-67385-0.
Neyer, F. J., & Asendorpf, J. B. (2001). Personality-relationship transaction in young adulthood. *Journal of Personality and Social Psychology, 81*(6), 1190–1204. https://doi.org/10.1037//0022-3514.81.6.1190.
Penke, L., & Jokela, M. (2016). The evolutionary genetics of personality revisited. *Current Opinion in Psychology, 7*, 104–109. https://doi.org/10.1016/j.copsyc.2015.08.021.
Schmidt, F. L., & Hunter, J. E. (1998). The validity and utility of selection methods in personnel psychology: Practical and theoretical implications of 85 years of research findings. *Psychological Bulletin, 124*(2), 262–274.
Schuler, H. (2005). *Lehrbuch der Personalpsychologie*. Hogrefe.

8

Zweifeln – aber richtig!

8.1 Der Tabakmoderator

An welchem Beispiel ließen sich die Verflechtungen zwischen Forschung und externen Akteuren besser nachvollziehen, als an der Manipulation von Forschungsergebnissen durch die Tabakindustrie?[1] Zu Zeiten der Tabakdebatte in den 80er- und 90er-Jahren stellte der Starmoderator Morton Downey Junior, ein überzeugter Raucher und Hitzkopf, einen Wissenschaftler in seiner Sendung *„The Morton Downey Jr. Show"* vor laufender Kamera öffentlich bloß, der behauptete, Rauchen sei schädlich und würde Lungenkrebs verursachen. Vom Publikum erhielt Morton Downey Jr. dafür Applaus und erntete breite Zustimmung (ElFino013, 2013).[2]

Die Tabakdebatte war damals im Mittelpunkt der Öffentlichkeit. Nachdem es Forschern gelungen war, die krebserregende Wirkung von Tabak nachzuweisen, finanzierte die Tabakindustrie zahlreiche Studien – nicht etwa, um

---

[1] Zugegebenermaßen handelt es sich hierbei um ein besonders perfides Negativbeispiel. Daher möchte ich anmerken, dass nicht alle Einflüsse der Industrie auf die Forschung darauf ausgerichtet sind, Erkenntnisse für Profit zu generieren und sie dann systematisch vor der Öffentlichkeit zu verschleiern. Die Förderung von Forschung durch die Industrie hat zahlreiche sinnvolle und nützliche Produkte hervorgebracht – von lebensrettenden Medikamenten über Impfstoffe und medizinische Geräte bis hin zu innovativen Technologien wie erneuerbaren Energien oder effizienteren Verkehrsmitteln. Dennoch ist das Beispiel der Tabakindustrie bezeichnend und interessant, denn es zeigt uns, was im Forschungsprozess falsch laufen *kann.*

[2] Es lohnt sich wirklich, den Videoausschnitt einmal anzuschauen, in dem wissenschaftliche Fakten negiert und die *„Rechte der Raucher"* (z. B. zum Rauchen im Flugzeug) propagiert wurden. Aus heutiger Sicht erscheint diese Debatte völlig absurd. Allerdings ist diese Strategie noch nicht aus der Mode gekommen, denn auch von der Alkoholindustrie werden bei kritischen Fragen zur gesundheitsschädigenden Wirkung des Alkohols und möglichen rechtlichen Einschränkungen die *Rechte der Konsumenten* betont.

das Gegenteil zu beweisen, sondern um vom Tabak als Krebserreger abzulenken. Alle möglichen potenziellen Krebserreger wie Asbest, Radon, Viren und Giftstoffe (die tatsächlich Lungenkrebs verursachen) bis hin zu absurden Einflussfaktoren wie dem genauen Geburtsmonat, Kahlköpfigkeit und dem Konsum von Eiern und Tomatensaft wurden in großzügig finanzierten Studien untersucht. Der Tabakindustrie ging es aber nicht darum, die Bevölkerung vor Krebs zu schützen oder den wissenschaftlichen Erkenntnisprozess zu fördern. Die Unsummen an Fördermitteln wurden vor allem dafür ausgegeben, *um Zweifel an der krebserregenden Wirkung des Tabaks zu säen,* damit die Zigarette im kollektiven Bewusstsein weiterhin als ungefährlich galt. Der Tabakindustrie gelang es tatsächlich, ihre Produkte für mehrere Jahrzehnte aus der Schusslinie zu nehmen und weiterhin Millionenumsätze auf Kosten der Gesundheit der Bevölkerung zu machen.

Schließlich häuften sich die Krankheitsfälle und die Menschen wollten wissen, was sie krank gemacht hat. Der politische Druck auf die Tabakindustrie wurde immer größer. Im Jahr 1994 sendet ein anonymer Angestellter der Tabakindustrie vertrauliche Dokumente an Professor Stanton Glantz, der damals an der Universität von Kalifornien zu den Folgen des Tabakkonsums forschte. In den Dokumenten schrieben die bei der Tabakindustrie angestellten Wissenschaftler ganz offen über die schädlichen Auswirkungen des Rauchens auf den menschlichen Körper. Stanton Glantz veröffentlichte die Dokumente und setzte sich dafür ein, dass die Tabakindustrie ihre Archive der Öffentlichkeit zugänglich machen musste. Schließlich mussten sich die Präsidenten der sieben größten Tabakkonzerne vor dem Kongress verantworten. Zunächst logen sie unter Eid und verleugneten, dass Nikotin süchtig macht. Einige Jahre später mussten sie angesichts der erdrückenden Beweislage ihre Geheimarchive öffnen und zugeben, dass Tabak gesundheitsschädlich ist.

Ironischerweise erkrankte Morton Downey Jr., anfangs überzeugter Raucher und Verfechter der Lügen, die von der Tabakindustrie propagiert wurden, im Jahr 1996 selbst an Lungenkrebs. Die Ärzte gaben ihm noch ein Jahr zu leben. Er bat öffentlich um Vergebung für seine falschen Äußerungen, die er aufgrund seiner Unwissenheit von sich gegeben hatte. Außerdem wünschte er sich, den fünften Geburtstag seiner Tochter noch miterleben zu dürfen, damit sie sich an ihn erinnern konnte. Die Zweifel, Lügen und Halbwahrheiten der Tabakindustrie gefährdeten nicht nur Einzelpersonen wie Downey, sondern die Gesundheit einer ganzen Generation. Die Konzerne wurden zur Zahlung einer hohen Geldsumme verurteilt und müssen ihre Produkte mit entsprechenden Kennzeichen versehen. Bis heute ist nicht abzusehen, wie viele Menschenleben das Agieren der Tabakindustrie gekostet hat: In vielen Ländern dauern die gesellschaftlichen Diskussionen über die Folgen des Rauchens und den damit verbundenen Einschränkungen wie Rauchverbot in Flugzeugen, Restaurants und öffentlichen Plätzen immer noch an.

> **Fazit**
> Wissenschaftliche Erkenntnisse sind anfällig für Manipulation. Industrielle und andere Machthaber haben oftmals Interesse daran, wissenschaftliche Erkenntnisse zu verschleiern – oft zum Nachteil der Konsumenten. Der Fall der Tabakindustrie zeigt, welche Quellen zuverlässig sind und welche nicht. Das von der Tabakindustrie großzügig finanzierte *Tobacco Institute* publizierte eine Vielzahl von Studien – keine davon verwies auf die schädlichen Folgen des Tabakkonsums.
> Öffentlich finanzierte Studien, wie zum Beispiel Studien der Weltgesundheitsorganisation WHO, zeigten hingegen sehr wohl, dass Rauchen schädlich ist. Schließlich war es auch der an einer öffentlichen Einrichtung angestellte Professor Stanton Glantz, der entsprechende Beweise vorlegte. Daraus lässt sich eine Faustregel ableiten: *Die Ergebnisse aus öffentlich finanzierten Studien sind verlässlicher als die aus privat finanzierten Studien*, denn bei privat finanzierten Studien besteht oftmals ein Interessenkonflikt zwischen Wahrheit und Wirtschaftlichkeit. Natürlich gibt es auch privat finanzierte Wirtschaftsunternehmen, die mit Interesse an der Wahrheit gute Forschung betreiben – und umgekehrt Wissenschaftler an öffentlichen Einrichtungen, die unerwünschte Befunde, die ihrer Karriere nicht dienlich sind, unter den Tisch fallen lassen. Ergebnisse aus Quellen, die finanziell stark abhängig von einem bestimmten Industriezweig sind, sollten aber besonders kritisch geprüft werden.[3]

Der perfide Trick der Tabakindustrie bestand darin, die Wissenschaft mit ihrer eigenen Waffe zu schlagen. Durch das Säen von Zweifeln wurden die Erkenntnisse zur gesundheitsschädigenden Wirkung des Tabaks in Verruf gebracht. Zweifel stehen aber auch im Zentrum der Wissenschaft und sind sozusagen die *mentale Triebfeder*, die neue Theorien und Hypothesen schafft, wenn alte Erklärungsansätze an der Realität scheitern. Doch wenn Zweifel im wissenschaftlichen Prozess unerlässlich sind, wie können wir dann überhaupt den Fakten trauen, die wir durch jahrelange, mühsame Forschung akkumuliert haben?

---

[3] Ein weiteres Beispiel ist der Klimawandel, der durch den Energie- und Ölkonzern *ExxonMobil* systematisch verschleiert wurde. Der Konzern wusste bereits aus eigenen Forschungen in der Arktis über die

Um das zu verstehen, müssen wir tiefer in die Funktionsweise der Forschung eintauchen. Die *Wissenschaftstheorie* beschäftigt sich mit den Voraussetzungen, Zielen und Methoden von Wissenschaft. Sie stellt der Forschung ein einheitliches Fundament zur Verfügung, auf dessen Basis der Erkenntnisprozess vorangetrieben werden kann. Grundsätzlich können drei wissenschaftstheoretische Positionen[4] unterschieden werden:

8.2 Empirischer Positivismus

Vertreter des empirischen Positivismus gehen davon aus, dass sich Hypothesen empirisch *verifizieren* lassen. Beobachtungen, die mit einer Hypothese übereinstimmen, können demnach als Beleg für deren Gültigkeit verstanden werden. Stellen wir beispielsweise die Hypothese auf, dass alle Schwäne weiß sind. Wenn wir im Folgenden nur Schwäne beobachten, die weiß sind, kann die Hypothese damit belegt werden *(Verifikationsprinzip)*.

8.3 Wissenschaftlicher Skeptizismus

Skeptiker zweifeln grundsätzlich die Möglichkeit an, durch wissenschaftliche Methoden zu einem sicheren Ergebnis kommen zu können. Vertreter des wissenschaftlichen Skeptizismus würden sich daher auch, nachdem ein Ergebnis empirisch bestätigt ist, ihres Urteils enthalten. Auch der Aussage, eine Hypothese könne zumindest vorläufig angenommen werden, würden sie nicht zustimmen, weil sie die Möglichkeit, Erkenntnisse zu generieren, *an sich* infrage stellen.

Starker Skeptizismus ist vergleichbar mit der Situation einer politischen Entscheidung, bei der sich alle Abgeordneten enthalten. Dadurch werden zwar keine Fehlentscheidungen getroffen, aber sinnvolle und notwendige Entscheidungen bleiben ebenfalls aus. Wissenschaftlicher Skeptizismus ist daher prak-

---

Folgen des CO_2-Ausstoßes Bescheid, führte die Öffentlichkeit aber in die Irre und säte Zweifel am menschengemachten Klimawandel. Forscher der Harvard University analysierten systematisch 72 Fachartikel von Wissenschaftlern, die bei ExxonMobil angestellt waren, und verglichen diese mit den öffentlichen Aussagen des Konzerns. Das Ergebnis: Es gab eine massive Diskrepanz zwischen den Aussagen, die innerhalb von ExxonMobil bei Teamtreffen gemacht wurden und dem, was die Firma der Öffentlichkeit präsentierte (Supran & Oreskes, 2017).

[4] Tatsächlich ist auch die Wissenschaftstheorie gekennzeichnet durch eine Vielzahl von Positionen. Beispielsweise behaupten Anhänger des *Sozialkonstruktivismus*, dass Forschung und Erkenntnisse sozial konstruiert sind. Somit sind wissenschaftliche Befunde kein Abbild einer dahinterliegenden, objektiven Realität, die *unabhängig* von uns existiert (wie es beispielsweise im *Realismus* behauptet wird), sondern ein Produkt (sozial geteilter) Wahrnehmungen und Interpretationen. Aus Gründen der Einfachheit werden hier nur drei Positionen genannt und genauer herausgearbeitet, die dem Realismus nahestehen.

tisch nicht umsetzbar, wenn man zu einem Ergebnis kommen will. Denn die Annahme, dass gesicherte Ergebnisse nicht möglich sind, behindert den fortlaufenden Forschungsprozess, in dem Annahmen bestätigt und widerlegt werden.

8.4 Kritischer Rationalismus

„Wir irren uns empor."
– Gerhard Vollmer, deutscher Physiker und Philosoph (*1943)

Der kritische Rationalismus ging unter anderem aus der Kritik am empirischen Positivismus hervor. Karl Popper (1902–1994), ein berühmter Philosoph und Wissenschaftstheoretiker, vertrat die Auffassung, dass Hypothesen nicht verifiziert werden können, denn eine Hypothese ist nur solange wahr, bis das Gegenteil eintritt (Popper, 1994). Hypothesen können nicht endgültig bewiesen werden, sondern müssen immer wieder auf ihren Wahrheitsgehalt überprüft werden. Wenn wir nur weiße Schwäne beobachtet haben, können wir davon ausgehen, dass *nichts gegen unsere Hypothese spricht*, dass alle Schwäne weiß sind. Das bedeutet nicht, dass die Hypothese dadurch zwangsläufig belegt wird und der Wahrheit entspricht. Denn sobald wir einen schwarzen Schwan beobachten, muss die Hypothese, dass alle Schwäne weiß sind, verworfen werden *(Falsifikationsprinzip)*.

Dazu ein kleines Gedankenexperiment: Stellen Sie sich einen europäischen Vogelforscher vor, der die Hypothese vertritt, dass alle Schwäne weiß sind. Schwarze Schwäne sind beispielsweise in Australien beheimatet und wären dem europäischen Wissenschaftler nicht bekannt. Wenn der Vogelforscher positivistisch eingestellt ist, könnte er leicht dem Fehlschluss unterliegen, dass alle Schwäne weiß sind – eben weil er in seiner Umgebung nur weiße Schwäne beobachtet hat. Aus der Perspektive des empirisches Positivismus stellt seine Beobachtung einen Beleg *(Verifikation)* für seine Hypothese dar. Unser Horizont erweitert sich aber ständig: Technische Innovationen ermöglichen uns fortwährend genauere und tiefere Einblicke in die Realität. Heute könnte der Europäer nach Australien reisen, um seine Hypothese zu überprüfen (oder einfach im Internet nachschauen). Somit würde er schwarze Schwäne beobachten und müsste seine Hypothese, dass alle Schwäne weiß sind, wieder verwerfen. Nach dem kritischen Rationalismus sind Hypothesen deshalb grundsätzlich nicht beweisbar und *gelten nur solange, bis das Gegenteil bewiesen ist (Falsifikation)*.

Diese Vorgehensweise in der Forschung führt häufig dazu, dass außenstehende Individuen und Organisationen gesicherte Forschungsergebnisse leugnen oder anzweifeln (z. B. beim Klimawandel), weil es keine absolute, endgültige Wahrheit gibt. Wenn allerdings über Jahrzehnte hinweg in verschiedenen Kontexten eine Vielzahl an entsprechenden Beobachtungen gemacht wurde, die mit einer Hypothese (z. B. durch menschliche Aktivitäten freigesetzte Treibhausgase in der Erdatmosphäre bewirken eine Klimaerwärmung) übereinstimmen, ist sie *mit sehr hoher Wahrscheinlichkeit wahr, und wir sollten sie ernst nehmen und unser Handeln dementsprechend ausrichten*. In der Wissenschaft liegt die Beweislast bei denjenigen, die eine Hypothese vertreten, die den etablierten Theorien und tausenden von Beobachtungen widerspricht – im Fall des Klimawandels wurde noch kein überzeugender Nachweis für das Gegenteil erbracht. Wissenschaftliche Erkenntnisse heutzutage[5] nicht ernst zu nehmen, nur weil sie nicht absolut sind, ist in etwa so sinnvoll wie auf eine Herdplatte zu fassen, nachdem man sie eine Stunde lang mit voller Leistung erhitzt hat, nur um zu prüfen, ob sie auch *wirklich* heiß ist.

Dennoch gibt es einige Menschen, die es nicht lassen können und die Herdplatte anfassen müssen. Albert Einstein war zweifellos einer von ihnen, denn er stellte die klassische Mechanik von Isaac Newton auf den Prüfstand, obwohl sie über 200 Jahre in zahlreichen Experimenten belegt wurde. Wenn es jemals eine Theorie gab, die als „belegt" hätte gelten können, so wäre es wohl die von Newton gewesen. Die einzige Ausnahme war bislang das Ergebnis des Michelson-Morley-Experiments. Trotz der zahlreichen Positivbefunde nahm Einstein (2009) dieses Ergebnis ernst und stellte sich mutig Newtons Theorie entgegen, suchte nach Widersprüchen, Fehlern und Gegenbeweisen, womit er eine wissenschaftliche Revolution anzettelte. Diese Entwicklung ist ein eindrückliches Beispiel dafür, dass es sich lohnt, auch etablierte Theorien auf Fehler und Schwächen zu untersuchen. Es zeigt außerdem, dass der kritische Rationalismus, der nach dem Falsifikationsprinzip operiert, dem empirischen Positivismus und dem Verifikationsprinzip überlegen ist, wenn es darum geht, wissenschaftlichen Fortschritt voranzutreiben und neue Erkenntnisse zu generieren.[6]

---

[5] Ich schreibe *heutzutage*, weil sich das angesammelte Wissen in den letzten Jahrzehnten vervielfacht hat und der technische Fortschritt mit immer genaueren Messmethoden einherging. Der Bereich der Spekulation wird daher immer kleiner, während der Bereich des Mess- und Beweisbaren stetig erweitert wird.

[6] Wer in dieser Entwicklung eine Bestätigung für Wissenschaftsfeindlichkeit, Misstrauen, Relativismus und *grundlegende* Zweifel in Forschungsergebnisse sieht, dem sei gesagt, dass Einstein über immenses Fach- und Methodenwissen verfügte. Erst durch dieses Wissen konnte er Newtons Theorie konstruktiv kritisieren und Widersprüche aufdecken. Es gibt aber auch andere Gründe, warum Laien Experten vertrauen sollten: Die meisten Forschungsfelder sind heute hochspezialisiert und haben eine jahrhundertelange Geschichte, in der verschiedene Ansätze und Methoden bereits ausprobiert und wieder verworfen wurden. Ohne das nötige

> **Fazit**
> Die wissenschaftstheoretische Position, die von den meisten modernen (Natur-)Wissenschaftlern vertreten wird, ist der kritische Rationalismus. Dabei stehen Zweifel und die Möglichkeit, sich zu irren, im Zentrum der wissenschaftlichen Auseinandersetzung. Eine zentrale Annahme des kritischen Rationalismus ist, dass wissenschaftliche Hypothesen nur so lange gelten, bis eine Beobachtung gemacht wird, die gegen sie spricht *(Falsifikationsprinzip)*. Daraus folgt, dass Hypothesen nicht endgültig bestätigt, sondern nur *vorläufig angenommen* werden können. Der kritische Rationalismus ist sozusagen die goldene Mitte der Forschung, denn Erkenntnisse über die Beschaffenheit der Welt sind prinzipiell möglich (im Gegensatz zum Skeptizismus), können aber immer wieder überprüft werden (im Gegensatz zum Positivismus). Der kritische Rationalismus ist somit ein Balanceakt zwischen der Fähigkeit, Bestehendes anzuzweifeln, und dem demütigen Bewusstsein über den eigenen (begrenzten) Wissensstand.

8.5 Merkmale wissenschaftlicher Hypothesen

Aus der Position des kritischen Rationalismus lassen sich wichtige Merkmale von Hypothesen ableiten. Zunächst möchte ich definieren, was eine Hypothese überhaupt ist: Hypothesen sind *Vermutungen bzw. Vorhersagen, die sich aus einer Theorie ableiten lassen*. Solange noch kein wissenschaftlicher Nachweis erbracht ist, sind sie mit Vermutungen gleichzusetzen (Giesen, 2016). Wissenschaftliche Hypothesen sind nicht nur einfache Annahmen oder Aussagen, die genauso gut bei einem Stammtischgespräch getätigt werden könnten, sondern müssen darüber hinaus vier wichtige Voraussetzungen erfüllen:

1. **Begründbarkeit:** Hypothesen werden unter Berücksichtigung des bisherigen Erkenntnisstandes formuliert.
2. **Eindeutige Formulierung:** Hypothesen müssen präzise und widerspruchsfrei formuliert sein.
3. **Falsifizierbarkeit:** Hypothesen müssen durch empirische Beobachtungen widerlegbar sein. Laut Popper (1994) müssen sie *an der Wirklichkeit scheitern können*.

Fachwissen und Kenntnis dieser zahllosen gescheiterten Versuche verfehlt Kritik oft ihre konstruktive Wirkung.

4. **Operationalisierbarkeit:** Die in der Hypothese verwendeten Begriffe müssen messbar sein.

> Aufgabe
>
> Es folgen nun einige Aussagen, die Sie danach bewerten können, ob es sich um Hypothesen handelt oder nicht. Denken Sie bei jedem Beispiel darüber nach, *welche Kriterien jeweils erfüllt sind und welche nicht*. Es geht bei dieser Übung nicht darum, ob die Aussagen wahr oder falsch sind, sondern ob sie die oben genannten Merkmale von Hypothesen erfüllen. Die Lösung finden Sie am Ende des Buches.
> Aussage 1: Der Himmel ist blau.
> Aussage 2: VW ist die meistverkaufte Automarke auf der Welt.
> Aussage 3: Die ökonomische Kluft zwischen armen und reichen Menschen wächst.
> Aussage 4: Klimaveränderungen gab es schon immer.
> Aussage 5: Übergewicht hängt mit ungesundem Essverhalten zusammen.
> Aussage 6: Physische und mentale Gesundheit bedingen sich gegenseitig.
> Aussage 7: Die moderne Gesellschaft ist ein Patriarchat.
> Aussage 8: Frauen erkranken häufiger an Depressionen als Männer.

Nachdem Sie nun die Merkmale von Hypothesen und die wesentlichen Grundlagen der Wissenschaftstheorie verstanden haben, ist es notwendig, einen Schritt weiter zu gehen. Denn ein Verständnis dieser Grundlagen ist notwendig, reicht aber nicht aus. Um wirklich zu verstehen, wie Wissenschaft heute funktioniert, müssen Sie das postmoderne[7] Wissenschaftssystem kennen, in dem die Forschenden agieren. Das folgende Kapitel beschäftigt sich daher mit den Grundprinzipien, Stärken und Schwächen des heutigen postmodernen Wissenschaftssystems. Außerdem möchte ich Ihnen zeigen, wie die Wissenschaftsgemeinschaft auf akute Probleme reagiert hat, mit dem Ziel, Transparenz zu schaffen und um das Vertrauen in die wissenschaftlichen Institutionen zu steigern.[8]

---

[7] Die Bezeichnung *postmodern* bezieht sich hier auf eine historische Epoche, die Postmoderne, deren Beginn nicht genau datiert werden kann, aber sich etwa in den 1980er-Jahren verzeichnen lässt. Die Postmoderne ist dadurch gekennzeichnet, dass bestimmte, grundlegende Ansätze der Moderne kritisch hinterfragt, relativiert oder als gescheitert betrachtet werden – das gilt auch für die Grundprinzipien des Wissenschaftssystems. Für Interessierte empfehle ich das Buch *A House Built on Sand: Exposing Postmodernist Myths About Science* (Koertge, 1998).

[8] Natürlich wäre es möglich, diese Probleme totzuschweigen – allerdings bin ich der Überzeugung, dass eine Aufklärung über die Schwächen des Wissenschaftssystems dazu beiträgt, dass Fehler von Wissenschaftlern und Institutionen durch den Normalbürger besser eingeordnet werden können. Wenn Sie die Beweggründe von Forschenden verstehen, die oft mit dem postmodernen Wissenschaftssystem im Zusammenhang

Literatur

Einstein, A. (2009). *Über die spezielle und die allgemeine Relativitätstheorie.* Springer.

ElFino013. (2013, 19. August). *The Morton Downey Jr. Show – Smoker's Rights/Tobacco Debate.* https://www.youtube.com/watch?v=4xqzeP8HM6Y. Zugegriffen: 11. Aug. 2024.

Giesen, C.-G. (2016). Empirische Forschungsmethoden [Vorlesung Wintersemester 2016].

Koertge, N. (1998). *A house built on sand: Exposing postmodernist myths about science.* Oxford University Press.

Popper, K. (1994). *Alles Leben ist Problemlösen.* Piper.

Supran, G., & Oreskes, N. (2017). Assessing ExxonMobil's climate change communications (1977–2014). *Environmental Research Letters, 12*(8), Article 084019. https://doi.org/10.1088/1748-9326/aa815f.

Vollmer, G. (2007, 11. Juli). Was wissen wir denn? – „Wir irren uns empor". Braunschweiger Zeitung. https://www.braunschweiger-zeitung.de/wissen/article150509941/Was-wissen-wir-denn-Wir-irren-uns-empor.html. Zugegriffen: 19. Sept. 2025.

---

stehen, können Sie deren Fehltritte besser einordnen und deren Verhalten nachvollziehen, ohne sofort Ihr Vertrauen in die gesamte Forschung und das gesammelte Wissen zu verlieren.

9

Das postmoderne Wissenschaftssystem

In den letzten Jahrzehnten war die Wissenschaft einem rasanten Wandel unterworfen. Dabei haben sich nicht nur die Inhalte (Paradigmen, Hypothesen, Forschungsfragen), sondern auch die Art und Weise, wie Forschung betrieben wird, massiv verändert. Während sich der Bereich wissenschaftlicher Methoden und technologischer Möglichkeiten stetig ausdehnt und es in den verschiedensten wissenschaftlichen Teildisziplinen massive Fortschritte gibt (wie etwa in der Altersforschung, der Hämatologie, der Gentechnologie und Bioinformatik), sind im Wissenschaftsbetrieb in jüngster Zeit zahlreiche Anomalien[1] aufgetreten. Einiger dieser Anomalien (z. B. Plagiate, Fälschungen, Täuschungen, Fehleinschätzungen des Kenntnisstandes) sind so alt wie die Wissenschaft selbst, andere sind neu hinzugekommen. Um zu verstehen, woraus die Anomalien hervorgehen, werde ich zunächst kurz die Grundprinzipien des postmodernen Wissenschaftssystems erklären und dann beschreiben, wie sie Anomalien, Fehler und unerwünschte Konsequenzen für die Forschung produzieren.[2]

Für diese Analyse stelle ich hier folgende Arbeitshypothese auf: Die *Grundprinzipien* der Moderne (Arbeitsteilung und Spezialisierung, Beschleunigung, dynamischer Wettbewerb)[3] haben auch im Wissenschaftsbetrieb Einzug ge-

---

[1] Mit *Anomalie* bezeichne ich hier nicht Befunde und Beobachtungen, die dem gängigen Bild eines Paradigmas widersprechen, sondern Fehler und Mangelerscheinungen im Wissenschaftssystem selbst.

[2] Den Einfluss, den das postmoderne Wissenschaftssystem auf die Wahrnehmung von Wissenschaft durch die Bevölkerung und auf die Gesellschaft hat, werde ich aus Gründen des Verständnisses und der Einfachheit nur erwähnen und nicht vertiefen. Man könnte diesem Thema ein eigenes Buch widmen.

[3] Einige dieser Prinzipien sind uns bereits in Kap. 7 begegnet. Aus Gründen der Einfachheit werde ich mich hier auf diese drei Grundprinzipien beschränken.

halten und wurden *immer weiter gesteigert*, woraus Anomalien in der Forschung und im Dialog zwischen Wissenschaft und Gesellschaft entstehen (Rosa, 2012).

9.1 Spezialisierung

Arbeitsteilung ist ein zentrales Merkmal von modernen und postmodernen Gesellschaften. Die gesellschaftlichen Konsequenzen von Arbeitsteilung (z. B. die Ausdifferenzierung gesellschaftlicher Sphären wie Wissenschaft, Politik, Wirtschaft und Kunst) habe ich bereits in Abschn. 4.3 beschrieben. Ich möchte diese Erörterung an dieser Stelle nicht wiederholen, sondern mich der Arbeitsteilung *innerhalb* der Wissenschaft widmen. Um Verwechslungen mit der Arbeitsteilung, die alle Gesellschaftssphären umfasst, zu vermeiden, werde ich für den Bereich der Forschung den Begriff *Spezialisierung* verwenden.

Wenn Sie sich in der Vergangenheit mit Wissenschaft beschäftigt haben, ist Ihnen vielleicht aufgefallen, dass es für immer mehr Fachbereiche Experten und Spezialisten gibt. Ein passendes Beispiel liefert mein eigener Fachbereich, die Psychologie: Im letzten Jahrhundert gab es in Deutschland fast ausschließlich Professuren für Psychologie als allgemeines Fach. Mittlerweile ist die Anzahl an Lehrstühlen stark angewachsen, die Disziplin hat sich ausdifferenziert. Die Professuren und Lehrstühle tragen heute Titel wie allgemeine Psychologie, Entwicklungspsychologie, biologische Psychologie, Persönlichkeitspsychologie, Sozialpsychologie, kognitive Psychologie, Arbeits-, Betriebs- und Organisationspsychologie, pädagogische Psychologie, psychologische Diagnostik, psychologische Intervention, klinische Psychologie, psychologische Methodenlehre und psychologische Forschungssynthese.[4] Der Wissensumfang, der allein in den Institutionen meines Fachbereichs gespeichert ist, ist enorm. Dementsprechend anspruchsvoller ist die Ausbildung: Die Anzahl an Prüfungen, die Studenten ablegen müssen, ist mit der Ausdifferenzierung des Fachs immer größer geworden. Wo es früher ein allgemeines Psychologiestudium (mit Diplomabschluss) gab, steht heute ein Bachelor-Master-System, in dem sich die Studenten in der Regel bereits nach dem Bachelorabschluss spezialisieren. Doch wie kam es zu dieser Entwicklung?

---

[4] Die hier genannten Lehrstühle sind nur eine mir bekannte Auswahl von der Friedrich-Schiller Universität Jena, an der ich selbst studiert habe. Nimmt man die Lehrstühle weiterer Universitäten (aus dem Ausland) hinzu, wird die Liste noch viel länger. Die Psychologie ist keinesfalls der einzige Fachbereich, in dem diese Ausdifferenzierung stattgefunden hat, was sich auch an der immensen Zahl von Studiengängen zeigt, für die sich Abiturienten einschreiben können. Als ich selbst im Jahr 2015 Abitur gemacht hatte, waren es schon 16.000. Laut Daten der Hochschulrektorenkonferenz ist die Zahl bis 2023 auf etwa 22.000 angestiegen (Hochschulrektorenkonferenz, 2023).

Die Antwort auf diese Frage ist denkbar einfach: *Wer wirklich etwas wissen will, kann nicht immer wieder dasselbe erzählen, sondern darf nicht aufhören zu fragen.*[5] Wissen ist keinesfalls statisch, sondern verändert sich ständig. In verschiedenen Fachbereichen gibt es immer wieder neue Erkenntnisse, die sich gegenseitig befruchten und neue Fragen aufwerfen. Spezialisierung ist sozusagen der Preis, den wir für wissenschaftlichen Fortschritt bezahlen – und der wird umso größer, je weiter die Forschung fortschreitet.

Schon Durkheim stellte fest, dass der Prozess der Spezialisierung – wenn er zu schnell verläuft – zu Orientierungsproblemen führt. Mittlerweile ist die Zahl an publizierten Studien in hochspezifischen Fachbereichen derart angestiegen, *dass selbst die Experten ihr jeweiliges Fachgebiet kaum mehr überblicken können.* Die fortschreitende Spezialisierung erschwert nicht nur den Dialog zwischen Wissenschaftlern, sondern auch den Dialog zwischen Wissenschaft und Gesellschaft. Denn den immensen Umfang an Wissen für Studenten, Fachkollegen und die Allgemeinbevölkerung verständlich zu verpacken, erfordert reduktionistische Erklärungen und kommunikatives Geschick. Doch selbst wenn diese wünschenswerten Eigenschaften vorhanden sind, ist es unmöglich, Wissen in dieser Größenordnung zu vermitteln, ohne dass dabei etwas verloren geht.

> **Fazit**
> Spezialisierung ist der Preis für Erkenntnisgewinn und wissenschaftlichen Fortschritt. In der Vergangenheit hat sich die Forschung stetig ausdifferenziert und Wissenschaftler haben neue Fachbereiche erschlossen. Das Prinzip der Spezialisierung wurde immer weiter gesteigert, sodass neben dem Erkenntnisgewinn auch negative Konsequenzen auftreten, zum Beispiel verlieren selbst Experten den Überblick über die neuesten Entwicklungen in ihrem Fachbereich. Zudem erschwert der enorme Zuwachs an hochspezifischen Wissen den Dialog zwischen Forschenden und zwischen Forschenden und der Allgemeinbevölkerung. Da Gesellschaft und Politik nicht angemessen auf den immensen Wissenszuwachs reagieren können, ist es nur logisch, dass die postmoderne Gesellschaft weit hinter den Gestaltungsmöglichkeiten, die ihr durch die Wissenschaft an die Hand gegeben werden, zurückbleibt.

---

[5] Diesen Gedanken habe ich aus einem Video von Prof. Dr. Harald Lesch übernommen, dem medial wohl bekanntesten deutschen Wissenschaftler (Terra X Lesch & Co, 2022).

9.2 Beschleunigung

Wie bereits im Abschn. 6.1 beschrieben, ist die Beschleunigung von Prozessen aller Art (Produktion, Transport, Arbeit, Kommunikation) sowohl das Produkt als auch das Ziel wissenschaftlicher Anstrengung. Individuen, politische und wirtschaftliche Akteure sehnen sich nach neuen technischen Innovationen, um Prozesse zu optimieren und effizienter zu gestalten, oder schlichtweg um mehr Zeit zur Verfügung zu haben. Technische Innovationen haben allerdings oft den gegenteiligen Effekt und führen nicht zu einer Entschleunigung, sondern zu einer Steigerung des Lebenstempos, weil Individuen, Unternehmen und Organisationen die freigewordene Zeit nutzen, um *mehrere Tätigkeiten in derselben Zeitspanne unterzubringen*. Die Rolle der Wissenschaft in der Beschleunigungsgesellschaft habe ich bereits oben diskutiert. Im folgenden Abschnitt geht es nun darum, wie das Beschleunigungsprinzip in die Forschung selbst Einzug gehalten und diese verändert hat.

Zunächst ist auffällig, dass die Forschung in Bezug auf Beschleunigung eine Doppelrolle spielt: Die technische Beschleunigung geht aus wissenschaftlichen Erkenntnissen hervor und wirkt gleichermaßen direkt auf sie zurück, da auch wissenschaftliche Prozesse durch technischen Fortschritt beschleunigt werden. Die Wissenschaft ist sozusagen eine *Beschleunigungsmaschine, die sich selbst antreibt*. Das zeigt sich zum Beispiel in der Anwendung digitaler Technologien (die letztlich das Produkt wissenschaftlicher Investigation sind) im Forschungsbetrieb: Universitäten und andere Forschungseinrichtungen sind weltweit vernetzt und haben Zugriff auf riesige Datenbanken, in denen Wissen (meist in Form von Büchern oder Forschungsartikeln) hinterlegt ist. Da der Großteil aktueller und relevanter Forschungsliteratur digital verfügbar ist, wurde der Gang in die Bibliothek durch die Internetrecherche abgelöst und somit *beschleunigt*. Folglich ist das Wissen schnell und direkt zugänglich, solange man über das technische Gerät, Internet und einen Zugang zur Datenbank verfügt. Auch die persönliche Erreichbarkeit hat sich im Laufe der Jahrzehnte verändert: Früher schrieben Forscher noch Briefe, heute hat jeder sein eigenes E-Mail-Postfach. Dadurch ist es möglich, Erkenntnisse, Ideen, Hypothesen und Forschungsfragen in kürzester Zeit auszutauschen. Wie diese Beispiele zeigen, äußert sich das Beschleunigungsprinzip im Wissenschaftsbetrieb vor allem durch die *Beschleunigung der Kommunikation*, denn dank digitaler

Medien können Informationen schnell, günstig und unkompliziert ausgetauscht werden.[6]

Der zweite Aspekt der Beschleunigung, der auch in die Wissenschaft Einzug gehalten hat, ist der immer schnellere Verfall von handlungsorientierenden Erfahrungen. Zunächst ist anzumerken, dass es in der Wissenschaft darum geht, *Neues* zu erschließen, zu denken und zu tun; Vergänglichkeit und Neuanpassung liegen also in der Natur der Sache. Ich vertrete hier die Hypothese, dass das beschleunigte, wettbewerbsbasierte postmoderne Wissenschaftssystem den Forschenden heute schnellere und häufigere Anpassungsleistungen abverlangt als zuvor. Ein anschauliches Beispiel sind Computerprogramme, die Forscher zur Datenauswertung verwenden. Wo es früher ein oder zwei etablierte Programme gab, steht dem Wissenschaftler heute eine ganze Armada von Software zur Verfügung, die er für seine Zwecke nutzen kann. Die schiere Masse an Möglichkeiten und die Tatsache, dass alte Programme und Funktionen durch neue, effizientere Software abgelöst werden, verlangt Forschern eine immense kognitive Anpassungsleistung ab. Denn um die Optionen bestmöglich zu nutzen, müssen sie sich immer wieder neue Fähigkeiten, Denkweisen und Logiken antrainieren. Die Imitation früheren Verhaltens ist dabei teilweise möglich, aber nicht unbedingt zielführend, denn Wissenschaftler, die veraltete Software weiter nutzen, werden von anderen Forschern, welche neue und zeitgemäße informationstechnische Mittel anwenden, verdrängt.

Auch der dritte Aspekt der Beschleunigung, die Steigerung des individuellen Lebenstempos, hat längst in die Forschung Einzug gehalten. Zwischen dutzenden oder hunderten E-Mails am Tag, Lehraufträgen, Konferenzen, Präsentationen, neuer Forschungsliteratur und der Durchführung von Studien bleibt

---

[6] Eine Form der Kommunikation, die sich besonders durch die Coronapandemie etabliert hat, sind Online-Konferenzen. Die regelmäßigen Versammlungen, bei denen sich Forscher treffen, um Wissen auszutauschen, wurden im Zuge der Pandemie auf ein Online-Format umgestellt. Statt sich lebhaft und inbrünstig mit Kollegen über die neuesten Befunde zu streiten, sitzt der Forscher nun Zuhause vor seinem Computer und muss per Knopfdruck die Hand heben oder sein Mikrofon anstellen, um seinen Kollegen etwas mitteilen zu können. Bei einer solchen Konferenz können zwar Wissen und Erkenntnisse ausgetauscht werden, jedoch nur in begrenztem Rahmen. Denn digitale Technologien erlauben (zumindest bisher) nur auditiven und visuellen Austausch (also Hören und Sehen). Auch wenn Ohren und Augen vielleicht unsere wichtigsten Sinnesorgane sind, berichten viele, dass ihnen bei Online-Treffen eine ganzheitliche, multisensorische Erfahrung fehlt, die beispielsweise den Geruch, die Tiefenwahrnehmung des Raums oder die Ausstrahlung einer Person mit einschließt. Daher ist es nicht verwunderlich, dass eine Fortführung von Konferenzen im Online-Format keinen Zuspruch gefunden hat, sondern die Konferenzen wieder auf das Präsenzformat umgestellt wurden, sobald dies möglich war. Das ist besonders interessant, weil es auf den ersten Blick dem Effizienzgedanken widerspricht, denn Online-Konferenzen sind meist billiger und weniger zeitintensiv, da keine Reisen und Reisekosten anfallen, die durch die Veranstalter oder die teilnehmenden Institutionen gedeckt werden müssen. Es scheint, als handelt es sich bei Forschung nicht nur um eine rein gedankliche, sondern um eine ganzheitliche, multisensorische Erfahrung, welche die Wissenschaftler selbst erleben und verkörpern (z. B. die Überraschung über neue Befunde oder den Rausch eines Geistesblitzes).

Forschern oft nicht viel Zeit für Muße und einen entschleunigten Lebensstil.[7] Verstärkt wird dieser Trend noch durch gesellschaftliche Entwicklungen, zum Beispiel einer steigenden Zahl von Studenten, was die Lehrbelastung erhöht. Auch die Konkurrenz um Professorenstellen, die oft das Ziel der langen und mühsamen akademischen Karriere sind, übt auf Forschende einen Beschleunigungsdruck aus und motiviert sie dazu, mehrere Studien in kürzerer Zeit durchzuführen und deren Ergebnisse zu veröffentlichen, denn Anzahl und Qualität von Publikationen sind ausschlaggebend für den beruflichen Erfolg. Die Konsequenz ist, dass Forschende oft an mehreren Forschungsprojekten gleichzeitig beteiligt sind und in zahlreiche Verantwortlichkeiten verstrickt sind – und ihr Lebenstempo dementsprechend anpassen müssen. Die intrinsische Motivation von Forschenden, die Forschung voranzutreiben, ist oft hoch, aber ebenso groß ist die Stressbelastung durch den beschleunigten Wissenschaftsbetrieb (Heil, 2022).

Fazit

Alle drei Aspekte sozialer Beschleunigung (technisch, kulturell und individuell) haben im Wissenschaftsbetrieb Einzug gehalten. Technische Errungenschaften haben in erster Linie zu einer Beschleunigung der *Kommunikation* geführt, denn Wissen kann nun schnell, direkt und unkompliziert weitergegeben werden. Die hohe Dichte an technischen Innovationen (z. B. neue Software für Text- und Datenverarbeitung) verlangt Forschern heute schnellere und häufigere Lern- und Anpassungsleistungen ab als früheren Generationen. Um im wissenschaftlichen Wettbewerb mithalten zu können und ihre Position auszubauen oder zumindest nicht abgehängt zu werden, sind sie gezwungen, ihr Verhalten den ständig wechselnden Umständen und Möglichkeiten mit immer höherer Geschwindigkeit anzupassen. Das führt letztlich zu einer Beschleunigung des individuellen Lebenstempos. Folglich bleibt Forschern nicht mehr viel Zeit für Muße, die aber wichtig für die Entstehung neuer, kreativer Ideen ist.

---

[7] Für die Forschung ist diese Tatsache insofern schädlich, da neue und kreative Erkenntnisse oft entstehen, wenn Menschen mit einem gewissen Grundlagenwissen einfach *ins Blaue hinein denken*. Wenn keine äußeren Reize auf das Gehirn einwirken wie beim *Nichtstun*, zum Beispiel wenn man mit geschlossenen Augen am Strand liegt, wird im Gehirn das *Default-Network* (dt.: Ruhezustands-Netzwerk) aktiviert. Jüngste Studien konnten zeigen, dass Kreativität mit der Aktivität dieses Netzwerks in Verbindung steht (Beaty et al., 2016). Auch aus persönlicher Sicht kann ich diese Befunde bestätigen, denn ich selbst habe oft zündende Ideen, wenn ich auf dem Bett liege und aus dem Fenster in den Himmel schaue.

Der Einfluss und die Steigerung des Beschleunigungsprinzips in der Wissenschaft hat dazu beigetragen, dass der Wettbewerb um neue Erkenntnisse, Publikationen in Fachzeitschriften und Positionen im Wissenschaftssystem wahrscheinlich schneller, härter und vehementer geführt wird als jemals zuvor. Der Wettbewerb ist das dritte und letzte gesteigerte Grundprinzip des postmodernen Wissenschaftssystems, mit dem ich mich in diesem Kapitel beschäftigen möchte.

9.3 Wettbewerb

Der Wettbewerb um soziale Positionen (z. B. Jobs), Anerkennung, Geld und Lebenschancen ist ein zentrales Element moderner und postmoderner Gesellschaften. Der Wettbewerb als Form sozialer Organisation stammt aus der Marktwirtschaft, in der Verkäufer ihre Waren und Dienstleistungen potenziellen Käufern anbieten. Die Verkäufer (Produzenten) konkurrieren untereinander um die Ressourcen (z. B. das Geld) der Käufer. Durch diesen Wettbewerb werden die Produzenten dazu ermutigt, mit möglichst geringem Ressourcenverbrauch bessere Produkte herzustellen als die Konkurrenz. Wenn ihnen das gelingt, können sie sich die Ressourcen der Käufer sichern, die sie für die nächste Wettbewerbsrunde nutzen können.

Diese Idee des marktwirtschaftlichen Wettbewerbs wurde längst auf andere Gesellschaftsbereiche übertragen – auch auf die Wissenschaft. Die Konsumenten wissenschaftlicher Erkenntnisse (z. B. wissenschaftliche Institutionen, Politik und Wirtschaft) begehren zuverlässige, wahrheitsgemäße, objektive, verwertbare und vor allem neue Befunde. Das ermutigt oder drängt Wissenschaftler und wissenschaftliche Institutionen dazu, ihre Ressourcen (wie Zeit, Geld, Fähigkeiten und Kenntnisse) zu nutzen, um neue Hypothesen zu generieren und ihre Befunde empirisch abzusichern. Wenn es ihnen gelingt, neue und verwertbare Erkenntnisse an die Konsumenten zu bringen, winken Mittel für neue Forschungsprojekte. Wer die begehrten Mittel erhält, wird dabei nicht durch Autoritäten festgelegt, sondern nach der individuellen Leistung in einem (zumindest theoretisch) *fairen* und *freien* Wettbewerb entschieden. Der Wettbewerb ist frei, weil sich alle Wissenschaftler einer Disziplin daran beteiligen können, und fair, weil er regelbasiert ist (z. B. sind Plagiate verboten). Demzufolge sind insbesondere die Wissenschaftler und Institutionen langfristig erfolgreich, die ein hohes Maß an Kompetenz vorweisen können und sich an die Regeln guter wissenschaftlicher Praxis halten.

Einschränkend muss ich hier erwähnen, dass die Möglichkeit, den Status eines (angesehenen) Wissenschaftlers zu erreichen, durch Faktoren wie die soziale Herkunft und Bildungschancen massiv mitbestimmt wird. So sind beispielsweise die meisten Professorenstellen durch Westdeutsche besetzt und Ostdeutsche sind in akademischen Führungspositionen unterrepräsentiert: Laut der Universität Göttingen machen Ostdeutsche zwar 17 % der Bevölkerung aus, aber besetzen nur 5 % der Führungspositionen an deutschen Universitäten (Göttingen, 2019). Diese bereits bestehenden, externen Faktoren, die den Ausgang des Wettbewerbs mitbestimmen, spielen nicht nur beim Wettbewerb innerhalb eines Staates wie Deutschland, sondern auch auf globaler Ebene eine große Rolle. Unterschiedliche Ausgangsbedingungen führen dazu, dass ein Großteil wissenschaftlicher Erkenntnisse aus (westlichen) Industriestaaten stammt, die schlichtweg über mehr Ressourcen verfügen als Entwicklungsländer. Fehlendes Geld und mangelnde Bildung sind dabei nur zwei von vielen Faktoren, die Unterschiede hervorrufen. Beispielsweise führen Mangelernährung und unzureichende Versorgung mit sauberem Trinkwasser zu eingeschränkten geistigen Fähigkeiten: So leiden Erwachsene, die während ihrer Kindheit Mangelernährung ausgesetzt waren, mit 9fach erhöhter Wahrscheinlichkeit an substanzieller Intelligenzminderung (Waber et al., 2014). Streng genommen ist der wissenschaftliche Wettbewerb also nur fair, wenn bestimmte Ausgangsbedingungen (z. B. Zugang zu Bildung und ausreichender, gesunder Ernährung) erfüllt sind. Sind diese Bedingungen nicht erfüllt, werden Personengruppen im Wettbewerb um die neuesten Erkenntnisse systematisch benachteiligt oder im Vorhinein ausgeschlossen.

Die wettbewerbsförmige Organisation von Forschung hat tief greifende Konsequenzen für die Qualität wissenschaftlicher Erkenntnisse und die wissenschaftliche Praxis. Zunächst lässt sich feststellen, dass die Forschung im 20. Jahrhundert eine massive Qualitätssteigerung erfahren hat. Wenn Sie einen Forschungsartikel aus dem Jahr 1930 mit einem aus dem Jahr 2000 vergleichen, ist der letztere verständlicher verfasst und viel besser lesbar. Auch die Qualität von wissenschaftlichen Abschlussarbeiten ist angestiegen; sie haben mittlerweile das Niveau von Doktorarbeiten aus den 1950er und 1960er-Jahren erreicht (Rosa, 2012, S. 335). Die wettbewerbsförmige Organisation von Forschung brachte eine massive Qualitätssteigerung hervor, denn die Standards von guter Forschung und wissenschaftlicher Praxis wurden stetig verfeinert und weiterentwickelt.

Obgleich die Wissenschaft im letzten Jahrhundert massive Fortschritte erfahren hat, reicht die Erfolgsgeschichte der wettbewerbsförmigen Organisation von Forschung noch weiter in die Vergangenheit zurück: Im 19. Jahrhundert, als Deutschland und Frankreich Erbfeinde waren und um die Vorherrschaft im wissenschaftlichen Bereich konkurrierten, forschten der Franzose Louis Pasteur (1822–1895) und der Deutsche Robert Koch (1843–1910) an Mitteln zur Bekämpfung von Seuchen und Krankheiten wie Tuberkulose, Tollwut und Diphtherie. Obwohl sich Pasteur und Koch nicht besonders mochten, stimulierten sie sich mit ihren Erkenntnissen gegenseitig: Der Erfolg des Einen rief den jeweils Anderen dazu auf, ihn zu übertrumpfen, um sich selbst und der eigenen Nation Macht, Ruhm und Ehre zu sichern. Ironischerweise bescherte gerade die Konkurrenz zwischen den beiden europäischen Staaten und ihren wissenschaftlichen Vertretern der Menschheit bahnbrechende Fortschritte, beispielsweise die Erkenntnis, dass Krankheiten durch Mikroorganismen ausgelöst werden und dass eine Impfung mit abgeschwächten Erregern gegen eine Infektion schützt. Mit diesem Wissen gelang es, die Verbreitung von Infektionskrankheiten einzudämmen und die Sterblichkeit um ein Vielfaches zu reduzieren.

Doch warum ist gerade der Wettbewerb so erfolgreich, wenn es um die Mobilisierung sozialer Kräfte geht? Auf den ersten Blick ist Wettbewerb eine extrem verschwenderische Organisationsform: Von einem Dutzend Bewerber auf eine Professorenstelle bekommt nur einer den Job. Von 1000 Wissenschaftlern schafft es nur einer, sich anhaltende, internationale Anerkennung zu sichern. Von einer Vielzahl von Studien, die bei renommierten Fachzeitschriften wie *Science* oder *Nature* eingereicht werden, wird nur ein Bruchteil publiziert (die Mehrzahl an Studien wird abgelehnt). Wenn Wissenschaftler mit ihren Ambitionen in einem dieser Bereiche scheitern, so scheint es, als sei der gesamte Energieaufwand umsonst gewesen. Alle Energien, die auf ein wettbewerbsbezogenes Ziel ausgerichtet sind, scheinen zunächst verloren, wenn das angestrebte Ziel nicht erreicht werden kann.

Bei genauerem Hinsehen ist das aber nicht der Fall, denn abgelehnte Bewerbungen und gescheiterte Ideen, die sich beim ersten Mal nicht durchsetzen konnten, stehen in anderen Sozialsphären (z. B. Wirtschaft und Politik) oder in Wiederholungssituationen wieder zur Verfügung (Rosa, 2012, S. 330): Gescheiterte Forschungsideen werden zur Grundlage eines *Start-Up*-Unternehmens, die Bewerbungsunterlagen werden überarbeitet und bei einer anderen Stellenausschreibung genutzt, die Studie wird bei einer anderen Fachzeitschrift eingereicht. Zudem eignen sich Wissenschaftler während ihrer Arbeit immer wieder neue Kenntnisse und Kompetenzen an, beispielsweise analytisches Denken, die sogar den schlimmsten Misserfolg überdauern. Die im Wettbewerb investierte Energie ist also nicht vollständig verloren, wenn das Ziel verfehlt wird, sondern steht weiterhin teilweise oder sogar vollständig zur Verfügung.

Weitere Vorteile des Wettbewerbs werden ersichtlich, wenn man diesen mit anderen Organisationsformen, zum Beispiel dem Konflikt, vergleicht. Bei einem Konflikt muss eine Partei umso mehr Kraft investieren, je mehr die andere

Partei sich anstrengt. Die Kraft des Unterlegenen saugt dabei die Kraft des Siegers aus, denn der Sieger bekommt die Energie, die er zur Vernichtung des Widersachers gebraucht hat, nicht wieder zurück. Auch die aufgewendete Energie des Unterlegenen ist auf ewig verloren. Beispielsweise hat bei zwei Armeen, die sich gegenüberstehen, am Ende des Gefechts selbst die siegreiche Armee all die Kräfte verbraucht, die nötig waren, um den Gegner zu besiegen, während die unterlegene Armee geschlagen und handlungsunfähig ist. Beim Wettbewerb hingegen verringert die Anstrengung meiner Konkurrenten nicht die Energie, die mir zur Verfügung steht. Vielmehr werde ich durch die Anstrengungen der anderen Wettbewerbsteilnehmer und die aufkeimende Konkurrenz dazu ermutigt, mehr in die Erreichung des begehrten Ziels zu investieren als bisher, um sie zu übertrumpfen und mir die begehrten Ressourcen zu sichern. Darüber hinaus wird beim Wettbewerb auch der Unterlegene dazu ermutigt, mehr Energie aufzuwenden: Der wenig beachtete Wissenschaftler, dessen Ideen auf Konferenzen und in Fachzeitschriften keinen Zuspruch gefunden haben, ist gezwungen, sich etwas Neues einfallen zu lassen (Rosa, 2012, S. 333). Im Gegensatz zum Konflikt hat selbst die Niederlage im freien, fairen Wettbewerb eine stimulierende Kraft.

Einerseits scheint Wettbewerb Öl für den Motor der Wissenschaft zu sein. Die wettbewerbsförmige Organisation von Forschung hat aber auch Nachteile, die sich besonders im beschleunigten Wissenschaftssystem zeigen, das für die Postmoderne typisch ist. Ein zentrales Problem des Wettbewerbs ist, dass einmal bestehende Unterschiede nicht beseitigt, sondern vervielfacht werden: Wer in der ersten Runde Ressourcen gewinnt und diese in der zweiten Wettbewerbsrunde für seine Zwecke nutzen kann, hat gegenüber anderen Wettbewerbsteilnehmern einen massiven Vorteil. So ziehen renommierte Forscherpersönlichkeiten und Institutionen Potenzial, Fachkräfte und Gelder an wie ein Magnet, während kleinere Forschungseinrichtungen und Lehrstühle um ihr Überleben kämpfen müssen. Der Fairnessanspruch des wissenschaftlichen Wettbewerbs wird durch die einseitige Anhäufung von Ressourcen als Resultat des Wettbewerbs selbst unterminiert (Rosa, 2012, S. 338).

Im stark beschleunigen Wissenschaftssystem ist es möglich, dass der Wettbewerb Kreativität und Innovation nicht nur fördert, sondern untergräbt. Der enorme Wettbewerbsdruck (z. B. möglichst schnell und viel zu publizieren) führt dazu, dass die Qualität von Studien sinkt: Forscher werden dazu verleitet, Studien zu verfassen, deren Ergebnisse sich gut verkaufen lassen, die aber bei genauerer Betrachtung keine wirklich neuen Inhalte liefern. Einige Forscher zeigen sogar schwerwiegendes Fehlverhalten: Sie fälschen Daten oder bedienen sich am geistigen Eigentum anderer (ohne darauf hinzuweisen), um im System der Gehetzten bestehen zu können.

Fazit
Die Forschung folgt zunehmend der Idee des marktwirtschaftlichen Wettbewerbs. Bei der Vermehrung wissenschaftlicher Erkenntnisse ist der Wettbewerb anderen sozialen Organisationsformen (z. B. Konflikt und Kooperation) weit überlegen, was sich in der steigenden Anzahl weltweit publizierter Studien zeigt.[8] Bei genauerer Betrachtung ist der beschleunigte Wettbewerb aber auch die Ursache für zahlreiche Anomalien im postmodernen Wissenschaftssystem. Während in der Moderne Beschleunigung und wissenschaftliche Innovation miteinander einhergingen, droht die Beschleunigung nun das primäre Ziel der Wissenschaft, nämlich neue Erkenntnisse zu generieren, zu untergraben. Denn im Gegensatz zum Beschleunigungsprinzip, dass *keine inneren Grenzen kennt* (Rosa, 2012, S. 303), sind die geistigen Kapazitäten von Menschen durchaus begrenzt. Das führt dazu, dass sich Forschende in einem Hamsterrad des wissenschaftlichen Wettbewerbs wiederfinden, dessen Ansprüchen sie nicht oder nur schwer gerecht werden können. Selbstbestimmtes und kreatives Forschen bleiben dabei hinter Projekten, die dem Ausbau der eigenen Wettbewerbsfähigkeit (also der eigenen Karriere) dienen, allzu oft auf der Strecke.

In der Moderne bestimmten die Prinzipien der Spezialisierung, Beschleunigung und des Wettbewerbs die Ausrichtung und Funktionsweise des Wissenschaftssystems. Charakteristisch für die Postmoderne ist, dass diese Prinzipien mit der Zeit *immer weiter gesteigert* wurden, woraus unbeabsichtigte und fragwürdige Nebenfolgen entstehen, die ich im folgenden Kapitel genauer beleuchten möchte.

Literatur

Beaty, R. E., Benedek, M., Silvia, P. J., & Schacter, D. L. (2016). Creative cognition and brain network dynamics. *Trends in Cognitive Sciences, 20*(2), 87–95. https://doi.org/10.1016/j.tics.2015.10.004.

---

[8] Auch die Konkurrenz um Professorenstellen, welche in Deutschland in vielen wissenschaftlichen Disziplinen die einzige Möglichkeit darstellen, länger als zwölf Jahre im Wissenschaftsbetrieb zu arbeiten, führt zu einer Leistungsexplosion, denn je mehr einflussreiche Artikel ein Autor im Verlauf seiner wissenschaftlichen Karriere publiziert, desto größer ist seine Chance auf eine entsprechende Stelle. Grundlage hierfür liefert das innerhalb der Wissenschaftsgemeinschaft und Politik kontrovers diskutierte Wissenschaftszeitvertragsgesetz.

Göttingen, G.-A. U. (2019). Ost. West. – Gleichgestellt? 30 Jahre Einheit an der philosophischen Fakultät. https://www.uni-goettingen.de/en/ost.+west.-+gleichgestellt%3F/571244.html. Zugegriffen: 12. Aug. 2024.

Heil, F. (2022, Juni). Burnout bei Wissenschaftlern: Anzeichen und Maßnahmen. https://www.academics.de/ratgeber/anzeichen-burnout-erkennen-vermeiden. Zugegriffen: 12. Aug. 2024.

Hochschulrektorenkonferenz. (2023, Oktober). Statistische Daten zu Studienangeboten an deutschen Hochschulen im Wintersemester 2023/2024. https://www.hrk.de/fileadmin/redaktion/hrk/02-Dokumente/02-03-Studium/02-03-01-Studium-Studienreform/HRK_Statistik_BA_MA_UEbrige_WiSe_2023_24.pdf. Zugegriffen: 12. Aug. 2024.

Rosa, H. (2012). *Weltbeziehungen im Zeitalter der Beschleunigung: Umrisse einer neuen Gesellschaftskritik*. Suhrkamp.

Terra X Lesch & Co. (2022, 9. November). Ist die Physik auserforscht?. https://www.youtube.com/watch?v=aflQZMNzn-0. Zugegriffen: 12. Aug. 2024.

Waber, D. P., Bryce, C. P., Girard, J. M., Zichlin, M., Fitzmaurice, G. M., & Galler, J. R. (2014). Impaired IQ and academic skills in adults who experienced moderate to severe infantile malnutrition: A 40-year study. *Nutritional Neuroscience, 17*(2), 58–64. https://doi.org/10.1179/1476830513Y.0000000061.

10

Sand im Getriebe – der Forschungsprozess und seine Anomalien

Wenn Sie verstehen wollen, was Probleme in den mechanischen Abläufen einer Maschine verursacht, müssen Sie zunächst die natürliche Funktionsweise kennen, sozusagen den *Normalzustand,* in dem die Maschine operiert. Bei der Forschung ist das nicht anders. Deshalb möchte ich Ihnen – bevor wir tiefer in die Anomalien des postmodernen Wissenschaftssystems eintauchen – einen kurzen Überblick über die Funktionsweise des Systems geben (siehe Abb. 10.1).

Widmen wir uns dazu einem persönlichem Beispiel: Stellen Sie sich vor, Sie haben Ihren Abschluss gemacht und müssen jetzt eine Idee für Ihre Doktorarbeit entwickeln. Dafür stehen Ihnen unterschiedliche Quellen zur Verfügung: Beobachtungen im Alltag, der Austausch mit Fachkollegen, intensive Recherche der Fachliteratur oder ein Buch, dass Sie vor Ewigkeiten einmal gelesen hatten. Doch wer weiß – vielleicht nutzen Sie sogar bewusstseinserweiternde Substanzen? Kerry Mullis (1944–2019), dem der Nobelpreis für Chemie verliehen wurde, bezweifelte, dass er seine Entdeckung der Polymerase-Kettenreaktion zur Vervielfältigung der DNA ohne die Droge LSD gemacht hätte (Harrison, 2006). Heute wird die Polymerase-Kettenreaktion unter anderem zur Erkennung von Virusinfektionen, Erbkrankheiten und genetischer Fingerabdrücke genutzt.[1]

---

[1] Die Möglichkeit, durch psychedelische Substanzen eingefahrene Denkmuster aufzulösen und zu verändern, erhält in den letzten Jahrzehnten in der Forschung immer mehr Aufmerksamkeit, vor allem bei der Therapie von psychischen Störungen. Aktuelle Befunde aus einer Meta-Analyse (also einer zusammenfassenden Studie) legen nahe, dass Therapien mit Psychedelika (MDMA, Psilocybin, LSD, Ayahuasca) bei der Behandlung psychischer Störungen (z. B. Depressionen, Angststörungen, posttraumatischen Be-

Abb. 10.1 Der wissenschaftliche Prozess

Sobald Sie – auf welche Art auch immer – eine Idee entwickelt haben, müssen Sie eine Studie entwerfen und durchführen. In der Psychologie brauchen Sie dazu Versuchspersonen, in den Naturwissenschaften wie Chemie und Physik die entsprechenden Laborgeräte und Substanzen. In einigen Geisteswissenschaften wie Soziologie und Philosophie verlassen Sie sich hingegen nur auf existierende Literatur und Ihren messerscharfen Verstand.

Nachdem Sie alle notwendigen Informationen zusammengetragen haben, können Sie Ihre Ergebnisse in einem wissenschaftlichen Artikel *(Paper)* niederschreiben. Sobald Sie mit Ihrem Paper zufrieden sind, schicken Sie es an eine wissenschaftliche Fachzeitschrift *(Journal)*. Dort wird es von Gutachtern aus Ihrem Fachbereich überprüft *(Peer-Review)* und in den meisten Fällen mit Anmerkungen und Verbesserungsvorschlägen an Sie zurückgeschickt. Nachdem Sie Ihr Paper überarbeitet haben, schicken Sie es wieder an das Journal, und im besten Fall wird es dann veröffentlicht. Die in den Journals veröffentlichten Paper werden dann von Ihren Fachkollegen weltweit gelesen, weiterverarbeitet und zitiert. Ihre Kollegen nutzen das neugewonnene Wissen, um ihrerseits neue Ideen zu entwickeln.

Im Idealfall steht am Ende dieses Prozesses solides Wissen, das der kritischen Überprüfung durch Ihre engagierten Fachkollegen, die Experten auf Ihrem Gebiet sind, standgehalten hat. Doch dieser Prozess läuft nicht immer optimal. Denn auch Wissenschaftler neigen zu Fehlverhalten, das seine Wurzeln teilweise in der Struktur des postmodernen Wissenschaftssystems hat. Um ihnen die aktuellen Probleme näherzubringen, möchte ich mit einem besonders prominenten Fall beginnen, der im Jahr 2011 die Wissenschaftswelt (und insbesondere die Psychologie) erschütterte.

---

lastungsstörungen und sozialen Phobien) stärkere Effekte erzielen als typische psychotherapeutische und psychopharmakologische Verfahren. Psychedelische Substanzen sind vielversprechende Hilfsmittel, die in Kombination mit einer Therapie auch therapieresistente Störungen heilen könnten (Luoma et al., 2020).

10.1 Wissenschaftliches Fehlverhalten

Von außen betrachtet sah es so aus, als sei für Professor Diederik Stapel (*1966) ein Traum in Erfüllung gegangen: In sämtlichen seiner Studien trafen seine Hypothesen ins Schwarze, in seinen Daten fand er die vorhergesagten Effekte, seine Paper wurden in renommierten Fachzeitschriften (sogar in *Science*[2]) veröffentlicht und er erhielt zudem Forschungspreise für seine Arbeit. Eine solche Karriere war schon untypisch – schließlich handelt es sich bei Wissenschaft um einen ergebnisoffenen Prozess, zu dem Scheitern und falsche Vorhersagen genauso dazugehören wie Erfolge und Treffer. Es war eben ein Traum – zu schön, um wahr zu sein (Rauner, 2014).

Im September 2011 kam heraus, dass Stapel die Daten, auf denen seine Arbeiten beruhten, manipuliert und gefälscht hatte. Innerhalb von fünf Jahren wurden nicht weniger als 58 Forschungsartikel zurückgezogen, die bis dahin in renommierten Fachzeitschriften veröffentlicht waren. Doch wie gelang es Stapel, seine Machenschaften so lange zu verschleiern?

Die Kommission, die den Fall Stapel untersuchte, führte seinen voreiligen Erfolg auf die gezielte Manipulation von Nachwuchswissenschaftlern, Machtmissbrauch und unzureichende wissenschaftliche Kritik zurück (Eijlander, 2011). Nach Stapels eigener Aussage hatte er seine Forschungsdaten selbst simuliert, manipuliert und gefälscht, damit sie die gewünschte Struktur aufwiesen und die von ihm vorhergesagten Ergebnisse eintraten. Seinen Doktoranden und Studenten stellte er fertige Datensätze zur Verfügung, denen so die mühsame Datenerhebung erspart blieb. Ein engagierter Masterstudent fragte nach den Originaldaten, worauf Stapel antwortete, der Student müsse zunächst beweisen, dass er etwas zu Ende bringen kann, wenn er für ihn arbeiten wolle. Durch Drohungen und Einschüchterung gelang es ihm, unangenehme Fragen zu vermeiden. Auch die Kontrolle durch andere Professoren blieb aus, denn diese wussten nicht, dass Stapels Doktoranden die Daten nicht selbst erhoben hatten. Auf die Frage hin, wo er die Fragebögen aufbewahre, die Versuchspersonen in einer seiner Studien ausgefüllt hatten, verwies Stapel auf einen fehlenden Lagerraum. Wenn es seinen Doktoranden nicht gelang, die Studienergebnisse zu replizieren, wurde das auf ihre mangelnden Fähigkeiten zurückgeführt. Mit derartigen Ausreden schaffte er es tatsächlich, sieben Jahre lang seine Machenschaften zu vertuschen. Hinzu kommt, dass Stapels Forschungsdaten zu diesem Zeitpunkt nicht öffentlich zugänglich waren, was

---

[2] In dem *Science*-Artikel (Stapel & Lindenberg, 2011) ging es um den Einfluss von Unordentlichkeit auf Stereotypisierung und Diskriminierung: Angeblich zeigten Versuchspersonen in einem unordentlichen Kontext (wie einer zugemüllten Straße) eine höhere Tendenz zur Stereotypisierung und Diskriminierung anderer Personen. Der Artikel wurde von der Redaktion zurückgezogen.

eine unabhängige Überprüfung durch andere Wissenschaftler, Journalisten, Privatpersonen und Institutionen außerhalb der Universität erschwerte.

Dennoch wurde der Fall aufgedeckt, daraufhin verlor Stapel seine Professur und seinen Doktortitel, wurde von allen Aufgaben suspendiert und gerichtlich zu 120 Stunden Sozialhilfe verurteilt. Was hatte den Professor für Sozialpsychologie dazu verleitet, ein derart hohes Risiko einzugehen? Stapels eigene Aussagen verweisen auf eine Mischung aus Leistungsdruck und Größenwahn: *„Ich bin ein Verkäufer. Langsam, aber sicher setzte sich diese Idee in meinem Kopf fest. Ich wusste, dass ich punkten musste. Ich war in die Wissenschaft gegangen, weil ich vom Inhalt fasziniert war, aber ich fand mich immer mehr in Situationen, in denen der Inhalt nebensächlich war. Ich wollte wirklich sehr gut sein. Und ich wollte in den besten Fachzeitschriften publizieren und in den größten Sälen Vorträge halten. Ich wollte etwas Überweltliches schaffen. Etwas wie die großen sozialpsychologischen Erkenntnisse, die mich immer so berührt hatten, von göttlicher Klarheit und menschlicher Einfachheit. Aber ich konnte es nicht. Ich war kein Mozart. Ich kam nicht mal nahe dran, ein Salieri zu sein."* (Rauner, 2014)

Stapels Betrug ist ein Bilderbuchbeispiel für wissenschaftliches Fehlverhalten. Mit der Zeit rückten inhaltliche Fragen für ihn in den Hintergrund, das Interesse an der Wahrheit wurde nebensächlich. Stattdessen wurde es für Stapel immer wichtiger, sich gut zu *verkaufen*, an seinem *Image* zu arbeiten, die *großen Säle* zu füllen und in den *besten Fachzeitschriften* zu publizieren. Stapels Verrat an der Wissenschaft ist deshalb so tragisch, weil er vor dem Skandal ein schillerndes Vorzeigebild für gute wissenschaftliche Praxis war. Er galt als einer der renommiertesten und erfolgreichsten Sozialpsychologen im europäischen Raum. Seine Veröffentlichungen – zum Beispiel sein Artikel über den Zusammenhang zwischen Unordnung und Stereotypisierung – erregten das öffentliche Interesse und stießen auf ein breites Medienecho.

Gerade *weil* Stapel mit seinem Betrug so erfolgreich war, ist es wichtig, ihn für sein Verhalten zur Rechenschaft zu ziehen. Wir dürfen nicht vergessen, dass sein Fehlverhalten die Karrieren von zahlreichen Nachwuchswissenschaftlern, die ihr Vertrauen in ihn gesetzt hatten, zunichte gemacht hat. Hinzu kommt der Schaden an der Wissenschaft, denn die weiterführende Forschung, die auf Stapels manipulierten Ergebnissen aufgebaut hat, ist ins Leere gelaufen, wobei Unsummen von Fördermitteln verschwendet wurden. Dennoch bin ich der Überzeugung, dass wir uns damit nicht zufriedengeben sollten, die Ursachen für Stapels Verhalten allein in seinem Charakter zu suchen. Denn Stapels Fehlverhalten fand nicht in einem Vakuum, sondern innerhalb des postmodernen Wissenschaftssystems statt. Seine Taten hatten Gründe, die weit über seine individuelle Konstitution hinausgehen. Bei genauerem Hinsehen offenbaren Stapels Aussagen über seine Motive die ungeheuren Proportionen eines kranken Systems.

10.2 Publish or Perish

„Publish or perish" (dt.: *„veröffentliche oder vergehe"*) ist unter Wissenschaftlern eine gängige Redewendung, um den Druck zu beschreiben, ihre Ergebnisse möglichst zahlreich in angesehenen Fachzeitschriften zu publizieren. Dieser Druck entsteht durch die Konkurrenz um begrenzte Personalstellen und Fördermittel, deren Vergabe häufig anhand von bibliometrischen Kriterien wie Zitationsraten oder der Anzahl publizierter Artikel vorgenommen wird. Wissenschaftler werden so dazu animiert, schnell Studien mit positiven Ergebnissen zu publizieren, um ihr akademisches Überleben zu sichern – mit mehr als fragwürdigen Konsequenzen:

- *Vernachlässigung von Aktivitäten,* die nicht in publizierte Forschungsartikel münden, wie zum Beispiel die universitäre Lehre und die Ausbildung von Studenten.
- *Halbfertige Studien* mit geringer Qualität werden bei Fachzeitschriften eingereicht, da Quantität oft wichtiger ist als Qualität. Zudem enthalten viele der eingereichten Studien keine wirklich neuen Befunde.
- *Wissenschaftliches Fehlverhalten* wird durch den Publikationsdruck begünstigt. Wissenschaftler (wie Diederik Stapel) werden dazu verleitet, ihre Daten zu fälschen, um die erwünschten und publikationswürdigen Ergebnisse zu erzielen. Gängige Methoden sind das Verschweigen erfolgloser Versuche oder das vorzeitige Beenden der Datenerhebung, sobald das erwünschte Ergebnis eingetreten ist.
- *Studien, in denen die Hypothesen sich als falsch herausstellen, werden oftmals nicht publiziert* und unter den Teppich gekehrt, wohingegen Studien, in denen sich die Hypothesen als gültig herausstellen, veröffentlicht werden. Das führt zu einer systematischen Verzerrung (engl.: *bias*), in deren Folge die Forschungsergebnisse fehlinterpretiert und falsch angewendet werden (Ioannidis, 2005).

In Deutschland ist das wohl größte Problem, das sich hinter der Redewendung *„publish or perish"* verbirgt, die Befristung von wissenschaftlichen Stellen. Wer nach 12 Jahren noch im Wissenschaftsbetrieb arbeiten will und keine Professorenstelle bekommt, hat in der Regel Pech. Denn auch nach 12 Jahren Ausbildung und Berufserfahrung ist der Arbeitsplatz nicht sicher. Der Mangel an unbefristeten Stellen führt dazu, dass viele wissenschaftliche Mitarbeiter ihre Stellen an Hochschulen oder im Forschungsbetrieb auch nach langjähriger engagierter Arbeit aufgeben müssen.[3]

Auch vielen Professoren, an deren Lehrstühlen befristet Wissenschaftler angestellt sind, ist das Gesetz ein Dorn im Auge. Denn statt sich auf die Forschung zu konzentrieren, müssen sie ständig Verlängerungsanträge, Gutachten und Befürwortungsschreiben für ihre Mitarbeiter ausstellen, damit sie diese weiter beschäftigen können. In Deutschland sind viele Professuren *nackt*, d. h. ohne feste Mitarbeiterstellen. Es muss also regelmäßig neues Personal ausgebildet werden, da wissenschaftliche Mitarbeiter nicht weiter beschäftigt werden dürfen. Das kostet nicht nur Zeit und Geld, sondern auch Nerven. Zudem schränkt es die Konkurrenzfähigkeit des Wissenschaftsstandorts Deutschlands massiv ein. Das Gesetz führt dazu, dass kluge Köpfe mit dem Potenzial, Wissenschaftler zu werden, einen anderen Karriereweg einschlagen oder ins Ausland abwandern.[4]

Doch die vielleicht schlimmste Konsequenz des auf Hochtouren beschleunigten, wettbewerbsorientierten Wissenschaftssystems, das dem Motto *„publish or perish"* folgt, ist, dass langfristige, riskante Projekte, für die Wissenschaftler Geld und vor allem Zeit brauchen, nicht mehr finanziert und umgesetzt werden. So schrieb der britische Physiker Peter Higgs (1929–2024), der Entdecker des nach ihm benannten Higgs-Teilchens, dass er unter den Bedingungen des heutigen Wissenschaftssystems seine bahnbrechende Forschung nicht hätte durchführen können und keine Professur erhalten hätte, weil er nicht als produktiv genug erachtet werden würde (Aitkenhead, 2013). Higgs war theoretischer Physiker und stellte seine Theorie über die Existenz des Higgs-Teilchens im Jahr 1964 auf. Der empirische Nachweis des Teilchens gelang aber erst im Jahr 2012 im Teilchenbeschleuniger CERN. 2013 erhielt Higgs dann für seine Forschung den Nobelpreis. Es dauerte fast 50 Jahre, bis seine mühevolle und langwierige theoretische Arbeit, die laut seinen Angaben auch Zeiten der Geistesruhe und der Muße erforderte, durch Beobachtungen bestätigt werden konnte. Das ist meiner Meinung nach nur eines von vielen Beispielen für die enorme Zeitspanne, die es braucht, um verlässliche wissenschaftliche Erkenntnisse zu generieren. Paradoxerweise verhindert der

---

[3] Vergleicht man diese Karriereperspektive mit der Wirtschaft, wird deutlich, dass die Wissenschaft extrem unattraktiv ist. Denn in der Wirtschaft haben gut ausgebildete, engagierte Mitarbeiter nach 12 Jahren in der Regel eine Führungsposition inne und verfügen über ein hohes, sicheres Einkommen. Hinzu kommt, dass Mitarbeiter der Wirtschaft meist maximal für zwei Jahre befristet werden können.

[4] Dabei zeigt ein Blick in andere Länder, dass es auch anders geht: In den USA besteht die Hälfte des wissenschaftlichen Personals an Hochschulen aus Professoren, in Deutschland sind es nicht einmal ein Viertel. In demselben Lebensalter, in dem amerikanische Wissenschaftler ihre erste (Assistenz-)Professur bekleiden, sind Wissenschaftler an deutschen Universitäten Assistenten mit befristeten Arbeitsverträgen. Für einen ausführlichen Vergleich der Wissenschaftssysteme von Deutschland und den USA, siehe Wolbert (2024).

10 Sand im Getriebe – der Forschungsprozess und seine Anomalien

beschleunigte Wettbewerb im Wissenschaftssystem, der darauf abzielt, schnell neue Erkenntnisse zu generieren, dass die Wissenschaft das tut, wofür sie eigentlich da ist: neues Wissen zu schaffen.[5]

> **Fazit**
>
> Die Redewendung *„publish or perish"* (dt.: *„veröffentliche oder gehe unter"*) beschreibt den Publikationsdruck, dem Wissenschaftler im postmodernen Wissenschaftssystem ausgesetzt sind. Dieser Imperativ des Wissenschaftssystems verleitet zu ethisch fragwürdigem Verhalten und hat zur Konsequenz, dass die Qualität wissenschaftlicher Erkenntnisse sinkt und die universitäre Lehre vernachlässigt wird. Ein weiterer Nachteil ist, dass zeit- und kostenintensive, riskante und langfristige Projekte nicht mehr finanziert und umgesetzt werden. Während die Administration den Status quo verteidigt, bemängeln hochkarätige Wissenschaftler wie Higgs den immensen Zeit- und Leistungsdruck, unter dem sie ihre bahnbrechende Forschung niemals hätten durchführen können.

Die unter dem Aphorismus *„publish or perish"* zusammengefassten Anomalien sind nur einige von vielen, die sich aus der ungebremsten Steigerung des Beschleunigungs- und Wettbewerbsprinzips in der Wissenschaft ergeben. Denn die Steigerungslogik hat nicht nur Konsequenzen für den Forschungsalltag, sondern auch für die *Validität (Gültigkeit)* der Forschungsergebnisse selbst. Das mündete in eine Krise, welche die globale Wissenschaftsgemeinschaft in den letzten Jahrzehnten erschüttert hat.

10.3 Replikationskrise

Als Wissenschaftler sind Sie darauf angewiesen, Ihre Befunde in internationalen Fachzeitschriften zu publizieren, damit Sie innerhalb der Wissenschaftsgemein-

---

[5] Natürlich gibt es auch Befürworter des Status quo. Das Bundesministerium für Bildung und Forschung sieht im Wissenschaftszeitvertragsgesetz, das die Befristung von Arbeitsverträgen an den Universitäten und Forschungseinrichtungen ermöglicht, beispielsweise einen Vorteil für Nachwuchswissenschaftler: Ohne befristete Stellen, so die Argumentation, wäre nachrückenden Wissenschaftlern der Folgegeneration der Zugang zu Stellen massiv erschwert. Etwas Druck sei zudem notwendig, um neue Forschungserkenntnisse zu generieren, denn Befristung rege zu mehr Anstrengung an. Zudem gehört es zur Natur des Berufs, dass Wissenschaftler ständig etwas Neues dazulernen, was die Befristung rechtfertigen würde. Ich persönlich halte diese Argumentation für alles andere als realitätsnah und stichhaltig – kein Unternehmer würde exzellent ausgebildete Fachkräfte und Experten nach 12 Jahren einfach entlassen – dennoch wollte ich sie Ihnen nicht vorenthalten (Bundesministerium für Bildung und Forschung, o. D.).

schaft wahrgenommen werden. Ihre Chance, Befunde in Fachzeitschriften unterzubringen, hängt im Wesentlichen davon ab, ob die Befunde wirklich *neu* sind oder nicht. Wenn Sie unter dem Druck stehen, innerhalb kurzer Zeit wiederholt *neue* Ideen und Erkenntnisse zu liefern, werden Sie sich wohl kaum die Zeit nehmen, um *bereits bekannte* Befunde zu überprüfen und abzusichern. Das hat in der Vergangenheit dazu geführt, dass die *wiederholte Durchführung von Studien zur Absicherung der Ergebnisse (Replikation)* vernachlässigt wurde.

Dennoch gab es mutige Wissenschaftler, die sich ernsthaft die Frage stellten, ob sich die Ergebnisse moderner Forschung replizieren lassen: In einer umfassenden Replikationsstudie versuchten 270 Wissenschaftler über 100 Studien aus drei psychologischen Fachzeitschriften zu replizieren (Open Science Collaboration, 2015; Simmons et al., 2016). Das Ergebnis war ebenso enttäuschend wie erschütternd: Nur 36 % der Befunde konnten repliziert werden, die Replikationsstudien gelangten häufig zu anderen Ergebnissen als die Originalstudien.[6] Demnach ist ein großer Teil des gesammelten psychologischen Wissens wahrscheinlich ungültig.[7] In der Wissenschaftsgemeinschaft hat dieser Befund für einen Aufschrei gesorgt, doch warum ist die Replizierbarkeit von Studien überhaupt so wichtig?

Replizierbarkeit ist eine grundlegende Anforderung an wissenschaftliche Hypothesen, denn deren Gültigkeit sollte nicht von Status, Rang oder der Perspektive ihres Erzeugers abhängen, sondern einzig und allein von der Evidenz, welche diese Hypothesen stützt. Und die Evidenz ist nur dann wirklich stichhaltig, wenn bei der wiederholten Durchführung von Studien (Replikation) durch unabhängige Wissenschaftler dieselben Beobachtungen gemacht werden. Unterscheiden sich die Ergebnisse der Replikation von denen der Originalstudie, gelten die Befunde der Originalstudie in der Regel als *falsifiziert (widerlegt)*.[8] Die Reproduzierbarkeit wissenschaftlicher Erkenntnisse ist wichtig, um sie von Meinungen oder Ansichten abzugrenzen, die sich über Zeit und Kontext hinweg verändern. Durch Replikation wird zudem sichergestellt, dass die Forschung sich selbst kontrolliert und Stück für Stück auf Basis der

---

[6] Diejenigen, welche die Psychologie für eine Pseudowissenschaft halten, haben vielleicht angesichts der Replikationskrise ein Lächeln auf dem Gesicht. Ihnen sei gesagt, dass die Replikationskrise keinesfalls ein Phänomen ist, dass sich auf die Psychologie beschränkt, sondern sich über viele Disziplinen erstreckt. Für eine Übersicht zur Replikationskrise in der Medizin, siehe Ioannidis (2005).

[7] Einschränkend muss hier erwähnt werden, dass die Replikationsstudien häufig unter Minimalbedingungen (also mit geringem Zeit- und Kostenaufwand) durchgeführt wurden und das Material aus den Originalstudien nicht immer vorhanden war. Wenn das Material, das in den Originalstudien verwendet wurde, zugänglich war, wurde es auch in den Replikationsstudien genutzt.

[8] Hier ist anzumerken, dass eine einzelne Studie meist wenig aussagt. In der wissenschaftlichen Psychologie werden aufgrund relativ großer Messfehler häufig widersprüchliche Ergebnisse produziert. Um zu einem exakten Bild zu gelangen, sind daher oft hunderte (wenn nicht tausende) von Studien notwendig. Aber auch einzelne Befunde können eine starke Aussagekraft haben und die Forscher dazu bewegen, zukünftig einen anderen Aspekt in den Vordergrund zu stellen.

replizierten Befunde weiterentwickelt (Open Science Collaboration, 2015). Doch wenn sich alle Wissenschaftler der Bedeutsamkeit von Replikation bewusst sind, wo liegen dann die Ursachen der Replikationskrise?

Das postmoderne Wissenschaftssystem ist darauf ausgerichtet, schnell neue und verwertbare Befunde hervorzubringen. Wissenschaftler stehen unter dem Druck, immer neue Befunde zu liefern, denn Forschung, die auf die Validierung existierender Befunde ausgerichtet ist, wird häufig nicht als originell erachtet und von den Gutachtern der Fachzeitschriften abgelehnt. Für die Forscher bedeutet das im Extremfall, dass sie ihre Karriere aufs Spiel setzen, wenn sie sich zu stark auf die Replikation konzentrieren und keine neuen Befunde liefern. Unter dem extremen Wettbewerbs- und Beschleunigungsdruck ist es rational, fünf qualitativ minderwertige Studien bei Fachzeitschriften einzureichen als eine Studie mit hoher Qualität, deren Ergebnisse mehrmals abgesichert und geprüft wurden.[9]

Hinzu kommt die relativ große Flexibilität bei der Datenauswertung und Analyse. Forscher haben meist das Ziel, in ihren Studien statistisch signifikante Zusammenhänge nachzuweisen. Ob ein Studienergebnis signifikant wird, hängt unter anderem von den statistischen Methoden ab, die zur Auswertung benutzt werden. Weil die statistische Signifikanz von Befunden oft darüber entscheidet, ob sie publiziert werden oder nicht, hat diese sich fälschlicherweise als Maß für die *Zuverlässigkeit* von Befunden etabliert.[10] Tatsächlich gibt die statistische Signifikanz darüber aber gar keine Aussage, denn die Grenze, ab der ein Ergebnis als signifikant erachtet wird, ist letztlich künstlich festgelegt: In Psychologie und Medizin liegt das Signifikanzniveau beispielsweise bei 5 %. Liegt der Wert unter dieser Grenze, ist der Befund statistisch signifikant, darüber hingegen nicht. Das verleitet Forscher dazu, ihre Daten so zu erheben und zu manipulieren, dass sie die Signifikanzgrenze überschreiten. Wird beispielsweise die Wirksamkeit eines Medikaments untersucht und ein Signifikanzwert von 6 % erzielt, können unliebsame Versuchspersonen, bei denen das Medikament nicht angeschlagen hat, aus der Stichprobe entfernt werden, um doch noch ein signifikantes Ergebnis zu erzielen. Somit entsteht ein verzerrtes Bild des Wissensstandes, das im schlimmsten Fall über Leben und Tod entscheiden kann. Selektive Berichterstattung und selektive Datenanalyse sind daher

---

[9] Besonders bedauerlich ist dabei die Tatsache, dass einer der ersten Forschungsartikel, der auf die Replikationskrise in der Psychologie aufmerksam machte, zunächst von drei Fachzeitschriften abgelehnt wurde. Das bestätigt die Befürchtung, dass die Selbstkontrolle der Wissenschaft im postmodernen Wissenschaftssystem nicht mehr richtig funktioniert. Nach mehreren vergeblichen Versuchen, die Studie zu publizieren, wurde sie schließlich von der Fachzeitschrift *PLoS One* veröffentlicht (Ritchie et al., 2012).

[10] Für einen gut verständlichen Übersichtsartikel zum Signifikanzwert empfehle ich *Das magische P* aus der Süddeutschen Zeitung (Amrhein, 2017).

ein weiterer entscheidender Grund für die Replikationskrise (Open Science Collaboration, 2015).

> **Fazit**
> Die Replikationskrise beschreibt die Tatsache, dass eine Vielzahl von Forschungsergebnissen in verschiedenen wissenschaftlichen Disziplinen nicht reproduziert werden konnte. Der Grund für die Replikationskrise ist, dass Innovation durch die Mechanismen des postmodernen Wissenschaftssystems stärker belohnt wird als Replikation. Um die Qualität und Glaubwürdigkeit wissenschaftlicher Erkenntnisse zu sichern, muss die Balance zwischen Innovation und Replikation wieder hergestellt werden. Wissenschaftlicher Fortschritt ist allein auf Basis von neuen, aber unsicheren Befunden nicht möglich. So kommen die Autoren des Replikationsartikels zu dem Schluss, dass *Innovation* zeigt, was *möglich* ist, während *Replikation* verdeutlicht, was *wahrscheinlich* ist – wissenschaftlicher Fortschritt hängt von beidem ab (Open Science Collaboration, 2015).

Das ist leichter gesagt als getan, denn die Ursachen der Replikationskrise haben ihre Wurzel in den Grundprinzipien des postmodernen Wissenschaftssystems, insbesondere der Beschleunigung und des Wettbewerbs. An dieser Stelle möchte ich daher eine kurze, zusammenfassende Ursachenanalyse einfügen, bevor ich auf die Reaktionen und Verbesserungen seitens der Wissenschaftsgemeinschaft eingehe.

10.4 Zwischenfazit: Grenzenlose Steigerung

Die Arbeitshypothese, dass die unreflektierte Anwendung und grenzenlose Steigerung der Grundprinzipien der Moderne (Spezialisierung, Beschleunigung, Wettbewerb) wesentlich zu den Anomalien im postmodernen Wissenschaftssystem beiträgt, scheint sich aufgrund der vorhergehenden Analyse bestätigt zu haben. Ich möchte dafür argumentieren, dass diese Grundprinzipien *kausal (ursächlich)* mit den oben genannten Problemen (z. B. Fehlverhalten, Qualitätsverlust, Replikationskrise) zusammenhängen, auch wenn ein solcher Ursache-Wirkungs-Zusammenhang schwer nachzuweisen ist. Ein solcher Zusammenhang würde beispielsweise dann vorliegen, wenn die Reaktionen der Wissenschaftsgemeinschaft, die auf eine Begrenzung der ausufernden Grundprinzipien abzielen, in der Folge auch das Ausmaß der Anomalien reduzieren würden.[11]

Ich möchte anmerken, dass Spezialisierung, Beschleunigung und Wettbewerb nicht *an sich* negative Auswirkungen auf die Forschung haben. Vielmehr sind diese Grundprinzipien wichtig und notwendig, damit die Forschung überhaupt produktiv sein kann. Die fortschreitende Spezialisierung ergibt sich direkt aus der Kernaufgabe der Wissenschaft, neues Wissen zu generieren; ein gewisser Grad an Beschleunigung ist notwendig, damit Wissen ausgetauscht und kommuniziert werden kann;[12] der Wettbewerb erweist sich als effektives Instrument zur Mobilisierung sozialer Ressourcen, die nötig sind, um neues Wissen zu schaffen.

Die Wissenschaft befindet sich allerdings an einem Punkt, wo eine zusätzliche Steigerung dieser Grundprinzipien die Förderung neuer Erkenntnisse nicht unterstützt, sondern untergräbt. Genauer gesagt hat die Forschung den Punkt, an dem eine Intensivierung der Grundprinzipien mit einer Steigerung der Qualität von Forschung einhergeht, bereits überschritten. Eine weitere Steigerung der Grundprinzipien, insbesondere der des Wettbewerbs und der Beschleunigung, geht nicht mehr mit einer Qualitätssteigerung einher, sondern umgekehrt, mit einem *Qualitätsverlust.*

Im Zuge dieser Umkehr hat die Wissenschaftsgemeinschaft ihre Steuerungshoheit verloren: Insbesondere die Prinzipien des Wettbewerbs und der Beschleunigung dienen nicht mehr der Erreichung wissenschaftlicher Ziele (Wissen, Bildung, Fortschritt, Wohlstand), sondern haben sich längst verselbstständigt. Vor dem Kipppunkt sind Wettbewerb und Beschleunigung effiziente und funktionale Mittel zur Realisierung wissenschaftlicher Ziele; nach dem Kipppunkt haben sich Beschleunigung und Wettbewerb *vom Mittel zum Zweck* entwickelt (Rosa, 2012, S. 339). Beschleunigung und Wettbewerb dienen nicht mehr der Verwirklichung gesetzter Ziele, sondern die *Aufrechterhaltung und Steigerung der Geschwindigkeit und Wettbewerbsfähigkeit sind selbst das primäre Ziel geworden.*[13] Wissenschaft und Gesellschaft haben das Ziel des technischen und sozialen Fortschritts nicht ganz aus den Augen verloren, aber es steht nicht mehr an erster Stelle. Diese Position beanspruchen nun die Wettbewerbsfähigkeit und der Beschleunigungsdruck für sich. Dieser *Platzwechsel der Ziele*

---

[11] Einschränkend muss hier erwähnt werden, dass einige Interventionen seitens der Wissenschaftsgemeinschaft ihre Wirkung erst langfristig entfalten. Es ist also möglich, dass sie durchaus dazu beitragen, die Anomalien zu reduzieren, auch wenn der Effekt nicht unmittelbar sichtbar ist.
[12] Ich denke dabei zum Beispiel an die Erfindung des Buchdrucks durch Gutenberg, der die Verbreitung von Informationen massiv beschleunigt hat.
[13] Das Bundesministerium für Bildung und Forschung und prominente Vertreter aus der Politik deklarieren regelmäßig die Aufrechterhaltung der Wettbewerbsfähigkeit des Wissenschaftsstandorts Deutschland als primäres Ziel ihres politischen Engagements.

äußert sich dabei kollektiv und individuell in der Angst, zurückzufallen und die eigene Position einzubüßen. Der Wettbewerbs- und Beschleunigungsdruck droht in der Wissenschaft, aber auch in anderen Sozialsphären, Mensch, Natur und Gesellschaft zu überfordern (Rosa, 2012, S. 340).

Im folgenden Kapitel werden einige Lösungsvorschläge präsentiert, die aus der Wissenschaftsgemeinschaft als Reaktion auf die diversen Krisen hervorgegangen sind. Aus jetziger Sicht ist es schwierig, die Effizienz dieser Reaktionen zu bewerten, da einige erst langfristig ihre Wirkung entfalten werden. Dennoch möchte ich versuchen, einen Überblick zu geben und die Interventionen entsprechend zu evaluieren.

Literatur

Aitkenhead, D. (2013, 6. Dezember). Peter Higgs: I wouldn't be productive enough for today's academic system. https://www.theguardian.com/science/2013/dec/06/peter-higgs-boson-academic-system. Zugegriffen: 12. Aug. 2024.

Amrhein, V. (2017, 22. September). Das magische P. https://www.sueddeutsche.de/wissen/wissenschaft-das-magische-p-1.3676252. Zugegriffen: 15. Okt. 2024.

Bundesministerium für Bildung und Forschung. (o. D.). Wissenschaftszeitvertragsgesetz. https://www.bmbf.de/bmbf/de/forschung/wissenschaftlicher-nachwuchs/wissenschaftszeitvertragsgesetz/wissenschaftszeitvertragsgesetz_node.html. Zugegriffen: 12. Aug. 2024.

Eijlander, P. (2011, 31. Oktober). Interim Report Regarding the Breach of Scientific Integrity committed by Prof. D.A. Stapel. https://web.archive.org/web/20160627142859/https://www.tilburguniversity.edu/upload/547aa461-6cd1-48cd-801b-61c434a73f79_interim-report.pdf. Zugegriffen: 12. Aug. 2024.

Harrison, A. (2006, 16. Januar). LSD: The Geek's Wonder Drug? https://www.wired.com/2006/01/lsd-the-geeks-wonder-drug/. Zugegriffen: 12. Aug. 2024.

Ioannidis, J. (2005). Why most published research findings are false. *PLoS Medicine, 2*(8), e124. https://doi.org/10.1371/journal.pmed.0020124.

Luoma, J. B., Chwyl, C., Bathje, G. J., Davis, A. K., & Lancelotta, R. (2020). A meta-analysis of placebo-controlled trials of psychedelic-assisted therapy. *Journal of Psychoactive Drugs, 52*(4), 289–299. https://doi.org/10.1080/02791072.2020.1769878.

Open Science Collaboration. (2015). Estimating the reproducibility of psychological science. *Science, 349*(6251), aac4716. https://doi.org/10.1126/science.aac4716.

Rauner, M. (2014, 28. Juli). Dieser Mann hat der Wissenschaft die Smarties geklaut. https://www.zeit.de/zeit-wissen/2014/04/hochstapler-betrug-wissenschaft/seite-1. Zugegriffen: 12. Aug. 2024.

Ritchie, S. J., Wiseman, R., & French, C. C. (2012). Failing the Future: Three Unsuccessful Attempts to Replicate Bem's 'Retroactive Facilitation of Recall' Effect. *PLOS ONE, 7*(3), e33423. https://doi.org/10.1371/journal.pone.0033423.

Rosa, H. (2012). *Weltbeziehungen im Zeitalter der Beschleunigung: Umrisse einer neuen Gesellschaftskritik.* Suhrkamp.

Simmons, J. P., Nelson, L. D., & Simonsohn, U. (2016). False-positive psychology: undisclosed flexibility in data collection and analysis allows presenting anything as significant. *Psychological Science, 22*(11), 1359–1366. https://doi.org/10.1177/0956797611417632.

Stapel, D. A., & Lindenberg, S. (2011). Coping with chaos: How disordered contexts promote stereotyping and discrimination. *Science, 332*(6026), 251–253. https://doi.org/10.1126/science.1201068.

Wolbert, M. (2024, 3. Juni). Das amerikanische Bildungssystem im Vergleich zu Deutschland. https://www.academics.de/ratgeber/usa-deutschland-vergleich-wissenschaft-bildung. Zugegriffen: 12. Aug. 2024.

11
Reaktionen aus der Wissenschaft

11.1 Präregistrierung – wie Wissenschaftler ihre Versprechen halten

Ein erster Schritt, den die Forschungsgemeinschaft unternommen hat, um die diversen Krisen zu bekämpfen, ist eine Ausweitung des Begutachtungsprozesses. Wir erinnern uns daran, dass Studien normalerweise bei einer Fachzeitschrift eingereicht, begutachtet und dann veröffentlicht werden, wenn sie bestimmte qualitative Voraussetzungen erfüllen. Diese Form der Begutachtung lässt Wissenschaftlern einen großen Spielraum bei der Erhebung, Auswertung und Analyse der Daten, denn diese Prozesse werden nicht kontrolliert. Wenn nach der Datenanalyse kein signifikantes Ergebnis vorliegt, ist es beispielsweise möglich, einfach ein anderes Analyseverfahren zu nutzen, um doch ein signifikantes Ergebnis zu erzielen. Durch derartige Praktiken wird die Befundlage verzerrt und die Replizierbarkeit von Studien beeinträchtigt.

Um das zu verhindern, wurden grundlegende Reformen im Begutachtungsprozess durchgeführt. Viele etablierte Fachzeitschriften verlangen von Wissenschaftlern, dass sie bereits *vor* der Datenanalyse ihre Studie einreichen. In diesen *Präregistrierungen* müssen Forscher unter anderem die statistischen Methoden, die sie zur Datenauswertung verwenden, im Vorhinein genau beschreiben. Zudem werden sie dazu aufgefordert, ihre Daten öffentlich zugänglich zu machen, damit die Berechnungen und Ergebnisse von anderen Wissenschaftlern überprüft werden können. Somit wird sichergestellt, dass Forscher sich auch wirklich an ihre Angaben halten und nicht spontan die Analyseverfahren ändern oder Versuchspersonen, bei denen eine Intervention nicht funktioniert hat, einfach aussortieren.[1]

Augenscheinlich ist dieser Prozess mit einem erhöhten Arbeitsaufwand für Wissenschaftler verbunden, denn statt einfach die fertige Studie einzureichen, müssen sie bereits das Studienkonzept sauber und exakt formulieren, damit es begutachtet werden kann. Aus eigener Erfahrung weiß ich aber, dass eine detaillierte Planung der Studie durchaus ein Vorteil ist. Denn wenn man im Vorhinein genau über Hypothesen, Variablen und statistische Tests nachdenkt, können Probleme vorweggenommen und das Studiendesign optimiert werden.[2] Die zusätzliche Zeit, die in die Vorüberlegungen investiert wird, zahlt sich außerdem aus, denn präregistrierte Studien sind in vielen Fachbereichen bereits zur Norm geworden. Die eigene Studie zu präregistrieren, erhöht die Wahrscheinlichkeit, dass die Studie auch publiziert wird. Zudem erhalten andere Wissenschaftler durch die Präregistrierung Zugriff auf die exakten Details der Studie, wodurch die Ergebnisse relativ einfach überprüft werden können. Die Studienentwürfe werden in Online-Datenbanken gespeichert, das heißt, selbst wenn ein Wissenschaftler seine Daten verliert, den Arbeitsplatz wechselt oder sich einem neuen Themengebiet widmet, bleibt das Studienkonzept aus der Datenbank abrufbar. Das erhöht sowohl die Qualität als auch die Replizierbarkeit wissenschaftlicher Befunde (PLoS, o. D.).

Doch sind damit wirklich die Probleme des postmodernen Wissenschaftssystems ausgeräumt? Auf den ersten Blick scheinen Präregistrierungen die Prinzipien des Wettbewerbs und der Beschleunigung nicht einzugrenzen, denn der Wettbewerb um Publikationen in Fachzeitschriften und die Notwendigkeit, schnell zu publizieren, üben nach wie vor einen immensen Druck auf Wissenschaftler aus und motivieren sie zu Fehlverhalten (z. B. der Manipulation von Daten). Doch auch wenn Präregistrierungen die postmoderne Maschinerie nicht vollständig umstrukturieren, drehen sie doch an einem feinen Zahnrad, denn der Wettbewerb wird zumindest *fairer* gestaltet, da beim Contest um die neuesten Erkenntnisse nun wirklich die besten Ideen gewinnen und Fehlverhalten, wie die nachträgliche Manipulation von Daten, reduziert wird. Auch der Beschleunigung wird ein Riegel vorgeschoben, denn obwohl die Präregistrie-

---

[1] Viele Fachzeitschriften bieten Wissenschaftlern auch die Möglichkeit eines *doppelten Peer-Reviews* (Nature, o. D.): Hier wird bereits das Studiendesign (ohne Ergebnisse) bei der Fachzeitschrift eingereicht und von Experten begutachtet. Wird das eingereichte Manuskript im ersten Schritt akzeptiert, bekommen die Wissenschaftler sozusagen eine Garantie, dass ihre Studie publiziert wird, *und zwar unabhängig davon, ob die Ergebnisse signifikant werden oder nicht*.

[2] Zu einer ähnlichen Einschätzung gelangt auch Chris Graf (2017), ehemaliger Direktor für wissenschaftliche Integrität beim wissenschaftlichen Verlag *Wiley*.

rungen einen zusätzlichen Arbeitsaufwand bedeuten, werden Wissenschaftler dazu aufgefordert, sich *Zeit* für die Entwicklung ihrer Studien zu nehmen und Design, Hypothesen und Methoden im Vorhinein genau zu durchdenken.

> **Fazit**
> Über Präregistrierungen wird die Kontrolle wissenschaftlicher Studien ausgeweitet. Wissenschaftler werden dazu animiert, die Details ihrer Studie (Theorie, Hypothesen und statistische Methoden) bereits *vor* der Datenerhebung zu spezifizieren und einzureichen. Somit wird die Flexibilität bei der Datenerhebung und -auswertung begrenzt und sichergestellt, dass sich Forscher an ihre Angaben halten. Dieses Vorgehen birgt zahlreiche Vorteile für Wissenschaftler, Forschung und die Gesamtgesellschaft:
>
> - Qualitätssicherung wissenschaftlicher Befunde,
> - verbesserte Replizierbarkeit,
> - optimiertes Studiendesign,
> - Reduktion wissenschaftlichen Fehlverhaltens,
> - Vertrauen in Wissenschaft durch Transparenz.
>
> Die Präregistrierung reduziert zwar nicht direkt den Wettbewerbs- und Beschleunigungsdruck, trägt aber dennoch dazu bei, die Qualität wissenschaftlicher Befunde zu sichern, da der Wettbewerb *fairer* gestaltet wird und Wissenschaftler angehalten werden, sich Zeit für die Entwicklung ihrer Studien zu nehmen.

Damit sind die Probleme der Forschung noch nicht gelöst. Ein weiterer Dorn im Auge der Erkenntnis ist der *Überschuss* an wissenschaftlichen Befunden, der aus der Steigerung von Spezialisierung, Wettbewerb und Beschleunigung hervorgeht. Auf die Ausdifferenzierung des Wissens mit weiterer Spezialisierung zu reagieren, kann nicht die Lösung sein. Stattdessen wurden Anstrengungen unternommen, das Wissen aus Tausenden von Studien neu zu strukturieren und in großen, zusammenfassenden Analysen zu überprüfen. Über die Implementation, die Vor- und Nachteile dieser *Meta-Analysen* wird im nächsten Kapitel berichtet.

11.2 Metascience – wie Forscher den Überblick behalten

Aufgrund der Steigerung des Spezialisierungs-, Beschleunigungs- und Wettbewerbsprinzips kommt es zu einer explosionsartigen Vermehrung von Studien, Forschungsergebnissen und empirischen Befunden. Im Zuge dieses *Informationsüberschusses* steigt nicht nur die Menge an gesichertem Wissen stetig an, sondern es wächst auch die Anzahl an *widersprüchlichen Befunden*. Das hat dazu geführt, dass vermehrt zusammenfassende Studien, sogenannte *Meta-Analysen,* publiziert werden. Sie dienen sozusagen als Landkarte, um in dem Dschungel aus Einzelbefunden den Überblick zu behalten. Dabei werden die empirischen Daten aus den Originalstudien mithilfe statistischer Methoden strukturiert, organisiert und zusammengefasst.

Meta-Analysen sind allerdings viel mehr als eine reine Zusammenfassung der existierenden Befundlage. Denn durch die hohe Anzahl an Studien, die in die Analyse mit einfließt, können Verzerrungen, die beispielsweise durch den Publikationsdruck entstehen, aufgedeckt werden. Wir erinnern uns: Um die Karriereleiter hochzuklettern und sich gegen Konkurrenten durchzusetzen, müssen Forscher möglichst viele Studien in Fachzeitschriften publizieren. Das führt dazu, dass Studien, in denen sich die Hypothesen als falsch herausgestellt haben, häufig unter den Teppich gekehrt und nicht veröffentlicht werden. Dadurch entsteht der *publication bias* (dt.: Publikationsverzerrung), ein verzerrtes Gesamtbild der wissenschaftlichen Befundlage. Meta-Analysen liefern durch ihre Vogelperspektive einige Möglichkeiten, um diese Publikationsverzerrung aufzudecken.

Abb. 11.1 zeigt das fiktive Ergebnis einer Meta-Analyse zur Wirksamkeit psychologischer Präventionen auf Verhaltensauffälligkeiten (z. B. Spielsucht, selbstverletzendes Verhalten, soziale Isolation, aggressives Verhalten).

Auf der waagerechten *x*-Achse ist die berechnete *Effektstärke* abgetragen, sozusagen das Hauptergebnis der einzelnen Studien. Je größer die Effektstärke einer Einzelstudie, desto wirksamer war die Prävention (z. B. zeigten Klienten, die an der Prävention teilgenommen hatten, weniger Verhaltensprobleme). Der orangene Strich markiert die mittlere Effektstärke, sie liegt ursprünglich etwa bei $d = 0{,}5$. Inhaltlich bedeutet das, dass die hier untersuchten Präventionen im Durchschnitt einen mittelstarken Effekt auf die Verhaltensauffälligkeiten der Klienten hatten. Auf der senkrechten *y*-Achse finden Sie den *Standardfehler,* der eine Aussage über die Messgenauigkeit gibt. Generell gilt: Je mehr Klienten an einer Prävention teilgenommen haben, desto geringer ist der Standardfehler, das heißt umso genauer kann der tatsächliche Effekt der Prävention geschätzt werden.

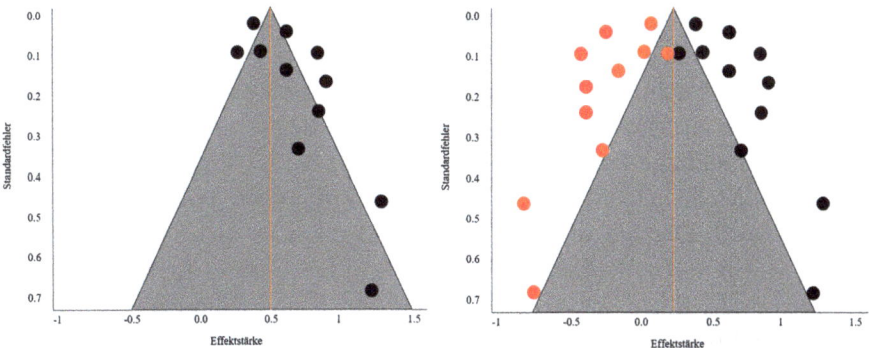

Abb. 11.1 Meta-Analyse zur Wirksamkeit psychologischer Präventionen. Jeder schwarze Punkt stellt das fiktive Ergebnis einer Einzelstudie dar. Die linke Abbildung zeigt nur veröffentliche Studien (mit Publikationsverzerrung). In der rechten Abbildung wurden die hypothetischen Effekte von Studien, die nicht publiziert wurden, als rote Punkte ergänzt

Die linke Abbildung zeigt, dass die Gesamtheit der Befunde durch Publikationsverzerrungen beeinflusst ist: Es gibt viele Studien mit mittelstarken oder großen Effekten (also Studien, die zeigen, dass die Prävention wirksam ist) und wenige oder gar keine Studien mit kleinen oder negativen Effekten (also Studien, die zeigen, dass die Prävention nur einen kleinen, gar keinen oder sogar einen negativen Effekt hat, d. h. den Klienten schadet).[3] Durch diese Verzerrung wird die Wirksamkeit der Prävention systematisch *überschätzt*, denn Studien mit negativen, ausbleibenden oder kleinen Effekten wurden nicht publiziert und fließen nicht in die Berechnung der mittleren Effektstärke ein.

In der rechten Abbildung wurden die fehlenden Studien als rote Punkte ergänzt und in die Berechnung der mittleren Effektstärke mit einbezogen. Die geschätzte Effektstärke von psychologischen Präventionen wurde durch die hinzugedachten Studien nach unten korrigiert. In der Abbildung sehen Sie, dass der orangene Strich, der die mittlere Effektstärke markiert, ein Stück nach links gewandert ist und jetzt $d = 0{,}25$ beträgt. Indem die Effektstärken der Einzelstudien „gespiegelt" werden und die mittlere Effektstärke neu geschätzt wird, lässt sich eine unverzerrte Aussage über die Wirksamkeit der Prävention treffen.[4]

---

[3] Bei Studien mit negativen Effekten wird die Motivation, die hinter dem *publication bias* steckt, besonders deutlich: Es ist offensichtlich, dass Wissenschaftler, deren Prävention nach hinten losging (d. h. wo die Klienten im Nachhinein *mehr* psychische Probleme hatten als vorher), sich nicht mit ihren Befunden brüsten wollen.

[4] Falls Sie sich wundern, dass für diese Analyse einfach Studien hinzugedacht wurden, sind Ihre Zweifel durchaus berechtigt. Das Hinzufügen der roten Punkte beruht auf dem Wissen über die Publikationsverzerrung und bestimmten Verteilungsannahmen.

Meta-Analysen sind daher ein effektives Mittel, um die negativen Auswirkungen des Publikationsdrucks einzugrenzen. Sie bieten übersichtsartige Einblicke in die Forschung und erlauben Aussagen, die weit über die Schlussfolgerungen, die aus einzelnen Studien gezogen werden können, hinausgehen.

Widersprüchliche Befunde gibt es nicht nur in der Psychologie, sondern auch in der Medizin, beispielsweise wenn die Wirksamkeit von Medikamenten erforscht wird. Deshalb sind Meta-Analysen zu einem wichtigen Stützpfeiler der *evidenzbasierten Medizin* geworden. Wenn Sie zu einer Ärztin gehen und sie Ihnen ein Medikament verschreibt, sollte ihre Entscheidung nicht auf ihrem Bauchgefühl beruhen, sondern auf ihrem Wissen über die empirisch nachgewiesene Wirksamkeit des Medikaments (Baethge, 2014). Um die Wirksamkeit von Medikamenten einzuschätzen, werden im Vorhinein großangelegte klinische Studien mit Hunderten oder Tausenden von Patienten durchgeführt. Eine solche Stichprobengröße ist notwendig, um eventuelle Nebenwirkungen, die oft nur sehr selten auftreten, aufzudecken und ihre Wahrscheinlichkeit abzuschätzen. Um die zahlreichen Einzelstudien, die teilweise aus verschiedenen Ländern, Kliniken und Praxen stammen, zusammenzufassen, werden wiederum Meta-Analysen verwendet. Durch das Zusammenlegen der klinischen Einzelstudien haben Meta-Analysen eine enorme Stichprobengröße und können so Aufschluss darüber geben, ob das Medikament nun wirksam ist oder nicht, wie wahrscheinlich Nebenwirkungen sind – und ob es eine bessere Alternative gibt.

Es gibt aber auch Gegner dieser Studienform, die zu Recht darauf verweisen, dass Meta-Analysen nicht der Weisheit letzter Schluss sind. Beispielsweise erschien im *Deutschen Ärzteblatt* vor einigen Jahren ein Artikel über die Aussagekraft von Meta-Analysen bei Interessenkonflikten: An der renommierten Stanford-Universität wurden umfassende *Meta-Meta-Analysen* zur Wirksamkeit von blutdrucksenkenden Medikamenten durchgeführt, in denen die Ergebnisse vieler Meta-Analysen wiederum zusammengefasst wurden, um die Befunde der einzelnen Meta-Analysen kritisch zu überprüfen. Das Ergebnis: Meta-Analysen, die von Pharmaunternehmen gesponsert werden, liefern zwar statistisch korrekte Ergebnisse, allerdings wird häufig bevorzugt über die Medikamente des Sponsors der Studie berichtet. Konkret bedeutet das, dass die Autoren dieser Studien Schlussfolgerungen treffen, die nicht mit den statistischen Befunden übereinstimmen.[5] Die Medikamente der Sponsoren werden von den Autoren als wirksamer eingeschätzt, als sie tatsächlich sind. Trotz ma-

---

[5] 92 % aller Meta-Analysen, die von einer einzelnen Firma finanziert wurden, kamen zu einem positiven Ergebnis über die Wirksamkeit des Medikaments, obwohl nur 55 % der statistischen Ergebnisse diese Schlussfolgerung stützten. Das Ergibt eine Differenz von 37 %, die sich auf 21 % verringert, wenn die Meta-Analyse von mehreren Firmen gesponsert wurde. Es zeigte sich keine solche Abweichung, wenn die Autoren ihre Forschung ohne Interessenkonflikte finanzierten (Meyer, 2007).

thematischer Exaktheit gibt es bei Meta-Analysen also einen Spielraum bei der Interpretation, der besonders bei firmengesponserten Studien genutzt wird. Selbst wenn empirische Befunde aus einer Meta-Analyse stammen, ist also Vorsicht geboten.

> **Fazit**
> Als Reaktion auf die explosionsartige Vermehrung wissenschaftlicher Publikationen, die aus den Beschleunigungs- und Wettbewerbsprinzipien resultiert, werden vermehrt Meta-Analysen durchgeführt. Meta-Analysen sind zusammenfassende Studien, die zum Ziel haben, existierende Befunde zu organisieren und Widersprüche aufzuklären. Sie bieten übersichtsartige Einblicke in die Forschung und können Verzerrungen, wie dem Publikationsfehler, entgegenwirken. Meta-Analysen klären nicht nur die existierende Befundlage, sondern verweisen auch auf unerforschtes Terrain, das die Wissenschaft noch erschließen muss. Auch wenn Meta-Analysen statistisch aussagekräftig sind, ist es immer noch möglich, dass auf Basis der Ergebnisse unzulässige Schlussfolgerungen getroffen werden.

Meta-Analysen sind die zweite große Reaktion der Wissenschaftsgemeinschaft auf einige Probleme postmoderner Forschung. Auffällig ist, dass auch hier keine direkte Konfrontation mit der Wettbewerbs- und Beschleunigungslogik erfolgt. Stattdessen wird versucht, mit statistischen Methoden und mathematischer Modellierung die aus dem Publikationsdruck resultierenden Probleme in der Forschung zu lösen. Damit sind sie aber nicht ausgeräumt, denn solange die Wettbewerbslogik Ehrlichkeit (z. B. über misslungene Präventionen) mehr bestraft als honoriert, entstehen immer wieder neue, einseitige und unzuverlässige Befunde. Meta-Analysen können das Problem zwar temporär lösen, packen es aber nicht an der Wurzel.

11.3 Demokratische Organisation von Wissenschaft

Aus den letzten beiden Kapiteln wird deutlich, dass die hier diskutierten Reaktionen der Wissenschaftsgemeinschaft die ausgeuferte Wettbewerbs- und Beschleunigungslogik nicht ernsthaft infrage stellen. Dafür gibt es gute Gründe, denn schließlich kann ein System, das auf diesen Prinzipien aufbaut, immense soziale Kräfte mobilisieren und Wissen im Überfluss generieren. Wettbewerb hat beispielsweise den Vorteil, dass er *relativistisch* organisiert ist, denn die soziale Position von Forschenden wird durch Anerkennung (z. B. in Form von Zitationen, Publikationen und Drittmitteln) bestimmt und im Vergleich zu anderen Wissenschaftlern definiert. Die Karriereleiter ist somit nie ganz erklommen, sondern stets *nach oben offen:* Im Prinzip kann unendlich viel erreicht werden, wodurch Wissenschaftler dauerhaft motiviert bleiben und einen massiven Leistungsüberschuss generieren. Ähnlich verhält es sich mit der Beschleunigung: Die heutige Informationstechnik ermöglicht es, Wissen günstig, unkompliziert und schnell auszutauschen. Eine Beschleunigung der Kommunikation steigert mit großer Wahrscheinlichkeit auch die Geschwindigkeit des wissenschaftlichen Fortschritts. Wir können uns also nicht damit zufriedengeben, Wettbewerb und Beschleunigung *per se* zu kritisieren, sondern müssen uns fragen, *in welchem Kontext* Wettbewerb und Beschleunigung nützlich sind und wo sie uns schaden.

Die entscheidende Problemdiagnose, die bereits oben diskutiert wurde, ist der *Kipppunkt,* ab dem Wettbewerb und Beschleunigung sich *vom Mittel zum Zweck* entwickelt haben. Statt die immense, treibende Kraft von Wettbewerb und Beschleunigung zu nutzen, um auf wissenschaftliche Ziele (Wissen, Bildung, Fortschritt, Wohlstand) hinzuarbeiten, ist die Aufrechterhaltung und Steigerung der Geschwindigkeit und Wettbewerbsfähigkeit selbst zum primären Ziel der Wissenschaft geworden. Aus dieser begrenzten Perspektive ist Forschung nur dann sinnvoll und zielführend, wenn sie der individuellen, technischen oder sozialen Beschleunigung oder dem eigenen Wettbewerbsvorteil dient, egal ob auf individueller, universitärer oder nationaler Ebene. Das primäre Ziel von Wissenschaft, verlässliches neues Wissen zu generieren, bleibt dabei hinter den Beschleunigungs- und Wettbewerbszwängen zurück und wird durch sie teilweise ausgehöhlt und untergraben.

Gibt es einen Weg aus dem Hamsterrad oder ist die Forschung den Zwängen der postmodernen Wettbewerbs- und Beschleunigungslogik schutzlos ausgeliefert? Eine überzeugende Antwort auf diese Frage liefert Rosa (2012, S. 352) und unterscheidet dabei zwischen der *Setzung* und *Realisierung* von Zielen. Die Frage, *was* erforscht werden soll, also eine Frage der *Zielsetzung,* sollte demokratisch beantwortet werden, zum Beispiel indem Wissenschaftler oder die Bevölkerung darüber abstimmen, an welcher Stelle Forschungsgelder investiert werden sollten.[6] Die Frage, *wie* es erforscht werden soll, also eine

---

[6] Ich gehe davon aus, dass psychosozialen Faktoren wie Zugehörigkeit, soziale Gerechtigkeit, Freizeit, Bildung, Zeit für Muße, Freunde und Familie bis hin zu einer effizienteren Gestaltung der Verwaltung, des Gesundheitssystems und der Medikamentenversorgung, die unser Wohlbefinden maßgeblich beeinflussen, auf diesem Weg eine viel größere Bedeutung zukommt, als wenn wissenschaftliche Ziele durch die

Frage der *Zielrealisierung*, wird hingegen dem freien Wettbewerb überlassen. Dadurch wird das Selbstzweck-Werden von Wettbewerb und Beschleunigung verhindert, ohne die Vorteile dieser Prinzipien (z. B. Erkenntniszuwachs und Effizienzsteigerung) aufzugeben.

Es stellt sich die Frage, wie genau dieser Zielsetzungsprozess ablaufen soll und wer daran beteiligt ist. Ich kann diese Frage hier nicht abschließend beantworten, möchte aber einige Impulse setzen. Zunächst ist zu berücksichtigen, dass es zwischen Experten und der Allgemeinbevölkerung immer eine *Informationskluft* gibt: In der Regel sind die Experten besser informiert und verfügen deshalb auch über mehr *Entscheidungsgewalt*, wenn es darum geht, welchem Thema sich die Wissenschaft als Nächstes widmen soll.[7] Es ist daher utopisch, anzunehmen, dass eine Wissenschaft effizient sein könnte, wenn Forscher und Bevölkerung über denselben Grad an Entscheidungsgewalt verfügen.[8] Eine abgeschwächte Form der Partizipation wäre aber denkbar, zum Beispiel könnten bestimmte Bevölkerungsgruppen ein *Vetorecht* für kostenintensive wissenschaftliche Projekte erhalten, die aus öffentlicher Hand finanziert werden.[9] Eine weitere Möglichkeit wäre eine wechselseitige *Anhörungspflicht*: Die Forschung müsste die Bedürfnisse der Bevölkerung ernst nehmen, auf sie eingehen und den Forschungsprozess nach ihnen ausrichten. Im Gegenzug wäre die Bevölkerung dazu verpflichtet, sich die neuesten Befunde und Forschungsergebnisse anzuhören, wenn sie ihr Stimmrecht behalten wollen.

Partizipative Forschung ist nicht in allen Fällen sinnvoll und umsetzbar, allerdings hat es durchaus Vorteile, die Bevölkerung tiefgehender am wissen-

---

„unsichtbare Hand des Marktes", also letztendlich auf Basis der Wettbewerbs- und Beschleunigungslogik, definiert werden.

[7] Ein Beispiel dafür ist, dass die Teilnahme an wissenschaftlichen Konferenzen, auf denen aktuelle Fragestellungen und Lösungsansätze diskutiert werden, meist an bestimmte Voraussetzungen (z. B. einen akademischen Abschluss oder Expertise im entsprechenden Gebiet) gekoppelt ist. Diese Eingrenzung hat praktische Ursachen und trägt zum wissenschaftlichen Fortschritt bei, gleichzeitig wird die Forschung dadurch ein *exklusiver Club*. Ich habe dieses Problem bereits im Abschn. 6.1.7 diskutiert.

[8] Eine partizipative *Gleichstellung* (d. h. Forscher und Bevölkerung müssen beide einem Projekt zustimmen, sonst wird es nicht umgesetzt) wäre nur gerechtfertigt, wenn bestimmte Voraussetzungen erfüllt sind, z. B. müssten die Entscheidungsberechtigten außerhalb der Wissenschaft kritisch denken können, sich mit wissenschaftlichen Methoden und den neuesten Befunden auskennen, ein persönliches Interesse daran haben, sich zu informieren und über die notwendigen Ressourcen (z. B. Zeit und Geld) verfügen, um sich aktiv am Entscheidungsprozess zu beteiligen. Viele Menschen, die diese Qualifikationen aufweisen, sind allerdings bereits Wissenschaftler. Für unterschiedliche Stufen der Partizipation siehe Eikel und De Haan (2007).

[9] Die Frage, welche gesellschaftlichen Gruppen hier Entscheidungsgewalt erhalten sollten, ist nicht einfach zu beantworten. Eine Möglichkeit wäre die Betroffenheit oder persönliche Relevanz, zum Beispiel werden in der *partizipativen Gesundheitsforschung* Patienten mit in den Forschungsprozess eingebunden und können diesen mitgestalten. Persönliche Relevanz ist aber nicht immer ein gutes Kriterium für Partizipation: Untersuchungsergebnisse zur Entstehung rechtsextremer Einstellungen wären sicherlich für die Mitglieder rechtsextremer Gruppierungen relevant, allerdings ist es schwer vorstellbar, diese Gruppen konstruktiv in den Forschungsprozess mit einzubinden.

schaftlichen Prozess zu beteiligen. Es käme zu einem tief greifenden Austausch zwischen Experten und Bevölkerung, der über die reine, einseitige Wissensvermittlung (wie sie z. B. in Dokumentationen praktiziert wird) hinausgeht. Wenn die Finanzierung ihres nächsten Forschungsprojekts durch die Bevölkerung abgesegnet werden muss, müssten sich Forscher ernsthaft Gedanken darüber machen, wie sie ihre Inhalte einfach und verständlich vermitteln können – und zwar in einer so hohen kommunikativen Qualität, dass die Menschen, die ihnen zuhören, daraufhin konstruktiv mitdiskutieren und mitentscheiden können. Die Folge wäre ein Verhältnis zwischen Experten und Laien, das weniger einem Lehrer-Schüler-Verhältnis gleicht, sondern auf wechselseitigem Lernen basiert, kurzum Elemente echter Partizipation enthält. Zudem hätten alle Bevölkerungsschichten die Möglichkeit, Beziehungen zu Forschenden und wissenschaftlichen Institutionen aufzubauen und einen Einblick in deren Arbeitsweise zu erhalten. Können sie sich darüber hinaus *aktiv an der Forschung beteiligen,* wird das Vertrauen in wissenschaftliche Institutionen massiv ansteigen (Putnam et al., 1992). Doch partizipative Forschung wäre nicht nur für die Akzeptanz der Wissenschaft ein Gewinn, sondern bietet durch den regen Informationsaustausch auch die Möglichkeit, die Mitglieder einer Demokratie gegen Falschinformationen und Verschwörungstheorien zu immunisieren. Dem Horrorszenario einer postfaktischen Ära (Lewandowsky et al., 2017), in der Twitter-Posts darüber entscheiden, ob ein Medikament nun wirksam ist oder nicht, hätte die Wissenschaft endlich etwas entgegenzusetzen. Statt im Nachhinein gegen Fake News anzukämpfen, versorgt die Wissenschaft die Bevölkerung *direkt und präventiv* mit wichtigem und entscheidungsrelevantem Wissen, auf dessen Basis rationale, demokratische Entscheidungen getroffen werden können.

Fazit
Um aus dem Hamsterrad der Wettbewerbs- und Beschleunigungslogik auszusteigen, können wissenschaftliche Zielsetzungen im demokratischen Diskurs definiert werden. Die Zielrealisierung bleibt hingegen weiterhin dem freien Wettbewerb überlassen. Auf diesem Weg wird das Selbstzweck-Werden von Wettbewerb und Beschleunigung verhindert und die resultierenden Probleme (z. B. Publikationsdruck und wissenschaftliches Fehlverhalten) können eingegrenzt werden – ohne die Vorteile dieser Prinzipien (z. B. Effizienzsteigerung und wissenschaftlichen Fortschritt) aufzugeben.

> Es ist nicht bei allen wissenschaftlichen Themen möglich und sinnvoll, die Bevölkerung am Forschungsprozess zu beteiligen. Doch an der richtigen Stelle bringt partizipative Forschung zahlreiche Vorteile mit sich: 1) tiefgehender Austausch zwischen Wissenschaftlern und Bevölkerung, wodurch 2) das Vertrauen in wissenschaftliche Institutionen steigt und 3) die Bevölkerung gegen Falschinformationen und Verschwörungstheorien immunisiert wird, um schließlich 4) eine gemeinsame demokratische Entscheidungsgrundlage zu schaffen, die auf sozial geteiltem, empirisch abgesichertem Wissen basiert.

In der Postmoderne besteht die öffentliche Aufgabe der Wissenschaft nicht mehr nur darin, Wissen zu vermitteln, sondern *Resonanzräume* zu schaffen, in denen das Wissen auch emotional akzeptiert wird und so seine handlungsleitende Wirkung entfalten kann. Doch wenn Menschen darüber entscheiden sollen, was erforscht wird, müssen sie zunächst wissen, was bereits erforscht wurde und was es noch zu erforschen gibt. Daher möchte ich am Ende dieses Buches auf die jüngsten Bestrebungen eingehen, wissenschaftlich validiertes Wissen der Öffentlichkeit zugänglich zu machen.

11.4 Wissenschaft für alle (Open-Access)

Wissenschaft legitimiert sich nicht nur durch ihren Wahrheitsanspruch, sondern auch dadurch, dass sie der Öffentlichkeit Wissen erschließt, vermittelt und zugänglich macht. Obwohl Forschung in großen Teilen von öffentlichen und staatlichen Geldern finanziert wird, mussten Bürger, Journalisten, Unternehmen, Universitäten und Autoren bislang teure wissenschaftliche Zeitschriften abonnieren, um Forschungsartikel lesen und nutzen zu können.

Das hat sich in den letzten Jahrzehnten mit *Open Access,* dem freien Zugang zu wissenschaftlicher Literatur, geändert. Jedes wissenschaftliche Dokument, das unter Open-Access-Bedingungen publiziert wird, kann kostenlos gelesen, heruntergeladen und gespeichert werden.[10] Für die Nutzer von wissenschaftlichen Produkten, die nicht selbst an Forschungseinrichtungen arbeiten, ist das ein riesiger Vorteil. Das erklärt wohl auch die zunehmende Beliebtheit von Open-Access-Publikationen, deren Anzahl stetig steigt (Laakso & Björk, 2012).

---

[10] Für eine genauere Beschreibung der Entstehungsgeschichte von Open-Access siehe Oberländer (2024).

Anders sieht es für die Wissenschaftler und Institutionen aus, die ihre Forschung publizieren wollen – *denn sie müssen jetzt die Kosten für die Veröffentlichung übernehmen.* Die Kosten variieren je nach Verlag und Fachjournal, allerdings belaufen sie sich besonders in renommierten Fachzeitschriften oft auf mehrere tausend Euro. So zahlte der Wissenschaftsfonds für die Open-Access-Publikation eines einzigen Fachartikels im Journal *Cell Reports* (Barzilai et al., 2012), das durch den für seine Preispolitik viel kritisierten Verlag *Elsevier* herausgegeben wird, über 4500 EUR.

Das kann sich natürlich nicht jeder leisten. Es besteht die Gefahr, dass kleinere Universitäten, Institute und private Forscher, die einen maßgeblichen Beitrag zur Forschung leisten, ihre Arbeit nicht mehr veröffentlichen können. Somit bleiben ihre revolutionären Ideen der Wissenschaftsgemeinschaft und der Öffentlichkeit unzugänglich. Diese neue finanzielle Hürde befördert somit genau das, was durch Open-Access eigentlich verhindert werden sollte.

Wenn Sie glauben, Spitzenforschung komme nur von Eliteuniversitäten mit großem Etat, liegen Sie falsch. Als Albert Einstein seinen revolutionären Artikel *Zur Elektrodynamik bewegter Körper* (Einstein, 1905b) publizierte, war er nicht einmal an einem Institut angestellt, sondern arbeitete in einem Schweizer Patentamt. Auch die Veröffentlichung des Artikels *Ist die Trägheit eines Körpers von seinem Energieinhalt abhängig?* (Einstein, 1905a)[11], der die weltberühmte Formel $E = mc^2$ (Energie ist gleich Masse mal Lichtgeschwindigkeit zum Quadrat) enthält, hätte sich Einstein mit seinem Gehalt wohl kaum leisten können. *Mit den heutigen finanziellen Hürden des Publikationssystems hätte Einstein seine genialen Arbeiten vielleicht niemals publiziert.* Die spezielle Relativitätstheorie, welche die Grundlage für moderne Technik ist und zahlreiche weitere Forschungsarbeiten inspiriert hat, wäre uns für immer verborgen geblieben.[12]

Fazit

Forschung hat die Aufgabe, der Öffentlichkeit Wissen zu erschließen, zu vermitteln und zugänglich zu machen. Im Zuge der Open-Access-Bewegung wurden Forschungsartikel zunehmend frei verfügbar, allerdings müssen Wissenschaftler oder Forschungsinstitute nun die Kosten für die Publikation tragen. Dabei besteht die Gefahr, dass kleinere In-

---

[11] Beide Artikel zusammen werden als *spezielle Relativitätstheorie* bezeichnet.
[12] Hinzu kommt, dass Einsteins Karriere wohl völlig anders verlaufen wäre. Wären seine ersten Artikel nicht publiziert worden, hätten sie nicht dieselbe Aufmerksamkeit erregt. Einstein hätte somit keine Professur und höchstwahrscheinlich auch keinen Nobelpreis bekommen. Zudem hätten ihm die Kontakte und die Mittel gefehlt, die nötig sind, um weitere Forschung durchzuführen und seine Arbeiten zu veröffentlichen und sein Genie wäre der Welt verloren gegangen.

stitute oder freie Wissenschaftler die Publikation nicht mehr bezahlen können, obwohl sie in der Vergangenheit entscheidende Beiträge zur Forschung geleistet haben.

Wir wissen nicht, wie viele Genies und Theorien uns in jeder Sekunde abhanden kommen, weil ihre Bemühungen an den finanziellen Voraussetzungen scheitern. Egal ob Sie Exzellenzförderung befürworten oder ob Ihnen Chancengleichheit am Herzen liegt: Es liegt im Interesse der Forschenden und der Allgemeinheit, sowohl die Veröffentlichung von als auch den Zugang zu wissenschaftlichen Arbeiten erschwinglich zu machen. Doch warum passiert das nicht?

11.5 Forschung als Profit

Wenn die Öffentlichkeit über Steuern die finanzielle Basis für Forschung legt und Forscher die Studien durchführen, Artikel schreiben und selbst für deren Publikation bezahlen, profitieren dabei vor allem die großen Verlage. Der größte dieser Verlage ist *Elsevier*. Im Jahr 2010 machte der Verlag einen Umsatz von 724 Mio. Pfund, die Gewinnspanne lag bei 36 % und war somit größer als die von Apple, Google und Amazon (Buranyi, 2017). Wie ist das möglich?

Ein klassisches Magazin müsste Autoren für Artikel bezahlen, Editoren beschäftigen, welche die Artikel überprüfen, und das fertige Produkt an Abonnenten und Händler verteilen. Ein durchschnittliches Magazin muss daher zahlreiche Kosten abdecken und erzielt eine Gewinnspanne von 12–15 %. Die Besonderheit bei wissenschaftlichen Fachzeitschriften, die sie von klassischen Magazinen unterscheidet, ist die aufwendige Qualitätssicherung. Diese läuft über *Peer-Review*-Verfahren: Wissenschaftler reichen ihre Arbeit bei der Fachzeitschrift ein, die dann von 2–3 Fachkollegen aus demselben Gebiet begutachtet wird. In den meisten Fällen kritisieren die Prüfer die eingereichte Arbeit und sie wird zur erneuten Überarbeitung an die Autoren zurückgesendet. Dieser Prozess wiederholt sich so lange, bis der Artikel publikationsreif ist oder endgültig abgelehnt wird. Auf den ersten Blick scheint es, als würden wissenschaftliche Verlage aufgrund dieses aufwendigen Prozesses, der Verwaltungs- und Personalkosten mit sich bringt, einen geringeren Gewinn erzielen als durchschnittliche Magazine.

Allerdings lagern Elsevier und andere Verlage einen Großteil ihrer Kosten aus: Wissenschaftler reichen ihre aus öffentlicher Hand finanzierte Arbeit ein, der Peer-Review wird freiwillig von anderen Wissenschaftlern erledigt. Die Verlage verkaufen die Zeitschriftenartikel in Form von teuren Abonnements zurück an die Universitätsbibliotheken, die ebenfalls aus öffentlichen Geldern finanziert werden. Der Staat finanziert die Forschung, bezahlt die Wissenschaftler und kauft das Produkt von den Verlagen zurück. Verlierer ist dabei die Öffentlichkeit, weil sie dreifach bezahlt (oder sogar vierfach, wenn man bedenkt, dass Privatpersonen außerhalb der Universitäten ebenfalls für die Artikel bezahlen müssen).

Die meisten Forscher sind durchaus der Überzeugung, dass ihre Forschung für andere frei zugänglich sein sollte. Dennoch kann ein Wissenschaftler allein die großen Verlage nicht boykottieren, denn sie geben die renommiertesten Fachzeitschriften heraus – und deshalb reichen Wissenschaftler ihre Artikel kostenlos und freiwillig ein. Darauf zu verzichten, ist gleichbedeutend mit einem Karriere-Aus. Ein Beispiel für eine Kampagne gegen Elsevier, die auf individueller Ebene ansetzt, ist *The Cost of Knowledge* (dt.: Der Preis des Wissens). Im Rahmen dieser Kampagne haben sich mittlerweile über 20.000 Wissenschaftler dazu verpflichtet, weder in Fachzeitschriften von Elsevier zu publizieren noch als Herausgeber oder Gutachter zu arbeiten. Dafür nehmen sie eine Einschränkung ihrer Reputation in Kauf. Die zentrale Forderung der Wissenschaftler ist, dass sie ihre Arbeit einfach und frei publizieren können.[13] Die Kampagne, die 2012 gestartet wurde, ermöglichte eine überregionale Zusammenarbeit von Wissenschaftlern und sensibilisierte die Forschungseinrichtungen für das Problem, blieb aber im Bezug auf die Geschäfts- und Publikationspraktiken von Elsevier weitgehend erfolglos.

Die jüngste Geschichte zeigt allerdings, dass die Forschungseinrichtungen nicht machtlos sind, gegen die fragwürdigen Methoden der Verlage vorzugehen. Ein Institut allein hat den Verlagen nichts entgegenzusetzen – alle zusammen allerdings schon. Weil Elsevier sich weigerte, seine Geschäftspraktiken offenzulegen und wissenschaftliche Publikationen der Öffentlichkeit zugänglich zu machen, kündigten die 60 führenden Wissenschaftsinstitutionen in Deutschland im Januar 2017 ihre Verträge mit Elsevier. Im August desselben Jahres folgten weitere 125 Universitäten, und im Dezember 2018 zog die Max-Planck-Gesellschaft mit ihren 84 Instituten nach.[14] Die Institute verfügten

---

[13] Auf der Website können Sie die Unterzeichner sowie die zentralen Kritikpunkte und Forderungen der Wissenschaftler einsehen (und selbst unterzeichnen, falls Sie Wissenschaftler sind): http://thecostofknowledge.com/.

[14] Weitere Informationen finden Sie auf der Website des DEAL-Konsortiums, das sich für bessere Vertragsbedingungen mit den Zeitschriften einsetzt (DEAL, o. D.).

Mittlerweile ist die Liste der Institutionen, die damals ihren Vertrag mit Elsevier gekündigt haben, nicht mehr abrufbar (wohl auch, weil mittlerweile eine Einigung erzielt wurde). Ein Statement der Max-Planck-Gesellschaft zum damaligen Ausstieg finden Sie unter Max-Planck-Gesellschaft (o. D.).

somit über keinen Vertrag und hatten keinen direkten Zugriff auf Elsevier-Publikationen. Für Wissenschaftler an diesen Instituten bedeutete das, dass sie nicht offiziell an dem Diskurs teilnehmen konnten, der in den Elsevier-Fachzeitschriften stattfand.[15]

Diese Entschlossenheit war allerdings nur möglich, weil andere große Vertragspartner (*Wiley* und *Springer Nature*) zur Verfügung standen. Auch die Tatsache, dass Elsevier-Artikel weiterhin über *Schattenbibliotheken*[16] abgerufen werden können, hat wohl die Verhandlungsposition der Institute gestärkt. Man könnte die Institute dafür kritisieren, kleinere Verlage mit einem geringeren Einfluss zu übersehen, aber die Vertragskündigung mit Elsevier scheint ein Schritt in die richtige Richtung gewesen zu sein. Allerdings finden sich die fragwürdigen Geschäftspraktiken auch bei anderen Verlagen, wenn auch mit geringerer Intensität. Die Situation lässt sich für die Öffentlichkeit und die Wissenschaftler langfristig nur verbessern, wenn die Verlage gesetzlich reguliert und gezwungen werden, zumindest einen Teil ihrer Kosten selbst zu tragen. Langfristig wäre auch eine Einrichtung von staatlich geführten Journalen denkbar, allerdings würde es Jahrzehnte dauern, bis sie eine ähnliche Reputation aufgebaut hätten (Friedrich, 2020).

Fazit
Wissen ist ein *öffentliches Gut* und sollte für alle frei zugänglich sein. Bisher läuft der Begutachtungs- und Publikationsprozess von wissenschaftlichen Aufsätzen über private Verlage, welche die weltweit wichtigsten Fachzeitschriften herausgeben. Die Verlage leisten somit einen wichtigen Beitrag zur Qualitätssicherung von Forschung, der angemessen bezahlt werden muss. Einige Verlage weigern sich aber, wissenschaftliche Publikationen der Öffentlichkeit frei zugänglich zu machen und verlangen für die Artikel extrem hohe Preise von Universitäten und Privatpersonen. Eine Publikation über Open Access der Öffentlichkeit frei zur Verfügung zu stellen kostet Forschungseinrichtungen derzeit zwischen 1000 und 3000 EUR (Leibniz-Informationszentrum Wirtschaft, o. D.). Durch das kollektive Handeln von Forschungseinrichtungen konnte die Vormachtstellung von großen, internationalen Wissenschaftsverlagen, zumindest

---

[15] Dass Elsevier sich weigern konnte, auf die Verträge mit Forschungsinstituten eines ganzen Landes zu verzichten, zeigt, wie mächtig der internationale Konzern ist.
[16] Schattenbibliotheken sind Datenbanken im Internet, die gegen Urheberrechte verstoßen. Ziel der Betreiber ist es, die oft kostenintensive Forschungsliteratur für alle frei zugänglich zu machen. Die wohl berühmteste Schattenbibliothek ist *SciHub*. Mittlerweile ist deren Website aus urheberrechtlichen Gründen in Deutschland gesperrt.

> in Deutschland, begrenzt werden, um der Öffentlichkeit den Zugang zu wissenschaftlichen Arbeiten zu erleichtern.[17]

11.6 Zusammenfassung und Ausblick

Beim Schreiben dieses Buches ist mir klar geworden, dass ein Wissenschaftssystem, das die Beschleunigung von Prozessen aller Art zum vorrangigen Ziel und Forschungsgegenstand erhebt und gleichzeitig danach strebt, selbst immer schneller Wissen zu generieren, langfristig nicht effizient funktionieren kann. Früher oder später wird es an seine Grenzen kommen, an einen Punkt, wo die Qualität der Forschungsergebnisse unter dem Beschleunigungsdruck leidet, denn menschliche, psychologische und physiologische Prozesse lassen sich – im Gegensatz zu technologischen Prozessen – nicht beliebig beschleunigen. Wenn Sie wirklich tief in ein Thema eintauchen wollen, brauchen Sie dazu jede Menge Zeit. Sie müssen sogar so viel Zeit haben, dass Sie sie *verschwenden* können. Sie müssen lange Wege gehen, die schließlich ins Nichts führen und kleine Gedanken und Ideen pflegen, bis sie ausgereifte Hypothesen oder Theorien sind, die der Wahrheit zumindest nahekommen (Harari, 2018, S. 257). Ich bin sehr dankbar, dass ich während meines Studiums und danach die Zeit hatte, mich dem Schreiben dieses Buches zu widmen.

Des Weiteren ist mir bewusst geworden, dass die Universitäten neben Forschung und Lehre ihrer *dritten Mission,* der Öffentlichkeitsarbeit, bisher nicht gerecht werden. Ich glaube allerdings nicht, dass es an mangelndem Engagement seitens der Wissenschaftler oder an mangelnder Bereitschaft aufseiten der Bevölkerung liegt. Vielmehr scheinen Wissenschaftler der Ansicht zu sein, andere mit exakten Fakten und präzisen wissenschaftlichen Methoden überzeugen zu können. Innerhalb der Wissenschaftsgemeinschaft mag das stimmen, die Öffentlichkeitsarbeit verlangt aber viel mehr als das, denn sie muss psychologische Faktoren wie Emotionen, Identität und Gruppenzugehörigkeit der Rezipienten stärker mit einbeziehen. Solange das nicht gelingt, werden sich Verschwörungstheorien und Falschinformationen weiter verbreiten und die Lücke füllen, welche die Forschung innerhalb der Gesellschaft hinterlässt. Wenn die Wissenschaft die dritte Mission in Zukunft ernst nehmen will, muss

---

[17] Unter den Links im Literaturverzeichnis können Sie die Open-Access-Fachzeitschriften von Springer Nature (o. D.) und Wiley (o. D.) einsehen.

sie Resonanzräume schaffen, in denen die Menschen sich als Ganzes gesehen und ernst genommen fühlen. Wie genau solche Resonanzräume aussehen könnten und wie der Dialog zwischen Wissenschaft und Gesellschaft produktiver gestaltet werden kann, ist eines der möglichen Themen für ein weiteres Buch.

Hier möchte ich hinzufügen, dass gegenseitiger *Respekt,* ein Mindestmaß an *Offenheit* und die *Bereitschaft, die eigene Meinung oder Sichtweise zu hinterfragen* die Voraussetzungen dafür sind, dass die Wissenschaft ihren konstruktiven Einfluss auf die Gesellschaft entfalten kann (und umgekehrt). In öffentlichen, aber auch in privaten Debatten beobachte ich oft, dass die Ergebnisse wissenschaftlicher Expertise und präziser Quellenarbeit infrage gestellt werden, und zwar durch Traditionsargumente *(„Das haben wir schon immer so gemacht!"),* Strohmannargumente (d. h. eine falsche Darstellung dessen, was gesagt wurde, um es einfacher widerlegen zu können, z. B. *„Klimaschutz bedeutet also, dass Sie den Leuten alles verbieten wollen!"*), emotionale Empörung *("Wie können Sie so etwas sagen!")* oder – im schlimmsten Fall – durch persönliche Angriffe, verbale Attacken, Abwertungen und Beleidigungen (wodurch sich die Diskussion von der Sache weg hin zur Person verlagert). Solche Verhaltensweisen sind nicht nur menschlich und moralisch fragwürdig, sondern verhindern auch, dass sich im Diskurs die Wahrheit herauskristallisiert und Lösungswege gefunden werden können. Außerdem ziehen sich wahrheitsliebende und konstruktive Stimmen aus dem Diskurs zurück, um ihre Zeit nicht zu verschwenden und um persönlichen Angriffen aus dem Weg zu gehen. Übrig bleibt eine laute, aber schlecht informierte Gesellschaft, deren Mitglieder ihr Leben lang unter Problemen leiden, für die es längst eine Lösung gibt.

An letzter Stelle möchte ich anmerken, dass ich mir keine Illusionen darüber mache, dass wir als Individuen in Zukunft mehr über die Welt wissen werden, in der wir leben. Selbst wenn es gelingt, die Grundprinzipien von Wettbewerb und Beschleunigung vom primären Ziel zurück in ein Mittel zum Zweck zu verwandeln, wird der Wissensschatz der Menschheit weiter anwachsen und sich ausdifferenzieren. Die Kluft zwischen Wissen und Weisheit wird in Zukunft nicht kleiner, sondern größer werden – das ist der Preis, den wir für den Fortschritt bezahlen. Die Frage ist nicht, wie wir das verhindern können, sondern wie wir mit dieser Kluft leben wollen.

Diese Frage bringt mich zurück zu einem berühmten Philosophen aus der Antike: Sokrates. Laut ihm ist das Beste, was wir in einer solchen Situation tun können, unsere eigene Unwissenheit und Ignoranz anzuerkennen. Durch die Recherche und das Schreiben dieses Buches ist mir bewusst geworden, dass die Menschheit auch in der Vergangenheit globale Umweltkrisen (wie das

Ozonloch) und Energiewenden überstanden hat. Deshalb glaube ich, dass die Menschheit auch in der Lage ist, die aktuellen Krisen zu meistern.

Literatur

Baethge, C. (2014). Evidenzbasierte Medizin: In der Versorgung angekommen, aber noch nicht heimisch. https://www.aerzteblatt.de/archiv/162409/Evidenzbasierte-Medizin-In-der-Versorgung-angekommen-aber-noch-nicht-heimisch. Zugegriffen: 13. Aug. 2024.

Barzilai, M. G., Reitzel, A. M., Kraus, J. E., Gordon, D., Technau, U., Gurevitz, M., & Moran, Y. (2012). Convergent evolution of sodium ion selectivity in metazoan neuronal signaling. *Cell Reports, 2*(2), 242–248. https://doi.org/10.1016/j.celrep.2012.06.016.

Buranyi, S. (2017). Is the staggeringly profitable business of scientific publishing bad for science?. https://www.theguardian.com/science/2017/jun/27/profitable-business-scientific-publishing-bad-for-science?CMP=Share_iOSApp_Other. Zugegriffen: 13. Aug. 2024.

DEAL. (o. D.). Über DEAL – Hintergrund und Ziele. https://deal-konsortium.de/ueber-deal. Zugegriffen: 13. Aug. 2024.

Eikel, A., & De Haan, G. (2007). *Demokratische Partizipation in der Schule*. Wochenschau.

Einstein, A. (1905a). Ist die Trägheit eines Körpers von seinem Energieinhalt abhängig? *Annalen der Physik, 323*, 639–641.

Einstein, A. (1905b). Zur Elektrodynamik bewegter Körper. *Annalen der Physik, 17*, 891–921.

Friedrich, J. P. (2020). Der Preis des Publizierens. *Frankfurter Allgemeine Zeitung*. https://www.faz.net/aktuell/karriere-hochschule/hoersaal/open-access-und-forschung-der-preis-des-publizierens-16932047.html. Zugegriffen: 13. Aug. 2024.

Graf, C. (2017). 8 answers about registered reports and research preregistration. https://www.wiley.com/en-us/network/publishing/research-publishing/peer-review/8-answers-about-registered-reports-research-preregistration-and-why-both-are-important. Zugegriffen: 13. Aug. 2024.

Harari, Y. N. (2018). *21 lessons for the 21st century*. Random House. https://doi.org/10.17104/9783406727795-21.

Laakso, M., & Björk, B. C. (2012). Anatomy of open access publishing: A study of longitudinal development and internal structure. *BMC Medicine, 10*(1), 1–9. https://doi.org/10.1186/1741-7015-10-124.

Leibniz-Informationszentrum Wirtschaft. (o. D.). Kosten von Open Access und Finanzierungsmöglichkeiten. https://openeconomics.zbw.eu/knowledgebase/kosten-von-open-access-und-finanzierungsmoeglichkeiten/. Zugegriffen: 2. Okt. 2024.

Lewandowsky, S., Ecker, U. K., & Cook, J. (2017). Beyond misinformation: Understanding and coping with the „post-truth" era. *Journal of Applied Research in Memory and Cognition, 6*(4), 353–369. https://doi.org/10.1016/j.jarmac.2017.07.008.

Max-Planck-Gesellschaft. (o. D.). Max-Planck-Gesellschaft verzichtet auf Elsevier-Zeitschriften: Zur Unterstützung der DEAL-Verhandlungen wird der bisherige Vertrag nicht fortgeführt. https://www.mpdl.mpg.de/en/505. Zugegriffen: 13. Aug. 2024.

Meyer, R. (2007). Tendenzielle Bewertung von Metaanalysen. https://www.aerzteblatt.de/archiv/57751/Tendenzielle-Bewertung-von-Metaanalysen. Zugegriffen: 13. Aug. 2024.

Nature. (o. D.). Registered reports. https://www.nature.com/srep/journal-policies/registered-reports. Zugegriffen: 16. Okt. 2024.

Oberländer, A. (2024). Geschichte des Open Access. https://open-access.network/informieren/open-access-grundlagen/geschichte-des-open-access. Zugegriffen: 13. Aug. 2024.

PLoS. (o. D.). Benefits of preregistration. https://plos.org/open-science/preregistration/. Zugegriffen: 13. Aug. 2024.

Putnam, R. D., Leonardi, R., & Nanetti, R. Y. (1992). *Making democracy work: Civic traditions in modern Italy*. Princeton University Press.

Rosa, H. (2012). *Weltbeziehungen im Zeitalter der Beschleunigung: Umrisse einer neuen Gesellschaftskritik*. Suhrkamp.

Springer Nature. (o. D.). Open access journals. https://www.springernature.com/gp/open-science/journals-books/journals. Zugegriffen: 13. Aug. 2024.

Wiley. (o. D.). About our fully gold open access journals. https://authorservices.wiley.com/author-resources/Journal-Authors/open-access/about-our-fully-gold-open-access-journals/index.html. Zugegriffen: 13. Aug. 2024.

Danksagung

Mein Dank geht an:

- alle Wissenschaftler, auf deren Erkenntnissen ich aufbauen konnte und die mich mit ihrer Denkweise inspiriert haben, dieses Buch zu schreiben,
- Hartmut Rosa für seine Ermutigung, das Buchprojekt zu wagen und seine Vorlesung zur soziologischen Theorie, die mir viele wertvolle Denkanstöße gegeben hat,
- Tim Bongardt und die „AG kritische Wissenschaft" für einen intensiven Austausch zu forschungsbezogenen Themen und spannende Diskussionen,
- die Dozenten der psychologischen Fakultät der Friedrich-Schiller Universität Jena, insbesondere Klaus Rothermund und Carina Giesen, die schon im ersten Semester meines Studiums mein Interesse an der Forschung geweckt haben und mich seitdem begleiten,
- Christian Dobel für seine Lehrveranstaltung, in dessen Rahmen ich das Buchprojekt verfolgen konnte,
- Albert Einstein als eines meiner Vorbilder während des Studiums, der als Plakat in meinem Zimmer hing und mich mit seinen Zitaten immer wieder aufs Neue inspirierte,
- meine Freunde und Familie für ihre wertvolle Hilfe und Ermutigung, weiter an diesem Buch zu arbeiten.
- den Springer-Verlag und Marion M. Krämer für die Ermöglichung und Begleitung dieses Buchprojekts

Merkmale wissenschaftlicher Hypothesen – Lösung

Aussage 1: Der Himmel ist blau.
Diese Aussage ist durch Beobachtungen begründbar, falsifizierbar und eindeutig formuliert, allerdings ist unklar, wie die Farbe des Himmels gemessen werden soll (z. B. mit bloßer Beobachtung durch das menschliche Auge oder durch technische Hilfsmittel?).

Aussage 2: VW ist die meistverkaufte Automarke auf der Welt.
Diese Aussage ist eindeutig formuliert und begründbar, denn bei VW handelt es sich um einen großen Automobilkonzern. Sie ist außerdem operationalisierbar und falsifizierbar, denn man könnte messen und überprüfen, wie viele Autos VW im Jahr verkauft und diese Zahl mit den Verkaufszahlen anderer Automobilhersteller vergleichen. Es handelt sich somit um eine wissenschaftliche Hypothese.

Aussage 3: Die ökonomische Kluft zwischen armen und reichen Menschen wächst.
Auch diese Aussage erfüllt alle Anforderungen an eine Hypothese. Indem man überprüft, ob die Einkommensunterschiede zwischen armen und reichen Menschen in den letzten Jahren zugenommen haben, lässt sich diese Aussage falsifizieren. Das Einkommen ist messbar, außerdem ist die Hypothese eindeutig formuliert und aufgrund der sozioökonomischen Entwicklung der letzten Jahrzehnte nachvollziehbar und begründet.

Aussage 4: Klimaveränderungen gab es schon immer.
Diese Aussage ist zu allgemein und keine Hypothese, denn es ist unklar, was genau mit Klimaveränderungen gemeint ist und wie diese gemessen werden sollen. Obwohl diese Aussage begründbar ist, ist sie weder eindeutig formuliert noch operationalisierbar noch falsifizierbar.

Aussage 5: Übergewicht hängt mit ungesundem Essverhalten zusammen.
Diese Aussage ist begründbar und klar formuliert. Man könnte noch ergänzen, *auf welche Weise* ungesundes Essverhalten und Übergewicht zusammenhängen (z. B. häufiges ungesundes Essverhalten führt zu stärkerem Übergewicht). Zudem sind die Begriffe operationalisierbar (z. B. durch eine Waage und die Menge an Kilokalorien, die jemand pro Tag zu sich nimmt) und die Aussage ist falsifizierbar. Somit handelt es sich um eine Hypothese.

Aussage 6: Physische und mentale Gesundheit bedingen sich gegenseitig.
Auch diese Aussage ist klar formuliert und begründbar. Zudem lassen sich physische und mentale Gesundheit operationalisieren (z. B. über Diagnosen physischer und psychischer Erkrankungen wie Krebs und Depressionen) und man kann feststellen, ob beide häufig gemeinsam auftreten. Zudem ist die Aussage falsifizierbar, somit handelt es sich um eine Hypothese. In ein wissenschaftliches Paper würde es diese Aussage wohl trotzdem nicht schaffen, denn sie ist zu allgemein.

Aussage 7: Die moderne Gesellschaft ist ein Patriarchat.
Eine beliebte Aussage in linken Kreisen, aber keine Hypothese. Gesellschaft und Patriarchat sind allgemeine, unklare Begriffe, die sich nicht operationalisieren lassen (z. B.: Wer ist Teil einer Gesellschaft? Endet eine Gesellschaft an den Landesgrenzen? Welche Merkmale muss eine Gesellschaft erfüllen, um ein Patriarchat zu sein?). Je nach Perspektive und Gewichtung der Fakten ist diese Aussage mehr oder weniger begründbar (z. B. gibt es mehr Männer in Führungspositionen der großen DAX-Unternehmen, aber es sitzen mehr Männer als Frauen im Gefängnis). Folglich handelt es sich nicht um eine Hypothese.

Aussage 8: Frauen erkranken häufiger an Depressionen als Männer.
Eine eindeutig formulierte, begründbare Aussage, die sich operationalisieren und falsifizieren lässt (z. B. indem überprüft wird, ob Frauen häufiger als Männer depressive Symptome aufweisen).

GPSR Compliance

The European Union's (EU) General Product Safety Regulation (GPSR) is a set of rules that requires consumer products to be safe and our obligations to ensure this.

If you have any concerns about our products, you can contact us on

ProductSafety@springernature.com

In case Publisher is established outside the EU, the EU authorized representative is:

Springer Nature Customer Service Center GmbH
Europaplatz 3
69115 Heidelberg, Germany

www.ingramcontent.com/pod-product-compliance
Lightning Source LLC
LaVergne TN
LVHW020330260326
834688LV00037B/967